21世纪经济管理新形态教材·管理科学与工程系列

U0655837

采购与供应管理

姚　琪　高晓娜 ◎ 主　编

姚　池　李　梅　刘思佳 ◎ 副主编

清华大学出版社
北京

内 容 简 介

本书的内容主要涵盖了采购与供应管理中核心的需求管理、成本管理、供应商管理、过程管理与风险管理。本书理论依托供应链管理,实际上是对产品流、信息流、资金流的综合管理,以达到供应链价值的最大化。产品流从供应商向客户流动,是供应链的实物流;资金流从客户流向供应商,是供应链的血液;而信息流则是双向流通,构成供应链的神经系统。此外,本书还从采购组织与流程、招标与谈判的应用等角度深入探讨了采购管理的其他方面。最后,本书还站在前沿角度,探讨了采购与供应管理领域的发展与变革。

本书主要面向从事采购与供应管理工作的专业人士以及相关领域的学习者,适用于应用型采购管理、供应链管理和物流管理专业的学生。

图书在版编目(CIP)数据

采购与供应管理 / 姚琪, 高晓娜主编; 姚池, 李梅, 刘思佳副主编. -- 北京: 清华大学出版社, 2025.8.
(21 世纪经济管理新形态教材). -- ISBN 978-7-302-70100-2

Ⅰ. F253; F252.2

中国国家版本馆 CIP 数据核字第 2025DY4379 号

责任编辑: 付潭蛟
封面设计: 汉风唐韵
责任校对: 宋玉莲
责任印制: 刘海龙
出版发行: 清华大学出版社
    网 址: https://www.tup.com.cn, https://www.wqxuetang.com
    地 址: 北京清华大学学研大厦 A 座   邮 编: 100084
    社 总 机: 010-83470000   邮 购: 010-62786544
    投稿与读者服务: 010-62776969, c-service@tup.tsinghua.edu.cn
    质 量 反 馈: 010-62772015, zhiliang@tup.tsinghua.edu.cn
    课 件 下 载: https://www.tup.com.cn, 010-83470332
印 装 者: 天津鑫丰华印务有限公司
经 销: 全国新华书店
开 本: 185mm×260mm   印 张: 15.5   字 数: 335 千字
版 次: 2025 年 9 月第 1 版   印 次: 2025 年 9 月第 1 次印刷
定 价: 49.00 元

产品编号: 106619-01

前　言

在当今快速变化的商业环境中，采购与供应管理的重要性日益凸显。本书旨在为从事采购、供应管理相关工作的专业人士和学习者提供一个全面的学习资源。本书深入探讨了采购与供应管理的基础知识、核心流程，以及在现代商业实践中的创新应用。

本书的第一章从采购与供应管理的基础知识入手，为读者奠定了坚实的理论基础。随后，各章节逐步展开，详细介绍了采购组织与流程、需求管理、招标与谈判、采购成本管理、供应商管理、供应过程管理及采购与供应风险管理等关键领域。每一部分都旨在提供实用的管理策略和操作技巧，帮助读者在实际工作中做出更明智的决策。

在探讨采购与供应管理的传统知识的同时，本书也注重前沿话题的介绍。在第九章中，我们讨论了采购与供应管理发展的新概念、互联网时代下的采购与供应管理、供应链环境下的采购管理、绿色采购及服务采购等。这些内容不仅反映了该领域的最新发展趋势，也为企业提供了应对未来挑战的策略。

在本书的编写过程中，我们力求将理论与实践相结合，通过案例分析、流程图和实用技巧，使复杂的管理概念变得易于理解和应用。我们相信，无论是采购与供应管理的新手，还是资深专业人士，都能从本书中获得宝贵的知识和启发。

在此，我们要感谢所有为本书的编写和审校提供帮助的同事、学生和行业专家。没有他们的支持和贡献，这本书不可能完成。

最后，我们希望本书能够成为读者在采购与供应管理领域的指南，帮助他们在职业生涯中取得成功。

编　者
2025 年 5 月

目　录

第一章

采购与供应管理基础知识

本章学习目标

1. 了解采购的分类；
2. 了解采购和供应的含义；
3. 理解采购与供应管理的概念和作用；
4. 理解现代采购与传统采购的区别；
5. 掌握采购与供应管理的基本要素；
6. 掌握采购与供应管理的目标与原则。

导入案例

采购与供应管理案例——上海宝钢的采购管理

宝钢是中华人民共和国成立以来引进技术最多、装备水平最高的现代化超大型钢铁企业。目前产量已超过设计水平，产品质量已达到国际先进水平，利税连年翻倍。宝钢在物资管理方面，借鉴国外先进的采购与供应管理思想和经验，突破了我国大型钢铁企业物资管理的模式，全面推行物资集中一贯管理，形成了具有宝钢特色的采购与供应管理方式。宝钢的原物资部和后来的物资贸易公司已做到：统一编制需用计划和采购供应计划；统一采购，由各专业采购部门对分管物资的供应承担最终责任；统一仓储，实行专业总库一级仓储体制；统一配送，完全实行送料到现场；统一物资的现场管理，并与使用单位合作，实行现场物资的动态管理；统一回收，包括余料退库与废旧物资的回收利用。

1. 坚持送料到现场。宝钢已经彻底取消二级厂、部到物资管理部门去领料的制度，改由原物资部负责定点、定量、定时、定人送料到现场。供需双方协议，在全公司范围内设 60 个送料点；根据用户的计划需用量填发送料单，凭单送料；根据用户使用物资情况送料；固定专人快、准、好地完成送料。

2. 供应站制订计划。申请用料计划完全由原物资部派驻的各地区供应站根据用户需要编制，突破了由用户制作申请计划、层层审批核发的旧框架的限制。

3. 一级仓储体制。原物资部取消本部9个地区供应站管理的中间仓库（总面积达9734平方米），实行专业总库直接面向现场的一级仓储体制，即由专业总库直接送料到现场，从而大大简化了物流流程，缩短了物流时间。由于取消地区中间库，当年就节约库存资金占用额780万元，节约利息支出166.8万元，撤销重复岗位51个，减员112人。

4. 实行现场物资动态管理。这项措施做到了各类机器旁无多余备料，现场余料回收不超过两天，消除了账外物资，一举压缩流动资金1300万元。与此同时，物资部门与各二级厂、部签订现场物资管理协议书，建立起双方共同参与的现场物资管理网络，聘请厂、部一线的作业人员作为网络的协调人员。物资部门设物资现场管理员，对生产现场使用的各种材料划定区域、挂牌，并限定两天的用量。

至此，宝钢在各类物资的计划编制、采购、仓储、配送以及现场使用和回收等物资管理的主要环节上，以一竿子插到底的方式，真正实现了集中的、一贯到底的全过程管理。

资料来源：丁宁，宋莺歌，吕振军. 采购与供应商管理[M]. 北京：清华大学出版社，北京交通大学出版社，2012.

采购与供应是现代社会较常见的一种经济活动，是社会分工的结果。采购一般是由需求引起的，由单纯的商业买卖发展成一种职能，一门专业，一种企业节省成本、获取利润的重要手段。管理知识的进步，已经大大拓展了采购与供应决策的分析方法，采购与供应管理也从企业生存的必要条件变成管理的一个热点。

人们也更深入地探求供应领域潜在的改进机会，在这个过程中出现了一系列企业概念。如购买、采购、供应、供应链管理、物资管理、货源管理、物流管理等，这些词在某些场景下几乎都可以互换。本章将对这些定义和概念进行解释，这对于理解各个术语可能会有所帮助。

第一节　采购与供应的概念

一、采购的含义

采购是人类社会较常见并大量存在的行为。最初人类的采购活动是以交换的形式存在的，随着人类社会的进步，采购的形式及其职能都发生了变化，但它仍是各个企业共有的职能，是企业经营的开始环节，同样也为企业创造价值。商业采购与个人购买的区别如表1-1所示。采购活动是人类经济活动的基本环节，任何组织的生存都离不开采购。在组织生产领域，离开采购活动，企业无法获得生产所需要的原材料、零部件以及其他辅助材料，将导致无法生产；在组织流通领域，离开采购活动，商品流通中止，将导致无货可售；在其他方面，同样也无法缺少采购活动。

表 1-1　商业采购和个人购买的区别

个人购买	商业采购
非专业	专业
采购量小	采购量大
最终消费者	非最终消费者
自由选择品质类型	受多种条件制约，不能自由选择
无能力影响价格	对供应商影响大
由生活所需导向、通常较稳定	由生产及发展驱动、波动性强

采购是指在市场经济条件下，在商品流通过程中，各企业及个人为获取物品，对获取物品的渠道、方式、质量、价格等进行预测、决策，把货币资金转化为商品的过程。一些学者以及实际工作人员会将"采购"这个词仅仅局限于购买过程：了解需求，找到并选择供应商，就价格和其他条款进行谈判，接着就是确保货物运送以及付款。通常，我们所说的狭义的采购是指企业在一定条件下，从供应市场购买其生产、经营所必需的货物和服务的交易行为。简单来讲，狭义的采购就是指企业通过支付货币的方式来换取自身所需要的物品和服务的交易行为。而广义的采购是指企业在一定条件下，通过购买、租赁、交换等方式获得其生产、经营所必需的货物和服务的行为，即不论企业以何种形式获取生产资源，只要是合法的行为，就属于采购活动。采购还应该包括收货、验货、储存、货物处理、送货安排、进场和出场的运输以及废料处理等过程。采购也应该对供应链的其他组成部分负责，例如组织的顾客、顾客的顾客，以及组织供应商的供应商等。我们可以从以下三个方面来理解采购。

（一）采购作为一个职能部门

职能部门通常被定义为某个具体单位或部门，通过专门的技能、知识和资源来完成专门的任务。一个组织的主要职能部门构成如图 1-1 所示。采购部门是企业生产中负责生产物资采购的部门，其主要任务为：

（1）原材料的采购控制。

（2）采购商品的评价和管理。

（3）外包供应商的评价与管理。

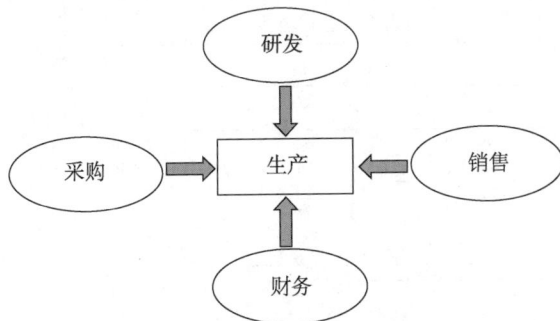

图 1-1　一个组织的主要职能部门构成

（二）采购作为一个过程

一个过程包括一系列子过程或一系列阶段，可以用一个过程链来描述。采购活动可以被描述为由许多以获得供应为目标的事件串联起来的过程链，主要由开发原料来源、购置和供应等活动构成。采购过程模型如图 1-2 所示。采购过程由信息连接，各个子过程负责捕获和处理信息。

（1）开发原料来源：通过搜集信息，寻求所需产品和服务的供应源，以确保供应的连续性和供应源的可替代性的一系列活动。

（2）购置：从获得所需产品至运送产品到最终目的地这一过程所必需的一切活动，包括采购、储存、运输和检查等。

（3）供应：拥有包括采购、储存和接收在内的更广泛的含义，其基本含义是供应商提供产品和服务的过程。与侧重于商流活动的采购相比，供应更侧重于物流活动。

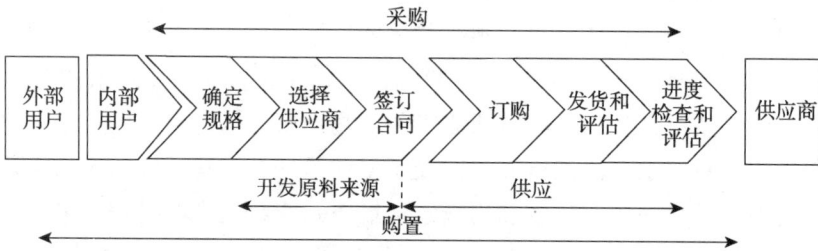

图 1-2　采购过程模型

（三）采购是价值链的重要一环

如图 1-3 所示，价值链活动分为两类：基本活动和辅助活动。采购是辅助活动的重要一环。对于制造业企业，采购原材料，经过加工、装配、包装等环节将成品交付给消费者，价值才得以实现。没有采购这一环节，价值链是无法完成的，这一条链所增加的价值就等于所有这些活动带来的总收入减去总支出。

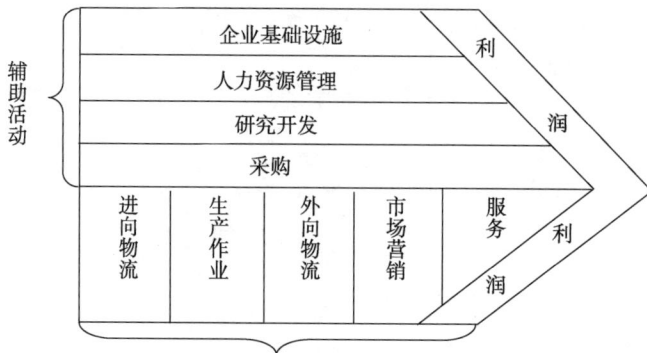

图 1-3　企业价值链

二、供应的含义

全球任何组织都需要供应商，没有供应商，组织将无法存活。如图 1-4 所示，所有组织都存在于供应商和消费者之间，采购和供应职能就是要对供应商这方负责，而顾客则由组织的营销职能负责。在市场竞争环境下，组织必须通过增加收入、降低成本或者采用两者兼具的方式增加股东的长期价值，而供应对组织的贡献不只体现在成本方面，更集中在增加收入方面，供应的职能就是帮助组织增加收入或降低成本。

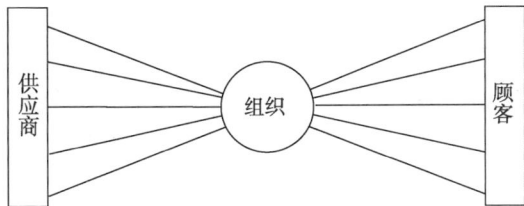

图 1-4 供应中的供应商和顾客

随着全球竞争环境的加剧，供应职能作为一种技术也在不断发展和创新，采购者和供应商建立密切的合作关系逐渐取代采购者与供应商狭隘的敌对关系，谈判受到越来越多的重视。对于交易的双方而言，电子商务是较低成本解决问题的方法，因此这种趋势是一种必然的结果，因为管理层开始日益关注价值的重要性，要求供应商在满足供应目标时，在数量、质量、运输、价格、服务、连续性以及改进等方面做出更严格的规定。

供应是指供应商或卖方向买方提供产品或服务的全过程。本书所述的供应主要针对企业内部需求的供给，即在企业生产经营需要时，按照需要的数量和质量提供生产所需的资源，以满足企业生产运营和市场的需要。供应就是采购的后续和延伸，企业为了提高生产效率，将采购功能延伸到生产边缘，即将原材料验收入库后，根据生产计划，将生产所需要的资源交付到生产线旁，这样做既减少了车间待加工零部件的库存，同时为生产现场提供了便利，还能够提高流动资金的周转率。采购是供应的前提和基础，采购所面向的对象来自企业外部，即形形色色的供应商，供应商要从供应链上游获取资源；供应是面向内部的，即为企业内部的生产或其他职能部门供应所需要的资源。供应对组织目标和战略有着重要的影响，主要包含以下三个方面：

（1）经营和战略影响。人们最熟悉的是经营环境，当供应职能不能满足期望的最低值时，企业内部人员会对划分等级感到困惑，糟糕的质量、错误的数量以及供货延迟等都会给产品或服务的最终使用者带来烦恼。采购/供应的运营方面是指与传统采购有关的日常交易运作。通过使交易规范化和自动化，可以协调组织运作。采购/供应的战略方面是进一步制造并且寻找提供竞争优势的机会。与运营方面强调执行目前的任务有所不同，战略方面则强调更好地解决组织和供应面临的新挑战。

（2）直接和间接影响。采购/供应部门可以对企业财务报表做出的直接贡献，表现在采购成本的节约、利润杠杆效应以及资产收益率等方面。为了防止预算部门领导滥用结余的采购成本，一些供应组织雇用了财务控制人员来确保采购节约的底线。供应的直接贡献在于其可以衡量存货的减少和保证采购成本的节约。采购/供应的管理部门通过提高企业中其他部门或个人的绩效间接为组织做贡献。供应的间接贡献来源于很多方面：供应部门提供信息源；供应对效率、竞争地位以及企业形象的影响；供应领域提供的管理培训；供应在制定管理战略和社会政策中的作用等。

（3）负面、中性及正面的影响，如图 1-5 所示。

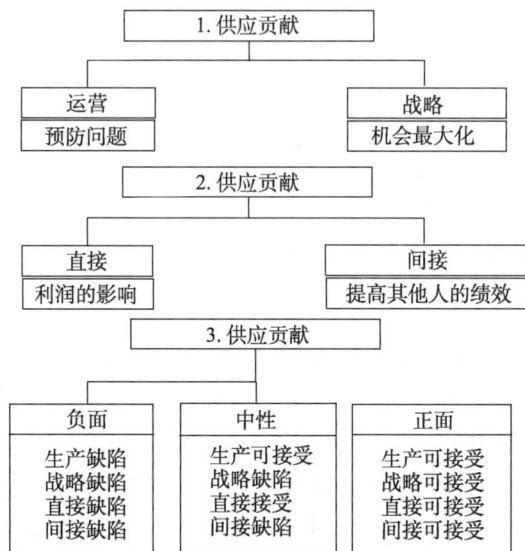

图 1-5　供应对经营和战略的贡献

资料来源：Michiel R. Leenders and Anna E. Flynn, Value-Driven Purchasing: Managing the Key Steps in the Acquisition Process (Burr Ridge, IL: Richard D. Irwin, 1995), p.7.

三、采购的分类

依据不同的标准可以对采购进行不同的分类。针对不同的类别，实施不同的采购策略。

（一）按采购主体分类

按采购主体分类，采购可分为以下几类：

（1）企业采购；

（2）政府采购；

（3）事业单位采购；

（4）军队采购；

（5）其他社会团体采购。

在这些采购主体中，需要深入研究企业采购和政府采购，因为这两类采购占全社会采购的绝大部分，对社会经济生活影响巨大。

（二）按采购的科学化程度分类

1. 传统采购

所谓传统采购就是议价采购。即采购者根据采购品种、数量、质量等方面的要求，货比三家，通过谈判，最后达成一致得以成交的采购形式。传统采购方式主要包括询价采购、比价采购、议价采购。

1）询价采购

询价采购是采购人员向信用可靠的厂商询问，将采购条件讲明，通过电话或寄发询价单的方式，询问价格，经过比较后，现价采购。

2）比价采购

采购人员请数家厂商报价，经过比较后，决定向哪家采购。

3）议价采购

采购人员与厂商谈判，讨价还价，谈定价格后决定购货。

实际的采购很少是以一种方式单独进行的，采购者通常是将几种方式结合起来进行采购。

2. 科学采购

所谓科学采购，就是在科学理论的指导下，采用科学的方法和现代科技手段实施采购。科学采购根据指导理论和采取的方式方法的不同，可划分为订货点采购、JIT 采购、MRP 采购、供应链采购、招标采购和电子商务采购。

1）订货点采购

订货点采购已有半个世纪的历史，无论从理论上还是实践上都比较成熟。订货点采购的原理是，当库存降低到一定水平时，按规定量来组织订货。订货点采购还可细分为定量订货法、定期订货法。订货点采购在现实中有着广泛应用。

2）JIT 采购

采购是由 JIT 生产发展而来的，JIT 采购又称为准时制供应、零库存供应。JIT 采购的基本思想是追求零库存，彻底"杜绝一切浪费"。具体做法是在需要的时候，将合适品种、合适数量、合适质量的物料送达合适的地点。这种即时送达要做到既不早又不晚，既不多又不少，既保证需要又不增加库存。

3）MRP 采购

MRP 采购是一种解决相关需求的采购方式，主要应用于生产企业的物料采购。生产企业的主产品，又被称为主机，是由许多部件构成的；部件是由组件构成的，而组件又是由零件构成的。这种从主机到零件的树形图构成了主产品结构文件。在 MRP 计算机系统中输入主产品数量、主产品结构文件和载明库存量的库存文件，系统就可输出何时采购、采购多少原材料和零部件的指导文件。按此文件采购，既可满足生产需求，又能实现最小库存量。

4）供应链采购

供应链采购就是在供应链条件下的采购。这是供应方积极主动向采购方提供其所需物料的采购，在供应链的条件下，供应方遵循供应链的宗旨，在利益共享原则的基础上，依据采购方提供的信息，及时满足采购方对原材料和产成品的需求。

5）招标采购

招标采购一般是大宗物品和工程的采购。采购方为了寻求更好的供应商，通过发布标书的形式，向特定或非特定的潜在供应商提出采购物资或工程的条件。由于众多的供应商参与竞标，采购方可以在更广泛的范围内寻求最优合作伙伴，达到价格最低、服务最优。

6）电子商务采购

电子商务采购是在计算机技术、信息技术和网络技术高度发展条件下的科学采购方式。这种采购方式可以在全球范围内寻求更好的供应商，而且速度快、费用低、操作简单、效率高。这种采购方式通常适用于标准或不太复杂产品的采购。

（三）按采购范围分类

1. 国内采购

所谓国内采购，是指企业以本币向国内供应商采购所需物资的活动。例如，国内机械制造企业向国内钢铁企业采购钢材、国内服装厂向国内纺织厂采购布料等。国内采购主要指在国内市场采购，但采购的物资并不一定是本国生产的。例如，外资企业在中国境内生产的产品，国外企业生产、在中国市场上销售的产品。这些产品的采购都是以本币支付货款的。

2. 国际采购

所谓国际采购，是指国内企业直接向国外企业采购。当国外材料价格低，品质、性能好，综合成本低时，可考虑国际采购。国际采购一般直接向国外企业咨询，同国外企业谈判采购，或者向国外生产企业设在本地或国内的代理商咨询采购。国际采购的范围很广，包括高新技术产品、成套技术设备、必须进口的原材料等。

国际采购的优点：一是可以弥补国内资源的不足，解决我国高新技术产品和原材料不足的问题；二是某些产品我国虽然能够生产，但性能上还存在一定不足，而进口产品在性能上更优；三是进口一些物资，利用汇率的变动，可以获利。

国际采购的不足：一是交易过程复杂，影响交易效率；二是需要较高库存，加大了存储的费用；三是路途遥远，无法满足急需；四是发生纠纷时追索困难。

（四）按采购权限分类

1. 集中采购

所谓集中采购，是指由企业的采购部门全权负责企业的采购工作。即企业生产所需的物资都由一个部门负责，其他部门（包括分厂、分公司）均无采购职权。

1）集中采购的优点

（1）可降低订货费用。集中采购可以减少订货次数，从而减少订货费用。

（2）能获得供应商的批量价格优惠。

（3）可统一组织供应，合理配置资源，最大限度降低库存。

2）集中采购的不足

（1）采购过程复杂，时效性差。要将下属各单位的需求集中起来，到实地采购，再将采购到的物资分发到需求单位，要增加多道手续，往往还会增加多道运输环节，费时、费力，增加采购成本。

（2）非共用的物资实行集中采购，难以获得价格优惠。对于一个大型企业来说，通常需要生产多种产品，需要许多不同的原材料和零部件，勉强实行集中采购，往往不能达到批量优惠的目的。

（3）采购与使用分离、缺少激励因素，采购绩效差。由于实行集中采购，采购者与使用者相分离，导致采购成本的高低、质量的好坏、对未来生产经营带来何种影响，都不与采购者产生直接的经济利害关系，会导致采购者对采购绩效关心度下降。从采购的实践来看，集中采购则容易出现品种规格不对路、价格偏高、供货不及时等问题，影响企业效益。

3）集中采购的适用范围

（1）集团实施的采购活动。作为大型企业集团，生产的产品多为系列产品，虽然产品规格型号多达千百种，但许多原材料、零部件是通用的。实行集中采购，可以充分享受集中采购带来的好处。

（2）跨国公司的采购。随着经济的发展，企业经济实力的增强，不少企业走出国门，在国外不同地域投资建厂。由于区域经济发展的不平衡，原材料、零部件在价格上会产生不同程度的差异。实行跨国跨地区集中采购，不仅可以享受批量采购带来的优惠，更能获得价差所带来的产品成本优势。

（3）不同企业之间的联合采购。同城企业或邻近地区的企业，在产品相同或相近的情况下，在采购相同原材料或零部件时，为了共同的利益，可以实施联合采购，尤其在企业规模比较小的情况下，更有必要。

（4）商贸企业的联合采购。随着经济的发展，人们生活水平的提高，连锁零售企业蓬勃发展。不仅美国的沃尔玛、法国的家乐福等零售连锁企业登陆我国，迅速拓展，就是本土的连锁零售企业，也在以每年 20%左右的速度增长。毫无疑问，这些为数众多的企业连锁店，更应以联合采购的形式组织进货。

2. 分散采购

所谓分散采购，是指按照需要由单位设立的部门自行组织采购，以满足生产经营的需要。

1）分散采购的优点

（1）针对性强。生产企业或商贸企业可以针对企业自身的需求，采购规格品种最合适、价格最合理的原材料、零部件或产成品。

（2）决策快，效率高。分散采购减少了集中汇总、层层审批的烦琐程序，可以很快做出采购决策，并立即组织实施，减少了时间上的延迟，提高了工作效率。

（3）有利于激励机制的贯彻实施。分散采购的采购人员为本企业的职工，其收益与企业的经营成果密切相关，采购绩效如何不仅关系到企业的经济效益，也关系到职工的切身利益，所以，采购人员能从自身的利益出发，努力做好采购工作。而且企业直接管理职工，可根据采购工作的业绩，给予奖励或惩罚，这能进一步调动采购人员的积极性。

2）分散采购的实施范围

（1）小批量、价格低的物资采购；

（2）市场资源有保证、运输费用低的物资采购；

（3）各基层单位具有检测能力的物资采购；

（4）产品研制开发阶段所需的物资采购；

（5）分散采购成本低于集中采购成本的物资采购。

（五）按采购物资的形态分类

1. 有形商品的采购

有形商品包括原材料、燃料、辅助材料、零部件、半成品、成品及非生产用的低值易耗品等。

（1）原材料：指构成产品本体部分的物料。

（2）燃料：指煤炭、燃油等产生热量的物资，有时也被归为原料类。

（3）辅助材料：指虽不构成产品实体，却是产品生产过程中不可缺少的物料，如清洗剂、润滑油、包装物等。

（4）半成品：指已经经过初步加工，尚需进一步加工的物料。

（5）零部件：指已经完成全部加工过程，只待组装的物料。

（6）成品：指具有一定的独立功能，可以对外销售的产品。成品有时是相对的，如在供应链条件下，某上游企业的成品，对下游企业而言，很可能仅仅是零部件或半成品，甚至是原材料。

2. 无形商品的采购

无形商品主要指技术和服务。

（1）技术。此处所讲的技术是指制造某种产品、应用某种生产工艺或提供某种服务的技能知识。

（2）服务。此处所讲的服务指雇用临时劳务人员及聘请专业公司等的经济性劳动服务，包括清洁服务、安装服务、培训服务、设计服务、维修服务和某些特殊服务等。

3. 工程采购

工程指地面上下新建、扩建、改建、修建、拆建、修缮建筑物或构筑物及其所属设备、自然环境的行为，包括建造房屋、兴修水利、承建交通设施、铺设下水道等项目。

（六）按采购时间分类

企业的物资采购，按照供应商与采购商之间交易时间的长短不同，一般分为以下两类：

1. 长期合同采购

长期合同采购是供应商和采购商为了在较长时期内维持稳定的供需关系，通过合同的形式，将这种长期供求关系固定下来的采购形式。长期合同的有效时间通常在一年以上。在合同期内，采购方承诺向供应方采购其所需产品，供应方承担保证采购方在品种、规格、数量等方面的需要。

1）长期合同采购的优点

（1）有利于增强双方的理解和信任，建立稳定的供需关系。

（2）有利于降低双方谈判价格的成本。

（3）有明确的法律保障，维护了双方的利益。

2）长期合同采购的缺点

（1）价格调整困难。如果市场价格发生变化，双方要求调整价格都很困难。

（2）数量调整困难。由于受到合同条款的约束，采购方在采购数量的调整上有难度。

（3）采购人员容易形成依赖思想，缺乏创新意识。

（4）合同期内采购商即使有了更好的供应渠道，也难以做出新的选择。

3）长期合同采购的适用范围

长期合同采购，供需关系稳定，主要适用于采购方需求量大，且需要连续不断供货的物资，多为企业所需要的主要原材料、燃料、动力及配套设备等，如炼油厂长期需要的石油、化工厂长期需要的煤炭等。

2. 短期合同采购

短期合同采购指采购商和供应商为满足生产经营活动的需要实施的一次性交易的采购。

1）短期合同采购的优点

短期合同采购双方都拥有很大的灵活性，采购的品种、规格、型号、数量等可以随时做出调整，并能够根据情况的变化调整供应商。

2）短期合同采购的缺点

短期合同采购由于供需关系不稳定，具有容易出现交易中断、价格波动频繁及服务质量下降等方面的不足。

3）短期合同采购的适用范围

（1）非持续消耗的物品，如机械设备、运输车辆、家庭耐用消费品等补充产品。

（2）由于供求关系的变化，长期合同供货不能满足需要，需要短期合同供货予以补充。

（3）价格波动大的产品的采购。无论是采购商还是供应商，对于价格波动大的产品都不希望签订长期合同,从而避免利益受损。

(4)质量不稳定的产品。对于质量不稳定的产品,如农副产品、试生产的产品等,通常也是一次性采购。

四、从采购到供应管理的转变

供应管理起源于采购管理,从严格意义上讲,供应管理的范畴远大于采购管理。在供应链环境下,供应包括采购行为,一般将采购与供应作为同一概念进行研究,并将其定义为"企业通过购买、存储、运输等面向增值的物流业务活动,获得成本、时间、效率等的最佳效果,以流程为导向整合企业内外资源的战略性活动过程"。

在美国,传统采购的地位不高,因为美国大部分公司纵向集成度高,对外部资源的依赖度低。作为管理外部资源的采购部门,其主要任务是围绕订单处理和日常交易展开的。简单地说,采购的任务就是在内部用户提出需求后,下订单,确认价格、交货期,确保货物按时收到。采购部门的吸引力有限,就如亚利桑那州立大学的皮尔森教授所说,采购(从前)往往是那些百无一用的人的最后落脚点:如果一个人干不了销售、设计、生产等,那只能去做采购了;如果连采购也做不了,那就只能卷起铺盖另行高就了。在美国如此,在中国也是,不过原因略有不同:传统的计划经济下,外部资源主要依靠国家统一调配,采购自然也就可有可无。

随着很多行业转向外包战略,外购额逐渐增长,成为公司开支的重要部分,公司对供应商的依赖越来越高,而作为管理供应商的对口职能,采购的重要性也在日益上升。随着采购地位的上升,其重心也从订单处理转为对供应商的战略管理,这就是供应管理。转变过程如图1-6所示。20世纪80年代,麦肯锡的一名顾问在《哈佛商业评论》上发表文章《采购必须成为供应管理》,吹响了这一战略转移的号角。2002年,美国采购经理人联合会(NAPM)更名为供应管理协会(ISM),是这一战略转移的里程碑,标志着供应管理正式成为主流。在国内,采购的这一转变参差不齐,一流的企业在采购的组织、系统和流程上与北美差距甚小,而更多的企业则继续在"小采购"的泥淖里打滚。

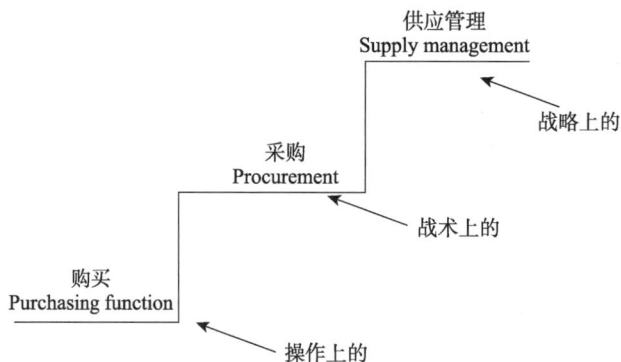

图1-6 采购到供应管理的转变过程

相对于围绕订单处理的采购管理，供应管理更侧重供应商的战略管理，通过分析开支、确认需求、评估供应商、选择供应商、签订协议、管理供应商来确保以合适的成本按时、保质、保量地获取资源。从时间跨度上讲，供应管理向前延伸到新产品开发、设计，向后延伸到产品的生命周期结束；从公司阶层上讲，供应管理延伸到公司的资产、现金流等的管理，直接影响到公司的盈利。有些公司已经开始统计供应管理的贡献，例如总利润率是10%，其中0.5%是供应管理通过降低采购成本等来实现的。

从供应链管理的角度来看，采购处于公司内外的结合点，是管理供应链的理想选择。采购部门突破对传统职能的认识，在管理供应链上发挥更大作用，也是提升采购在公司地位的一个主要方法。采购对内管理需求（比如设计的新产品寻源、生产部门的量产需求），对外管理供应商（比如供应商选择和绩效管理），通过理顺需求来理顺供应，也就是供应链管理。

第二节　采购与供应管理

一、采购与供应管理的概念

企业在市场上经营运作的一般流程是供应—生产—销售。显然采购处在企业经营运作的前端，是为企业生产和日常运营创造物质条件的环节，它是企业进行生产和日常运营的前提条件。没有采购，企业的生产和日常运营就不可能进行。而对采购工作进行有效的管理，能够以最小的采购成本，创造最大的采购效益，是所有企业追求的目标。

所谓采购管理，是指为了保证企业物资供应满足生产或销售需求，从适当的供应商那里，在确保质量的前提下，在适当的时间、以适当的价格，购入适当数量的商品所采取的一系列管理活动。这种活动面向企业的采购人员以及企业中所有进行采购协调、配合工作的人。一般由企业中的高级管理人员承担采购管理工作，采购管理对整个企业的资源进行供应和调动。采购是采购人员承担的工作，是采购管理的一部分。

供应管理是为了保质、保量、经济、及时地供应生产经营所需的各种物品，对采购、存储、供料等一系列供应过程进行计划、组织、协调和控制，以保证企业经营目标实现的活动。"供应管理"在美国国家采购管理协会（National Association of Purchasing Management，NAPM）《采购与供应关键词汇表》中的定义为：一个被许多组织机构所采用的系统管理观念，它被创造出来是为了使物料成本、质量、服务等各个因素更好地发挥作用。它是通过整合下列活动而完成的：采购、运输、库存管理、物料的内部分配。这些活动又联合起来形成一个独立部门，类似于组织的物料管理形式的安排。

采购与供应管理是指为保障企业物资供应而对企业的整个采购供应活动进行的计划、组织、指挥、协调和控制活动。采购管理是以交易为导向的，是一种"战术职能"，而供应管理以流程为导向，属于"战略职能"。从采购管理到供应管理或采购与供应管理，也反映了采购职能的变迁。

采购与供应管理的三个层次，如图 1-7 所示。

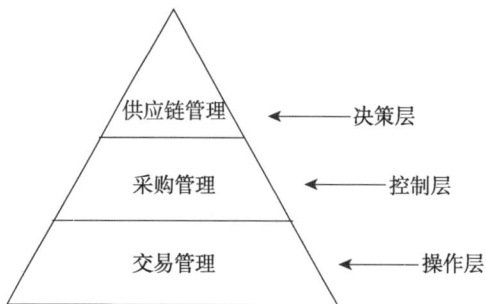

图 1-7　采购与供应管理的三个层次

1. 交易管理

较初级的采购与供应管理多为对各个交易的实施和监督。其特征为：

（1）围绕着采购订单。

（2）比较容易与供应商进行讨价还价。

（3）仅重视诸如价格、付款条件、具体交货日期等一般商务条件。

（4）被动地执行配方和技术标准。

2. 采购管理

随着对前期大量订单的汇总以及管理技能的提高，管理人员意识到供应商管理的重要性；同时，根据自身业务量和整个物流体系的要求，合理分配自身的资源，开展多个项目管理。这个阶段的特征为：

（1）围绕一定时间段的采购合同，试图与供应商建立长期的关系。

（2）加强了对供应商其他条件的重视，如订单采购周期、送货、经济批量、最小订单量和订单完成率。

（3）重视供应商的成本分析。

（4）开始采用招标手段。

（5）加强了风险防范意识。

3. 供应链管理

这是一种战略性采购，其特征为：

（1）与供应商建立战略伙伴关系。

（2）更加重视整个供应链的成本和效率管理。

（3）与供应商共同研发产品，提高双方对消费者的影响力。

（4）寻求新的技术和材料的替代物，如 OEM 方式的操作。

（5）出现更多的集中采购，如跨地区、跨国家的公司（工厂）集体进行的采购。

（6）更为复杂、广泛地应用投标手段。

二、采购与供应管理的地位和作用

随着市场经济的不断发展完善，作为全球经济一体化进程的重要组成部分，我国正成为国际采购与供应的主要目标市场。组织好企业采购与供应活动，不仅有助于优化企业采购与供应管理，而且可以有效地推动企业各项工作的开展。通过实施科学的采购与供应管理，可以合理选择采购方式、采购品种、采购批量、采购频率和采购地点，可以以有限的资金保证企业生产经营的需要，在企业降低成本、加速资金周转和提高产品质量等方面发挥重要作用。因此，企业发展迫切需要系统掌握经济、法律和现代采购与供应理论等相关知识，熟悉跨国采购与供应实务，具备较强的市场分析处理能力，具有参与国际化市场竞争能力的新型人才。采购与供应管理在国民经济发展中具有重要的作用，主要体现在以下几方面：

（1）采购与供应管理能保证企业的生产经营和质量。物资供应是生产的前提条件，生产所需要的原材料、设备和工具都要由采购与供应来提供；没有采购与供应，就没有生产条件，没有物资供应就不可能进行生产。采购供应的物资，其质量的优劣直接决定着企业产品质量的优劣。能不能生产出合格的产品，取决于采购提供的原材料以及设备工具的质量的优劣。

（2）采购与供应管理是控制成本的主要手段之一。采购与供应的成本构成了生产成本的主体部分，其中包括采购供应费用、仓储费用、流动资金占用费用以及采购与供应管理费用等。采购与供应的成本过高，将会大大降低生产的经济效益，甚至导致亏损。因此，加强采购与供应的组织与管理，对于节约占用资金、压缩储存成本和加快营运资本周转起着重要的作用。

（3）采购与供应管理决定着企业产品周转的速度。采购与供应是企业生产过程的起点，采购人员必须解决好采购供应中物资的适时和适量问题。如果采购工作运行的时间与把握的量度同企业其他环节的活动达到了高度的统一，则企业可能获得适度的利益。反之，就会造成产品积压，使产品周转速度减缓、产品保管费用增加，以致不得不投入大量人力、物力去处理积压产品，从而造成极大的浪费。

（4）做好采购与供应管理工作，可以帮助企业洞察市场的变化趋势。采购人员虽然直接和资源市场打交道，但是资源市场和销售市场是交融混杂在一起的，都处在大市场之中。所以，采购人员也可以为企业及时提供各种各样的市场信息，供企业进行管理决策使用。市场对企业生产经营的导向作用是通过采购渠道实现的。采购人员观察市场供求变化及其发展趋势，借以引导企业的投资方向，调整产品结构，确定经营目标、经营方向和经营策略。

第三节　采购与供应管理的目标、原则和基本要素

一、采购与供应管理的目标

随着市场竞争的加剧，影响企业竞争力的要素越来越多。20世纪70年代以前，企

业的竞争力主要体现在成本上；到 80 年代，除了成本又增加了质量要素；而到了 90 年代，交货期也成了竞争力的要素，即所谓的基于时间的竞争。在 21 世纪的今天，企业竞争的焦点又转移到敏捷性上，即以最快的速度响应市场需求的能力。

作为企业价值链中的重要一环，采购在现代企业的经营管理中越来越重要。一般情况下，企业产品的成本中外购部分占了比较大的比例（60%～70%）。零部件及原材料的采购成功与否在一定程度上影响着企业竞争力的大小，采购与供应管理往往是竞争优势的来源之一。随着全球市场一体化和信息时代的到来，专业生产能够发挥更加巨大的作用，导致企业采购的比重大大增加，也使采购及其管理的作用提升到一个新的高度。

我们可以将采购管理的目标归纳为以下四个方面：

1. 为企业提供所需的物料和服务

这是采购管理最基本的目标。最初，采购部门就是为此目标而设的。提供不间断的物料和服务，以便使整个组织正常运转，是采购部门的第一要务。如果原材料和零部件缺货，则一方面必须支出的固定成本会带来运营成本的增加；另一方面无法向顾客兑现所做出的交货承诺，这将对企业造成极大的损失。例如，没有外购的轮胎，汽车制造商不可能造出完整的汽车；没有外购的燃料，航空公司不可能保证航班准时起飞；没有外购的手术器械，医院也不可能进行手术。

2. 争取最低成本

从全球范围来看，工业企业的产品成本构成中，采购的原材料和零部件成本占企业总成本的 30%～90%。例如，在 2003 年，由于煤炭价格上涨，上海电力股份有限公司全年燃煤采购价格平均上涨了 1.82 元/吨，主营业务成本增加了 1758 万元，给公司经营带来了不利影响。根据国家发展改革委发布的《国家发展改革委关于调整电价的通知》（发改电〔2003〕124 号）的有关规定，自 2004 年 1 月 1 日起，将全国省级以上电网调度的燃煤机组的上网电价统一调高 0.7 分/千瓦时（含税）。经测算，这部分上调的上网电价所带来的收入尚不能完全弥补煤炭价格上涨所带来的成本支出，这对相关公司 2004 年的经营产生了更大的影响。可见，采购成本在企业总成本中所占比例较大时，通过进行采购成本的管理，降低企业的采购成本，将对降低企业的总成本、改善企业的经营管理、提高经济效益等具有重要意义。

3. 使存货和损失降到最低限度

保证物料供应不间断的一个方法是保持大量的库存。而保持库存必然占用资金，这些资金不能再用于其他方面。保持库存的成本一般每年要占库存商品价值的 20%～50%。如果采购部门可以用价值 1000 万元的库存（而不是原来的 2000 万元）来保证企业的正常运作，那么 1000 万元的库存减少不仅意味着多出 1000 万元的流动资本，而且也意味着节省了 200 万～500 万元的存货费用。

4. 提高产品或服务的质量

从争取最低成本的分析可以看出，产品价值中的一半左右是由采购部门或供应商提供的，最终产品的质量很大程度上取决于采购管理。采购环节对质量的管理不仅体现在进货验收上，更重要的是将质量管理工作延伸到供应商的生产制作过程，从源头抓起，这样才能真正地确保产品质量。如摩托罗拉（Motorola）公司在对供应商的管理中强调，供应商的产品是摩托罗拉产品的重要组成部分，供应商的产品质量也是摩托罗拉的产品质量，供应商的质量管理应纳入摩托罗拉的质量管理体系。

二、采购与供应管理的原则

作为采购管理的指导，采购目标的实现是非常重要的。如果采购的物资不符合价格、数量或者质量的要求，会对产品的生产和成本产生重大的影响。因此，采购管理应遵循以下原则：

1. "适时"采购管理原则

采购部门不但要根据实际的需求来决定何时购入企业生产所需要的物料，更需要为了实现经济利益的目的，在激烈的市场竞争中注意价格的变化，并在经济趋势分析中做出正确的判断，在最有利的时机买到最合适的物料。因此，采购的最佳抉择，除了数量与价格的配合外，还需要时间因素的配合，这样才能达到最佳的采购效果。

2. "适价"采购管理原则

采购物料成本中采购价格合理与否非常重要，以往总以为一般物料的采购越便宜越好。其实并非如此，如果价格过低而使卖方有损失，卖方会设法偷工减料以劣质产品充抵交货，也可能会拖延交货。因此采购方所蒙受的损失可能会更大，所以采购价格应以达到"适当价格"为最高目标。为此，采购人员必须根据市场行情，分析物资的质量状况和价格变动情况，选择物美价廉的物资进行购买。

3. "适质"采购管理原则

物料采购的质量，多以适用为原则，即所谓的"适当的质量"。因为在采购观点上，要求质量在制造方面能符合产品质量标准，在使用方面达到实用的价值即可。采购物料的质量过低将直接影响生产的产品质量，对企业的竞争力会有巨大的冲击；采购物料的质量过高又会造成浪费，增加企业采购成本，很难为企业形成竞争优势做出应有的贡献。

4. "适量"采购管理原则

采购数量的大小决定生产、销售的顺畅和资金的调度。物料采购量过大会造成过高的存货储备，使企业资金积压、成本上升，而且承担比以往更大的风险；物料采购量过少，则无法满足企业生产需求，也会增加采购次数，从而造成采购成本的提高。因此，适当的采购量是非常必要的。

5. "适时"交货管理原则

企业最理想的交货日期应当是计划中使用的日期。为了保证按时交货，采购部门应当合理制定请购日期，并努力缩短交货提前期。请购日期对交货期的估计有相当大的影响，因此要注意请购单日期的控制。请购单不宜过早，也不能太迟。太迟提出请购单将会影响采购的计划性，发生因急于采购而造成损失的可能。请购日期应尽可能接近采购日期，使交货期与使用期接近，缩短库存时间。

三、采购与供应管理的基本要素

采购，是指企业在一定的条件下从供应市场获取产品或服务作为企业资源，以保证企业生产及经营活动正常开展的一项企业经营活动，即个人或单位在一定的条件下从供应市场获取产品或服务作为自己的资源，为满足自身需要或保证生产、经营活动正常开展的一项经营活动。严格来说，采购是从"合格的"供应商（Right supplier）处，在"需求的"时间（Right time）内，以"合理的"价格（Right price），获取"正确的"数量（Right quantity）、"符合品质要求的"（Right quality）物品与服务，这是采购的五大基本要素（5R），采购活动必须围绕着这些构成要素开展。

1. 采购的五大要素之一——供应商

一般人都会认为选择规模较小的供应商，交货品质与供货的稳定性不能得到保证，规模大的供应商则会比较令人放心。但有时规模大的供应商不能与企业采购需求匹配，采购人员就必须视情况来选择适当的供应商。采购人员最担心的就是买不到货，一旦货源掌握在极少数供应商手里时，采购的价格就会受制于他人。因此，为了取得合理的市场价位，采购人员必须尽可能地开发可靠的"替代性供应货源"，并寻求与制造供应商之间的良性竞争模式，以促进采购的绩效与价格之间的良性平衡。

2. 采购的五大要素之二——时间

对于"时间"的要求，可分为内部使用单位的需求时间与要求供应商交货的时间两部分。然而供应商是否可随时提供最好的货物，供应商交货期是否越短越好？其实也未必全然如此，因为供应商如果要配合短交期，采购的价格也必须有所调整。因此，采购人员应缩短供应商前置时间（Lead time）及周期时间（Cycle time），以配合使用单位的需求时间与生产排程，来达成及时供货的目的。

3. 采购的五大要素之三——价格

在"价格"方面，必须思考的不是价格越低越好。采购人员切忌被便宜的单价数字所蒙骗，因为价格只是交易的显性部分，尚有许多隐性成本必须注意，例如品质、服务的差异。如果采购人员在比价时，只选择最低单价的供应商，在总成本上不见得能得到什么好处。采购人员必须在"符合品质要求"的情况下，以"最低价格"完成购买。

4. 采购的五大要素之四——数量

采购人员对内应顾及有效的库存管理，达成较高的存货周转率，减少不必要的储存持有成本。要致力于降低库存积压过多所带来的库存品损坏、过期、失窃等现象，避免存货发生损失的情形。采购人员对外则须协调供应商的经济生产批量，改进采购作业效率，以达到订购或制造产品数量的"最低总取得成本"。

5. 采购的五大要素之五——品质

至于对物品与服务的"品质"，是否应要求品质越高越好？当然，任何人都喜欢品质好的东西，但是采购人员必须了解到过度的品质要求只会增加成本的负担，一味地追求最高标准的品质，不见得真能增加产品实质上的价值。因此，采购人员应该保持要求符合所需的适当品质水准，减少不必要的品质要求，以取得品质与价格间的良好平衡。

做好采购与供应管理工作，可以合理利用物质资源。节约和合理利用物质资源，是开发利用资源的头等大事。采购与供应工作须贯彻节约的方针，通过采购与供应工作合理利用物质资源。第一，通过合理的采购与供应，防止优料劣用、长材短用；第二，优化配置物质资源，防止优劣混用，在采购与供应中，力求优化配置和整体效应，防止局部优化损害整体优化、部分优化损害综合优化；第三，在采购与供应工作中，要应用价值工程分析，力求功能与消耗相匹配；第四，通过采购与供应，同时引进新技术、新工艺，提高物质资源利用效率；第五，要贯彻执行有关的经济、技术政策和法律，如产业政策、综合利用等法规，防止被淘汰的产品进入流通领域，防止违反政策、法律的行为发生，做到资源的合理利用。

第四节　采购与供应管理的发展

一、采购与供应管理的产生背景和发展阶段

尽管到了 20 世纪人们才对采购与供应职能的管理产生兴趣，可是作为一个独立和重要的职能，早在 1900 年之前它就得到了国内许多铁路企业的重视。然而，大多数企业主要把采购职能当作一种文书活动。但是，在第一次世界大战和第二次世界大战期间，由于市场几乎是无限的，所以一个企业的成功并不在于它能够销售什么，而是取决于其从供应商那里获得原材料、用品和服务的能力，保证工厂和矿山运营的必要条件成了决定企业成功的关键因素。从那时起，人们开始关注供应职能部门的组织、政策以及程序，供应职能部门也开始作为一种独立的管理部门出现。20 世纪五六十年代，供应职能部门所应用的技术更加先进，受过专门训练的人越来越多，他们更有能力做出合理的供应决策，供应职能部门在企业中的地位也日益上升。很多企业把首席采购官提升到最高管理层，设置的头衔也多种多样，如采购副总裁、物料主任或者采购与供应副总裁等。

20 世纪 70 年代以来，企业面临两个令人恼火的问题。一方面，支持运营的所有原材料几乎都发生了国际性短缺；另一方面，价格的增长率远远超过了第二次世界大战结束时的水平。1973 年夏季，中东的石油禁运更加剧了这种材料的短缺和价格的飞涨。这些变化使得供应部门备受瞩目。因为它们能否以合理的价格从供应商那里获得所需要的物品，将决定企业的生死存亡，这进一步强化了供应对高层管理的决定性作用。20 世纪

90 年代后，企业已经清楚地认识到，要想成功地与国内和国际上的企业竞争，就必须有一个有效益和有效率的采购与供应部门。在 21 世纪早期，问题在于何种程度上的技术应用会改变采购和供应管理并且发挥出策略性的运作功能。在大规模的供应组织里，供应专业人员通常分为两类：一类是需要很强的计算机和信息系统技能的策略执行人员；另一类是需要具有很强分析和计划能力的战略决策者。在一个具体的企业中，职能结构、流程和人员编制如何适应这些职能变迁的趋势呢？这会随企业和行业的不同而有不同的发展，采购供应战略从以防御性为主向具有进攻性转变，前者主要是为了满足保持竞争力的需要，而后者则是为了实现企业长期和短期的目标而采取的一种创造性方法，目的是满足供应需求。目前，对战略的重视包括对流程和知识管理的重视。

为适应采购职责的延伸，美国采购经理联合会改名为供应管理协会，首席采购官开始出现，等等。这些事件是采购与供应管理发展的里程碑。从一个没人愿意去的打杂机构逐渐成为关系公司存亡的战略机构；从询价、下单、围绕订单转的"小采购"成为管理供应商、供应链的"大采购"。采购的发展，也使得供应链在各个行业的发展成熟、优化乃至成为竞争力的源泉，这反映了采购历经百年的发展。采购与供应管理主要经历了以下发展阶段：

1. 采购成为支持部门

在美国，采购在传统上扮演支持部门的角色，即确定需求、谈定价格、下单、跟单、催单、收货、付款，支持产品开发与生产部门。从时间跨度上讲，采购较少涉入产品设计和开发阶段，尽管产品成本的 80%左右是在设计阶段决定的。如果产品未能达到目标成本，采购的介入多为事后，与供应商的谈判往往成了利润转移。从职能上讲，采购集中在"买"和"价"，较少涉及供应商的全面表现，例如质量、技术、服务、流程、人员管理等。

这与由来已久的纵向集成有关。纵向集成下，内部协调重于外部协调，内部依赖大于外部依赖，采购的重要性得不到体现。相应地，供应链也是纵向集成的内部供应链，商业关系相对简单，产品流、信息流、资金流相对容易管理。此外，在美国的传统观念中，市场是只无形的手，竞争可以解决一切问题。只要供应市场存在适当竞争，公开竞标、低价中标、签订合同就行了。如果不放心，定期（例如每年）竞标、发标即可，采购方用不着深度介入供应商的业务，就如市场不需要政府介入一样。所以，买卖关系以短期关系为主，双方保持严格的距离，即 Arm's length relationship（一臂长的关系，美国以一臂距离为安全距离，一臂以内被视为私人距离）。结果是买卖双方泾渭分明，协作少，沟通少，共同解决问题少，共同预防问题就更少。

2. 供应链向供应商延伸

过去几十年里，纵向集成在逐渐减弱，外包战略日渐盛行，公司的供应链向供应商延伸。在注重核心竞争力的宗旨下，公司把大批的非核心竞争力业务外包给供应商。时间长了，随着专业人员的流失，公司对供应商的依赖进一步增加。例如汽车行业，产品成本的 70%～80%来自供应商，底特律的三大巨头自己再也没有能力独立设计并制造一辆汽车，公司的兴衰越来越依赖供应商，内在依赖向外在依赖过渡，采购作为公司与外来合作伙伴的窗口，重要性自然提高。同时，人们认识到市场机制的不完美。市场这只手虽然总会让供需平衡，买卖双方各得其所，但它是通过血淋淋的方式来实现的，往往成本很高。就如《物流管理》2007年第6期的《日美汽车的供应链赛局》中所说，完全依赖市场是"猎人"方式，注重短期效应，体现在短期和频繁竞标上，没有长期保障，双方缺乏互信，供应商不愿做长远投资，影响到采购方的长期发展。相反，日本式的"牧人"管理注重长期关系，买卖双方关系稳定，双方都愿意做长期投资，利于长期技术开发、质量稳定、共同发展。尽管"牧人"模式也是缺陷颇多，但它有很多地方值得"猎人"模式借鉴，至少让"猎人"模式认识到买卖关系不单单是价格谈判，不是一纸合同就能解决所有问题的，而是需要有更实质、更系统化的合作与管理，这就是供应商和供应链管理。于是采购的重点也就转移到选择供应商、开发供应商、管理供应商绩效，成了"大采购"。整个发展阶段如图1-8所示。

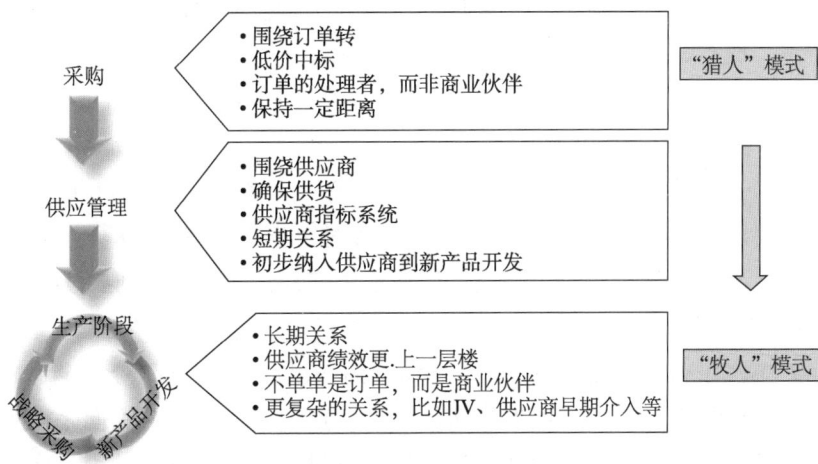

图1-8　采购与供应管理的发展阶段

相应地，采购管理的对象也从产品上升到供应商这一实体，它的任务也从价格谈判、签订合同延伸到供应商评估、选择、管理，以及早期将供应商纳入设计阶段，降低产品的总成本。在产品成本有过半来自供应商的情况下，采购和供应管理的影响的确是举足轻重——外包战略盛行，增加了公司对外部合作伙伴的依赖，公司的运营中心从内部转移到外部，原本很多首席运营官的职责转移到首席采购官身上，这也是首席采购官地位提升的根本原因。

3. 采购在小批量行业的崛起

伴随着采购的战略地位提升的是它在小批量行业的崛起。传统上，大批量行业如汽车、家用电器、电子产品等更依赖采购，因为产品成本的更大部分来自供应商，竞争从公司之间转移到供应链之间。采购在这些行业的地位更高，也更完善。这些行业最早受到全球竞争的威胁，不过全球竞争促进了这些行业不断改进，整体提升了产业水平，采购作为其中一个职能部门也处于不断提升过程中。

小批量行业，例如飞机制造、半导体设备、大型通信、大型医疗、大型发电、化工设备等，向来以技术为主导，再加上采购种类以千百万计，每件的采购量不过一年几百件甚至几件，采购复杂度很高，采购效率低，采购流程、系统不完善，采购地位不高。这些行业要么是有政府保护（例如20世纪七八十年代前的航空业），要么进入门槛很高（例如飞机和半导体设备制造），全球竞争有限。但是，一旦大环境变了，这些行业就面临灭顶之灾。例如20世纪70年代美国航运解禁，基本上任何公司都可以进入航运业。解禁的结果是竞争空前激烈，导致整个行业多年来亏多赢少，到20世纪90年代后期，行业总亏损超过自怀特兄弟试飞飞机以来的所有利润。以前低效运作下的各种问题浮出水面，各企业只有在价格、质量、交期、服务等方面达到更高标准才能生存。这些行业中企业要生存，不仅需要励精图治，也需要其供应商提高效益。

挑战就是机遇，压力就是动力。为了生存，这些小批量行业系统地借鉴汽车、家电等行业的成熟经验，推动精益生产，优化供应链，整合供应商，加强对供应商的管理，全面提高质量、成本、交期、服务、新产品开发等各方面的绩效。在20世纪90年代后期，小批量行业就开始在美国《采购》杂志的金牌榜上崭露头角，包括1997年的联合信号公司（后并入霍尼韦尔）、2003年的塞斯纳（Cessna，生产小型飞机、航空和工业产品的巨擘德士隆Textron的一部分）、2005年的罗克韦尔柯林斯（生产通信与航空电子系统）、2006年的联合技术（生产飞机引擎、直升机和多种工业产品等）。这些都是采购与供应管理几十年来发展的必然结果，也是这些行业能够应对全球竞争、维持美国在这些领域的领先地位所必需的。

相应地，小批量行业也是美国一二十年来集中采购、供应商整合和全球采购等研究的重点。由于量少种多，不同产品的搭接较少，生产、采购等传统上向来以分散经营为主，因此供应商数量众多，采购金额分散，这也是导致该行业低效的因素之一。当然，分散经营带来的灵活度也是集中采购不能替代的，所以集中采购与供应商整合也不可能无限制地推行。全球采购则主要源于成本压力。有些行业，例如半导体制造设备、大型通信设备，主要业务来自亚太地区，而该地区向来以成本控制著称。为应对年复一年的降价要求，这些行业就不得不向低成本地区采购，但随之而来的质量低、交货期长等问题也不少。

4. 供应商管理的系统化、流程化

采购的战略地位提升伴随着供应商管理的系统化、流程化过程。小采购模式下，采购围着订单转，采购权分散，缺乏系统的供应商评估、选择、管理流程和体系，结果是随意采购严重、供应商管理无章可循、供应商数量失控、规模优势得不到体现。供应商选择的灵活性在高速发展阶段有利，例如需要缩短产品开发周期、增加对市场响应速度的阶段。但是，一旦行业进入成熟阶段，其弊端就越来越明显：这种随意性带来采购额分散、库存单元多、供应商多头管理等诸多问题，都会让采购和公司头痛。这在客观上要求供应商管理系统化、流程化，以便有章可循，减少人为因素的影响，避免人员变动

带来的"一朝天子一朝臣"的现象。供应商管理的系统化、流程化过程从供应商分类开始，根据采购金额的大小和更换供应商的风险高低，供应商可分为以下几种，然后根据不同的类别制定供应商管理策略。

（1）战略供应商（高采购额、高风险）；

（2）优先供应商（采购额可观、风险可观，供应商绩效好，有替代供应商）；

（3）资格未定供应商（新技术、新供应商）；

（4）淘汰供应商（采购额小，风险小，可替代多）。

市场竞争可以解决很多供应商问题，但很难摆平战略供应商。战略供应商要么拥有关键技术，要么拥有战略资源，要么规模很大，具备垄断优势，市场竞争有限，得通过建立战略合作伙伴关系来管理。这是流程化的第一步。这看上去很简单的道理，也经过多年才被大多数公司认识并接受。很多"小采购"的公司至今要么听之任之，要么苦苦挣扎，没法系统地区别对待、管理这些战略供应商。而"大采购"之所以能把采购提高到战略层面，就是因为它能够通过建立战略合作关系理顺公司与战略供应商的关系，从而为公司的发展增值。

流程化的第二步是整合供应商，淘汰低效者。供应商分类的结果往往是发现供应商太多，导致采购额过于分散，管理难度大。采购职能优秀的公司无不经历了大幅度的供应商整合，供应商整合离不开淘汰供应商，供应商淘汰流程跟准入流程同样重要。

供应商整合后，就是与战略和优选供应商建立长期合作伙伴关系。这在市场充分透明的情况下可以，但对采购产品复杂、技术含量高、开发周期长的情况则不适应。例如飞机引擎，需要几年甚至十余年来开发、试产和量产。建立合作伙伴关系也是采购方规范合同管理的过程。长期关系下，例如双方签订3～5年的合同，约定一次性降价和以后年复一年的降价指标，约定绩效、标准和管理流程，然后就进入履约阶段，不用年年谈判。这种合同自20世纪90年代后期以来在飞机制造行业颇为风行，在2000年后传入半导体设备制造行业的一些公司。短期关系并不意味着合同少、简单。相反，正因为合同是主要的关系基础，合同文本反倒很长，种类很多。

流程化的第三步是供应绩效管理，即从成本、质量、交货、服务、技术、资产、流程等各方面管理供应商的绩效。"小采购"下的管理焦点是成本、质量和交期，采购没能力或精力来管理更高层次的服务、技术、资产运作与供应商的流程建设。质量、成本、交货期是标，技术、资产、流程、人员是本。"大采购"的管理焦点是供应商关系，把后者纳入指标体系，通过治本来治标。另外，管理不只是统计指标，也是帮助供应商提高（供应商开发）。与以前的放任自流、优胜劣汰不同，现在越来越多的大公司认识到帮助供应商提高的重要性。供应商开发是建立长期供应商关系的一个重要组成部分，其经济回报可观。供应商降低浪费、成本，提高生产效率，采购方也能最终受益。

流程化的最后一步是供应商与公司的集成。近年来，外包战略盛行，很多公司越来越依赖供应商生产、组装、销售产品、提供售后服务，客观上需要更好地把供应商集成到整个供应链增值过程中。集成也意味着早期把供应商纳入设计阶段。如果供应商分类、整合、开发、管理都是在处理既有问题的话，供应商的早期介入则是确保从开始就选择最合适的合作伙伴，从而减少以后的问题。"小采购"下采购人员整天事务缠身，往往是因为当初选择了错误的供应商，供应商的好点子没能纳入设计，从而要么是供应商日常绩效不达标（次品率高，交货期成问题），要么是产品价格不达标，采购强行压价，把问题转移给供应商。对供应商来说，整合带来更多生意和长期合作关系，采购方的供应商开发也可帮助供应商增效节支，从而提高盈利水平。而且整个流程化过程从解决问题出发，要么增加采购额，要么帮助供应商系统化提高，不再实行"小采购"下的利润转移。

二、传统采购与现代采购的区别

采购管理经历了从传统采购向现代采购的发展，传统采购主要有比价采购、询价采购、招标采购等，现代采购主要指战略采购、电子采购等。传统采购是企业的一种常规业务活动，其重点放在如何和供应商进行商业交易的活动上，特点是比较重视交易过程中供应商之间的价格比较，通过供应商的多头竞争，从中选择价格最低的作为合作者。传统采购存在市场信息不灵、经常出现供不应求的情况，影响企业生产经营活动的正常进行，也会导致库存积压、成本居高不下，影响企业的经营交易。现代采购则突出了它在企业经营中的战略地位，成为企业经营的核心环节之一，是企业获取利润的摇篮。现代采购的特点是重视和供应商发展为长期、稳定的战略合作伙伴关系，强调现代采购技术和方法的应用，在保证企业正常生产经营活动的同时努力降低库存。

（一）传统采购模式的主要特点

1. 传统采购过程是典型的非信息对称博弈过程

选择供应商在传统的采购活动中是首要任务。在采购过程中，采购方为了能够从多个竞争性的供应商中选择一个最佳的供应商，往往会保留私有信息，因为如果给供应商提供的信息越多，供应商的竞争筹码就越大，这样对采购一方不利。因此，采购方尽量保留私有信息，而供应商也在和其他供应商的竞争中隐瞒自己的信息。这样，采购与供应双方都不进行有效的信息沟通，形成了非信息对称的博弈过程。

2. 传统采购过程质量检查难度大

验收检查是采购部门一个重要的事后把关工作，质量控制难度大。质量与交货期是采购方要考虑的另外两个重要因素，但是在传统的采购模式下，要有效控制质量和交货期只能通过事后把关的办法，因为采购方较难参与供应商的生产组织过程和有关质量控制活动，相互的工作是不透明的。因此，需要按照各种有关标准（如国际标准、国家标准等）进行检查验收。缺乏合作的质量控制会导致采购部门对采购物品质量控制的难度增加。

3. 传统采购过程中供需关系不是竞争关系

在传统的采购模式中，供应与需求之间的关系是临时、短期的合作，而且竞争多于合作。由于缺乏合作与协调，采购过程中各种抱怨和扯皮的事情比较多，很多时间消耗在解决日常问题上，没有更多的时间用来做长期性预测与计划工作。供应与需求之间缺乏合作增加了许多生产的不确定性。

4. 对用户需求反应迟钝

由于供应与采购双方在信息沟通方面缺乏及时的信息反馈，在市场需求发生变化的情况下，采购方也不能改变供应商已有的订货合同，导致在需求减少时库存增加、需求增加时供不应求，供需之间对用户需求的响应没有同步进行，缺乏应对需求变化的能力。

（二）现代采购流程的特点

（1）电子化订货。利用电话、传真、EDI、电子邮件等进行电子化订货。

（2）基于需求的采购，基于订单生产。与传统的基于库存的采购不同，采购并不是为了补充库存，而是为了直接满足需求。在供应链管理模式下，供应商的生产活动是以用户的采购订单驱动的，由采购订单驱动供应商，供应商生产出来直接供应到需求端。这样可以大大降低库存成本，提高物流的速度和库存周转率。

（3）与供应商形成了战略合作伙伴关系，实现信息共享、资源共享、责任共担、利益共享。

（4）实施小批量、多频次连续补充货物机制，向零库存进军。

具体来说，现代采购与传统采购的主要区别如表1-2所示。

表1-2 现代采购与传统采购的主要区别

比较内容	传统采购	现代采购
与供应商关系	相互对立	合作伙伴
与供应商的合作关系	可变的	长期稳定
供应商数目	多，越多越好	少，甚至一个
供应商地理分布	很广的区域	尽可能靠近
与供应商信息沟通效率	离散的	连续的
采购合同期限	短	长
采购数量	大批量	小批量
交货方式	定期交货	及时交货
设计流程	先设计产品后询价	供应商参与商品设计
信息交换频率	定期的信息交换	及时的信息交换
库存量	库存较大	库存较小
质量控制	检验/再检验	参与供应商的质量控制，无须入库检验

客观题

1. 简述采购与供应的概念。
2. 说明采购与供应管理的三个层次。
3. 简述采购与供应管理的地位与作用。
4. 采购与供应管理的5R基本要素是什么？

5. 简述采购与供应管理的发展阶段。

参考文献

[1] 丁宁，宋莺歌，吕振君. 采购与供应商管理[M]. 北京：清华大学出版社，北京交通大学出版社，2012.

[2] [加]米歇尔·R. 利恩德斯，[美]哈罗德·E. 费伦，等. 采购与供应管理（第 12 版）[M]. 赵树峰，译. 北京：机械工业出版社，2003.

[3] [加]米歇尔·R. 利恩德斯，[美]哈罗德·E. 费伦，等. 采购与供应管理（第 13 版）[M]. 张杰，等译. 北京：机械工业出版社，2009.

[4] 刘志超. 采购与供应管理[M]. 广州：广东高等教育出版社，2010.

[5] 刘宝红. 采购与供应链管理——一个实践者的角度[M]. 3 版. 北京：机械工业出版社，2019.

[6] 翟光明. 采购与供应商管理[M]. 北京：中国财富出版社，2009.

[7] 李恒兴，鲍钰，等. 采购管理[M]. 4 版. 北京：北京理工大学出版社，2018.

案例讨论

第二章

采购组织与流程

◇ **本章学习目标**

1. 掌握采购组织的内涵及功能；
2. 掌握采购组织的基本类型；
3. 掌握集中型与分散型采购组织的特点及适用范围；
4. 掌握采购流程包含的基本步骤；
5. 掌握优化采购流程的方法。

◇ **导入案例**

采购组织与流程改善案例——海尔改善采购流程的策略

企业已将采购环节视为供应链管理的一个重要组成部分，通过对供应链的管理，对采购手段进行优化。在当前全球经济一体化的大环境下，采购管理已成为企业提高经济效益和市场竞争能力的重要手段之一。下面来看看海尔集团是怎样对自己的采购流程进行改进的。

海尔是已经克服了体制问题、全面融入国际市场竞争的企业，较容易接受全新的采购理念。海尔采取的采购策略是利用全球化网络，集中购买，以规模优势降低采购成本，同时精简供应商队伍。据统计，海尔的全球供应商数量由原先的 2336 家降至 840 家，其中，国际化供应商占总供应商的比例达到了 71%，目前世界 500 强中有 44 家是海尔的供应商。

在供应商关系的管理方面，海尔采用的是 SBD（Suburban Business District，郊外商业中心）模式：共同发展供应业务。海尔有很多产品的设计方案直接交给厂商来做，由供应商提供今后两个月市场的产品预测并将待开发的产品形成图纸。这样一来，供应商就真正成为海尔的设计部和工厂，这就加快了产品的开发速度。许多供应商的厂房和海尔的仓库之间甚至不需要汽车运输，工厂的叉车直接开到海尔的仓库，这大大节约了运输成本。海尔本身则侧重于核心的买卖和结算业务。这种关系与传统的企业与供应商关系的不同在于，从供需双方简单的买卖关系，成功转型为战略合作伙伴关系，是一种共同发展的双赢策略。

网上采购平台的应用也是海尔优化供应链环节的主要手段之一：①网上订单管理平台。采购订单由网上下达，实现采购计划和订单的同步管理，使采购周期由原来的 10 天减少到 3 天。同时，供应商可以在网上查询库存，根据订单和库存的情况及时补货。②网上支付平台。支付准确率和及时率达到 100%，为供应商节省近 1000 万元的差旅费，有效降低了供应链管理成本，目前网上支付已达到总支付额的 80%。③网上招标竞价平台。通过网上招标，不仅使竞价、价格信息管理准确化，而且防止暗箱操作，降低了供应商管理成本。④在网上可与供应商进行信息互动交流，实现信息共享，强化合作伙伴关系。据海尔集团副总裁梁海山透露，1999 年海尔的采购成本为 5 亿元，由于业务的发展，到 2000 年，采购成本为 7 亿元，但通过对供应链管理的优化整合，2002 年海尔的采购成本预计将控制在 4 亿元左右。可见，利益的获得是一切企业行为的原动力，成本降低、与供应商双赢关系的稳定发展带来的经济效益，促使众多企业以积极的态度引进和探索先进、合理的采购管理方式。

资料来源：唐艳，蔡勇，等. 现代采购管理[M]. 武汉：武汉理工大学出版社，2008.

对于一个企业来说，无论它的核心竞争力是服务、销售还是生产研发，管理好采购与供应资源的配置和成本支出都是企业获取竞争优势所必需的。通常情况下，一家公司50% 以上的销售收入会用于采购支出，而采购组织正是保证这些采购支出重新流回公司并最终形成更多利润的关键部门。因此，为了实现最终目标，企业必须按一定的方式规划其内部组织的分工，并分别授予它们相关的权力，明确其相关的责任和义务。这样，就形成了采购组织。

而采购流程管理就是阐述采购部门职责或任务的运营指南，是采购管理中最重要的部分之一，是采购活动具体执行的标准。采购流程通常是指企业为了完成特定的采购任务而开展的一系列相关联活动的全过程。采购流程由于采购来源、采购方式、采购对象的不同会有一定的差异。因此，采购流程的设计是十分重要的。企业规模越大，采购金额越多，就越要重视采购流程设计。一个完善的采购流程应满足所需物料在价格与质量、数量、区域之间的综合平衡。

本章首先介绍了采购组织的结构、采购人员的配置以及采购的基本模式，接着介绍了采购的基本流程及注意事项，详细阐述了采购中的各个环节，然后介绍了采购订单的内容及格式，采购订单执行的步骤，进货管理的方式及原则，最后介绍了完善和优化采购流程的方法。

第一节　采购组织的建立

一、采购组织概述

在采购组织部门的设立过程中，最主要的问题是如何配合企业的生产经营目标以及与其他部门间的协调合作。采购作业不仅要了解自身业务的特质,还需随时注意各部门间的协调配合,以便能及时获得经济有效的供应。因此,一般在设计采购组织时,应特别注意协调不同业务部门间的关系,要依据相同规范,参照实际需要,建立整体关系,并进行适当的管理,以期能发挥整体的作用。

(一)采购组织的含义

"组织"通常有两种含义:一是指作为实体本身的组织,即按照一定的目标、任务和形式建立起来的社会集体,如企业、政府、大学、医院等;二是指管理的组织职能,即通过组织机构的建立、运行和变革机制,实现组织资源的优化配置,完成组织任务和实现组织目标。因此,组织是实现目标的重要保证。

采购管理组织是指为了完成企业的采购任务,保证生产经营活动顺利进行,由采购人员按照一定的规则组建的采购团队。无论生产企业还是流通企业,都需要建立一支高效的采购团队,通过科学采购,降低采购成本,保证企业生产经营活动的正常进行。

(二)采购组织的功能

采购组织的功能包括如下 4 个。

1. 凝聚功能

采购组织凝聚力的表现就是凝聚功能。凝聚力来自目标的科学性与可行性。采购组织要发挥其凝聚功能,必须做到以下三点:明确采购目标及任务;建立良好的人际关系与群体意识;发挥领导的导向作用。

2. 协调功能

采购组织的协调功能是指正确处理采购组织中复杂的分工协作关系。这种协调功能包括两个方面:一是组织内部的纵向、横向关系的协调,使之密切协作,和谐一致;二是组织与环境关系的协调,采购组织要能够依据采购环境的变化,调整采购策略,以提高对市场环境变化的适应能力和应变能力。

3. 制约功能

采购组织是由一定的采购人员构成的,每个成员承担一定的职能,并拥有相应的权利、义务和责任。通过这种权利、义务、责任组成的结构系统,组织对每一成员的行为都有制约作用。

4. 激励功能

采购组织的激励功能是指在一个有效的采购组织中,应该创造一种良好的环境,充分激发每一个采购人员在工作中的积极性、创造性和主动性。因而,采购组织应高度重视采购人员在采购中的作用,通过物质和精神的激励,使其潜能得到最大限度的发挥,以增强采购组织的激励功能。

二、采购部门与其他部门的关系

采购组织直接隶属于哪个部门直接体现了采购在整个企业中的作用地位,换句话说,采购经理顶头上司职务的高低反映了采购在企业机构中受重视的程度。一般情况下,采购组织在企业中的设置方式主要有 4 种。

(一)采购部门隶属于生产部门

采购部门隶属于生产部门,那么它的主要职责就是协助生产工作顺利进行。采购工作的重点就是提供物料满足生产需求,其他职能处于次要地位。如图 2-1 所示。该图显示的是仓储、生产控制、采购、制造、产品管理隶属于生产部,这也说明了该采购组织的职能单一化。将采购部门隶属于生产部,比较适合"生产导向"型企业,其采购功能比较简单,而且物料价格也比较稳定。

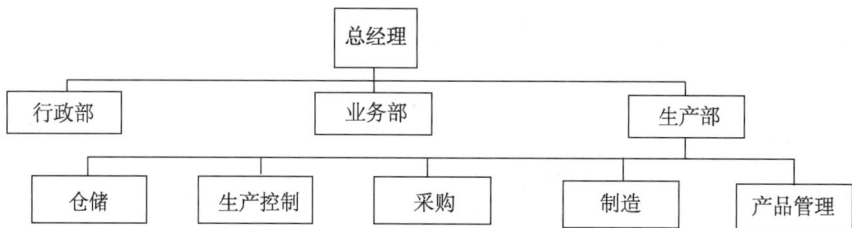
图 2-1　采购部门隶属于生产部门

(二)采购部门隶属于行政部门

采购部门隶属于行政部门,其主要功能就是为了获得较有竞争力的价格与付款方式以达到财务上的目标,如图 2-2 所示。因为与生产部门联系得不紧密,有时采购部会一味注重获得有竞争力的交易价格而延误生产部门物料需求的时间,或者购入的物料品质不够理想;但由于采购部独立于生产部门,可以不受生产单位的制约,能够充分发挥采购谈判与议价的优势,对于规模较大、采购物品种类繁多的制造型企业是件好事。该类型的采购部门适合生产规模庞大、物料种类繁多、价格经常需要调整、采购工作必须兼顾整体企业产销利益均衡的企业。

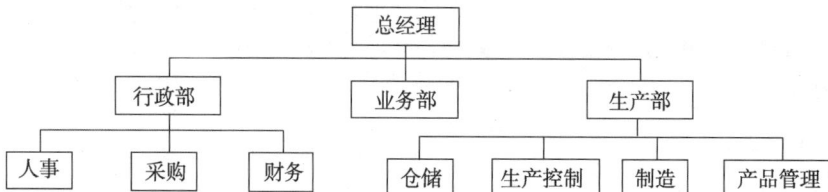
图 2-2　采购部门隶属于行政部门

(三)采购部门隶属于总经理

采购部门直接隶属于总经理,是采购地位提升的一个标志,如图 2-3 所示。这种情况下，采购部门的主要职责是降低成本，使采购部门成为企业创造利润的另一种有效武器。该种类型的采购部门，比较适用于生产规模不大，但物料或商品在制造成本中所占比重较高的企业，在这类企业中，采购直接关系到企业利润的实现。

图 2-3　采购部门隶属于总经理

（四）采购部门隶属于物料管理部门

采购部门隶属于物料管理部门，其主要功能在于配合制造与仓储单位，起到物料补给的作用，无特别的角色与职责，如图 2-4 所示。这种结构使得采购组织降为附属支持性角色，没有体现出采购的主要职能。这种类型比较适合物料需求不容易管理、需要采购部门经常与其他相关单位沟通的企业。

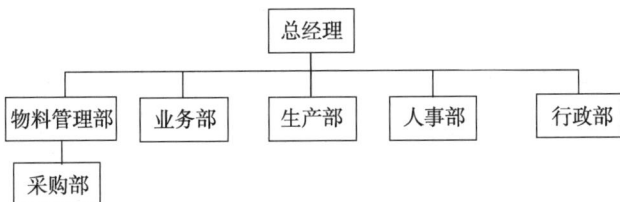

图 2-4　采购部门隶属于物料管理部门

三、采购组织的岗位设置

根据采购部门的职能，无论是大型企业采购部门的组织架构，还是中型企业采购部门的组织架构，一般都按照以下结构进行设置。

（1）采购科。可再分设原料组及物料工具组，其职责是选择供应商、洽谈合同、采购。在大中型企业中需要较多的采购员，而每一个采购员负责一种物品，可培养专门的知识与经验。

（2）行政科。下设文书组、订货组、价格发票组、跟单组。

（3）运输科。下设运输事务组、包装运输组、运输督查组。

企业类型、生产方式、企业文化以及对采购部门的重视程度，都会影响到采购部门的组织架构以及采购部门在企业中的地位。有的企业没有独立的采购部门，或者只是指定专人或兼职人员负责采购；有些企业则将采购与仓储作业合并；大规模的企业设有专门的采购部门来独立完成采购作业。

采购部门在企业中的地位可以分为以下几种类型：

第一，独立部门。在大中型企业，物料采购在产品单位成本中占有较高比例，其采购部门职责范围还包括存量控制、仓储、验收、运输等。

第二，单纯采购。只办理物料的采购，而不兼办验收与储运，适用于单一采购项目或数量较少的企业。

第三，附属于生产部门。适用于物料采购工作单纯、价格较稳定的企业。

第四，附属于销售部门。适用于材料经简单程度的加工就可以出售或非制造业等的企业。

为了适应激烈竞争的需要，大中型企业的采购部门大多采用同一种方式设置，以便与制造、销售、财务等部门分工合作。小型企业则视其本身的实际情况做决定。不论采用何种组织方式，都必须建立良好的采购组织，这样才能配合其他相关部门，完成企业的经营目标。

第二节　采购组织的类型

一、集中型采购组织

集中型采购组织是指由一个部门统一组织本部门、本系统的采购活动，也就是将采购相关的职责或工作集中授予一个部门执行，采购工作在战略和战术层次上进行运作。集中型采购管理组织是建立在职能一体化基础上的，通常是在董事会的领导之下，这种模式下的采购部门是一个整体。企业内分支机构的采购活动，都要接受总部的管理，总部是专业技能、档案和权力的聚集地，集中型采购组织结构如图 2-5 所示。

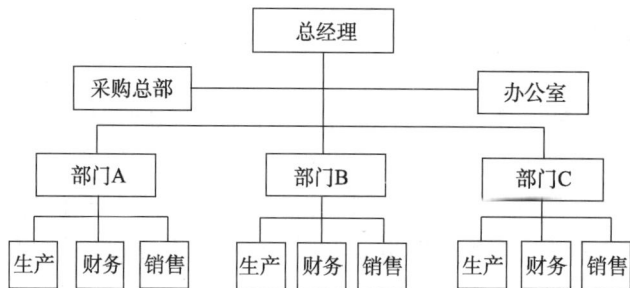

图 2-5　集中型采购组织结构

大多数跨国企业的采购管理是建立在集中采购概念基础上的，以便借此获得最有竞争力的价格和服务，并且调节全球的资源供应。但是在大型的地域、分散的组织和通过兼并收购的企业中，集中采购在实践中的应用效果有时并不好。如福特、施乐、西门子和卡特彼勒采用的都是集中型采购模式。

（一）集中型采购组织的优缺点

集中型采购的优点有很多。长期以来，集中型采购的一个主要优势是协调采购量。

集中采购可以通过累计采购数量获得优惠的价格，而且可以减少重复性工作，提高工作效率，还能够帮助企业协调采购计划和战略，协调和管理整个公司的采购系统，供应商的选择、合同的准备、谈判工作都可以集中进行。这样可以提升采购的专业化水平，降低采购成本。

每个组织的结构既有一定的优点也存在一定的缺点。集中型采购管理方式的应用有可能产生企业决策与实际需求脱节、市场反应滞后等问题；请购程序太过复杂，缺乏灵活性；而且有一些物料因受场地的限制不利于集中采购，缺乏对特殊物料的处理措施。当工厂是分散布置时，集中采购后再分运，会对仓储管理造成不便。因此，对于分散布置的工厂不太适用。

（二）集中型采购组织的适用范围

这种结构适用于几个经营单位购买相同产品，同时该产品对于他们具有战略意义的情况，如计算机、办公用品等。

二、分散型采购组织

分散型采购组织指的是与采购相关的职责和工作分别由不同的部门来执行，如图 2-6 所示。物料或商品需求计划可能由制造部门或销售部门来拟定；采购工作可能由制造部门或销售部门来负责；库存责任则可能将成品归属销售部门、在制品归属制造部门、原料或零件归属物料或仓储部门。

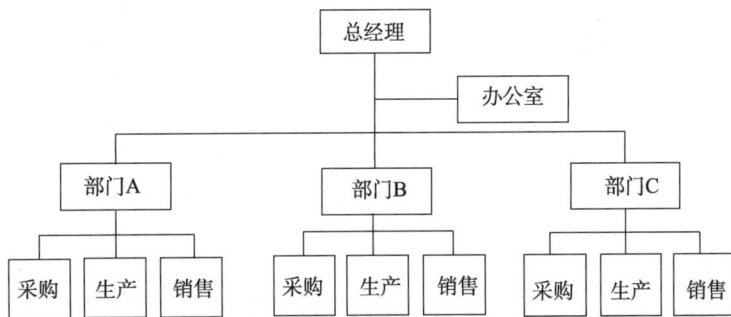

图 2-6　分散型采购组织结构

（一）分散型采购组织的优缺点

这种组织结构在一个公司的不同分公司或者跨行业公司的不同经营单位应用较为广泛，每一个分公司或者经营单位都拥有自己的采购部门，他们对这个分公司或经营单位的所有采购活动负完全责任。同时，这个分公司或经营单位的经理对本单位的财务后果负完全责任，也就是权力和责任是统一的。分散化的组织可自行制定政策、控制供应与采购决策。在分散的情况下，各个业务运营部门或者是工厂负责供应决策和采购的具体执行。这种结构能更好地满足各地独特的需求，并且避免了集中采购过程中的官僚主义和形式主义。

但是，分散采购的缺点也不少。分散化的模式优化了各个分公司的采购管理，但无法控制全集团的支出，无法满足业务的整体目标。不同经营单位可能会与同一个供应商就同一种产品进行谈判，结果达成不同采购条件，重复性地工作，无法实现规模效益。而且若供应商能力受限，不同经营单位将成为竞争对手，这种情况下，可能导致全集团范围内更高的业务运营成本、供应成本与业绩的不均衡。

（二）分散型采购组织的适用范围

分散型采购组织适用于拥有经营单位结构的跨行业公司，每一个经营单位所采购的产品都是唯一的，并且与其他经营单位所采购的产品有显著的不同。在这种情况下，规模经济只能提供有限的优势或便利，采用分散采购更有利于每一个经营单位的发展。

三、混合型采购组织

鉴于分散型和集中型采购组织的优缺点，现在有许多企业采用了混合型的采购组织形式。在混合型采购组织结构下，在公司一级的层次上存在中心采购部门，同时独立的经营单位也进行采购活动，见图2-7。通常，企业中心采购部门主要负责战略采购部分，如制定企业最高层次的采购战略、分析供应市场、统一审核供应商资格、与供应商谈判以及签订框架性合同、维护采购道德等。各分公司或部门的采购组织负责策略性采购，如订货量的确定、发出订单、催货、收货等。

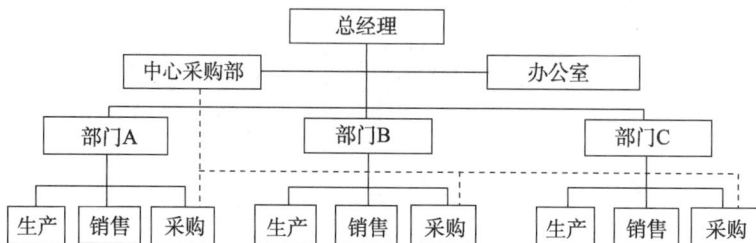

图2-7　混合型采购组织结构

中心采购部门会对战略采购品进行详细的供应市场研究，但它并不参与具体的采购活动，具体活动完全由部门或经营单位的采购组织实施。企业在推行集中采购时，可将部分作业合理分散执行，比如一些小额采购、地区性采购等。这样，就给予了下属工厂较大的执行权，不但可以提高采购效率，还可以降低采购成本。在这样的模式下，采购职能在公司上层被部分集权而在各个经营单位被部分分权，混合型的组织结构通过建立一个中立的组织结构来同时获得集权与分权结构的优点。但同时，这种模式对于一些新成立的公司或者基础设施不是很完善的企业来说，实施起来比较困难。

四、跨职能采购组织

跨职能采购组织是采购中相对较新的组织形式。它通常是为一个特定的采购项目或连续性的采购任务而组建的，是由生产、质量、计划、财务、市场、研发等职能部门的成员组成的团队，被称为跨职能采购组织。通常通过交流和合作而形成的团队协作力是跨职能采购团队成功的基本保障。跨职能采购团队通常在新产品开发、商品管理和采购与供应决策中采用。这里以 IBM 公司的采购小组为例。

IBM 采购部重组——跨职能采购组织

1992 年，IBM 公司出现巨大亏损，因此，IBM 的采购职能被重组。IBM 的新采购结构采用了一个与供应商的单一联系点（商品小组），由这一商品小组为整个组织提供对全部部件需求的整合。合同的订立是在总公司层次上集中进行的。然而，采购活动中的业务活动都是分散的。

采购部件和其他与生产相关的货物是通过分布在全球的采购经理组织的。这些经理需要对零部件的组合采购、物料供应和供应商的选择政策负责。他们需要向首席采购官（CPO）和他们自己的经营单位经理进行汇报。经营单位经理要向 CPO 汇报采购与供应的相关事宜及采购决策，CPO 单独与每一个经营单位经理进行沟通，以使公司的采购战略与单独的部门和经营单位的需要相匹配。这保证了组织中的采购和供应商政策得到彻底的整合。IBM 通过这种方法将其巨大的采购力量和最大的灵活性结合在一起。

对于与生产相关的物料的采购，IBM 追求的是全球范围内的统一采购程序，供应商选择和挑选遵循统一的模式。他们越来越集中于与主要供应商签订合同，这些供应商以世界级的水平提供产品和服务并且在全球存在。这促成了更低的价格和成本水平、更好的质量、更短的交货周期，并且 IBM 因此实现了更低的库存。这种方法减少了供应商并且逐渐增加了相互间的联系，因为采购总额被分配给更少的供应商，因此 IBM 可以更多地关注价值链中的与单个供应商的关系，并可以发展以持续的绩效改善为基础的关系。

资料来源：全球采购，http://wiki.mbalib.com/wiki。

（一）跨职能采购组织的分类与任务

跨职能采购组织根据小组任务的不同（有限的或连续的）及小组成员的安排（全职或兼职）划分了不同的类别。虽然比较先进的公司已制定了全职小组任务，但大多数情况下采购小组任务是兼职性质的。图 2-8 所示的不同组织水平的采购组织，表明了全职

人员安排	有限的 期限	连续的
全职	从一个项目到另一个项目	长期在某一个小组里工作，并面临不断变化的任务
兼职	除了负责日常工作之外，还要支持某团队的任务，任务完成后解散	除了负责日常工作之外，还要不断完成支持团队的任务

图 2-8 不同组织水平的采购组织

或兼职小组完成任务的情况。对于那些还承担其他专业任务的小组成员，要求他们完全对本小组工作尽职，往往很困难。经验表明，跨职能采购小组通常都是执行兼职的或连续性的任务，因此，采用跨职能采购小组的方式也存在一定的挑战性。

（二）跨职能采购组织的优缺点

为获得具体的绩效改进，公司花费了很多精力来成立跨职能采购小组。跨职能采购小组给企业带来的好处主要有：团队合作往往会减少解决问题或完成任务所需的时间；小组能够开发出创新性的产品和流程，提高创新能力，以保持竞争优势；小组成员共同享有决策权，加强了部门或组织间的交流；通过把持有不同观点、具备不同专业知识的个人集中在一起，实现协同效应，有利于找到解决问题的更好的方法。

当然，运用了跨职能小组并不意味着一个项目或一项任务就可以非常成功地完成。小组需要谨慎的管理，队员之间还需进行公开的信息交流，要有充满动力的小组成员，成员对小组目标要有充分的理解，还需有效的小组领导者以及充足的资源。一旦条件或环境不能支持小组进行有效的工作，采用小组方式就可能存在某些缺陷。因此，采购经理们要想改善小组绩效，必须解决这些潜在的问题。

第三节 采购流程概述

一、传统采购的基本流程

采购流程通常是指有制造需求的厂家选择和购买生产所需的各种原材料、零部件等物料的全过程。在这个过程中，作为制造业的购买方，首先要寻找相应的供应商，调查其产品在数量、质量、价格、信誉等方面是否满足购买要求。其次，在选定了供应商后，要以订单方式传递详细的购买计划和需求信息给供应商，并商定结款方式，以便供应商能够准确地按照客户的性能指标进行生产和供货。最后，要定期对采购物料的管理工作进行评价，寻求提高效率的采购流程。

采购流程是采购活动的全部操作过程，是采购人员从事采购活动的执行标准和业务规范，采购人员必须遵照执行。采购流程会因采购的方式及采购的对象等不同而在作业环节上有若干差异，但一个完整的采购过程，大体上有一个共同的模式。一般来说都要经历以下几个基本步骤，具体见采购流程图，如图 2-9 所示。

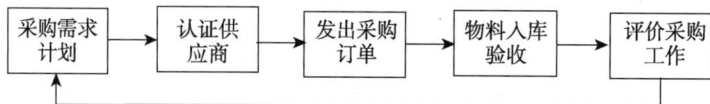

采购需求计划 → 认证供应商 → 发出采购订单 → 物料入库验收 → 评价采购工作

图 2-9 采购流程图

1. 确认需求

任何采购都产生于企业中某个部门的确切需求。生产或使用部门的人应该清楚地知道本部门独特的需求：需要什么、需要多少、何时需要。这样，库存部门会收到这个部门发出的物料需求单，将物料需求信息汇总后，传递给采购部门。有时，这类需求也可以由其他部门的富余物料来加以满足。当然，或迟或早企业必然要进行新的物料采购，采购部门必须有通畅的渠道以及时发现物料需求信息。

同时，采购部门应协助生产部门一起预测物料需求。采购管理人员不仅应要求需求部门在填写请购单时尽可能采用标准化格式，尽量少发特殊订单，而且应督促其尽早预测需求以避免同时接收太多紧急订单，从而减少因特殊订单和紧急订货而增加的采购成本。另外，由于了解价格趋势和总体市场情况，有时为了避免供应中断或价格上涨，采购部门必然会发出一些期货订单。这意味着对于任何标准化的采购项目，采购部门都要就正常供货提前期或其他主要变化通知使用部门，对物料需求做出预测。因此，要求采购部门和供应商能早期介入（通常作为新产品开发团队的成员）。采购部门和供应商早期介入会给企业带来许多有用信息和帮助，从而使企业避免风险或降低成本，加快产品推向市场的速度，并带来更大的竞争优势。

2. 需求说明

需求说明即确认需求之后，对需求的细节如品质、包装、售后服务、运输及检验方式等，均加以准确说明和描述，以便使货物来源选择及价格谈判等作业能顺利进行。采购部门如果不了解需求部门到底需要什么，就不可能完成好采购。出于这个目的，采购部门就必须对所申请采购物料的品名、规格、型号等有一个准确的说明。如果采购部门的人员对申请采购的产品不熟悉，或关于请购事项的描述不够准确，应该向请购者或采购团队咨询，不能单方面想当然地处理。在具体的规格要求交给供应商之前，采购部门是经手该信息的最后一个部门，因而，需要对其进行最后一次检查。这一步完成之后要填写请购单，表 2-1 是一张典型的请购单。

表 2-1　请　购　单

请购单			
申请部门：		编号：	
预算额度：		日期：	
需求数量	单位		描述
需求日期：			
遇到问题时通知：			
特殊发送说明：			
		申请方	
说明：一式两份，原件送采购部门，申请者保留文件副本			

请购单应包括以下内容：

（1）日期；

（2）编号（以便区分）；

（3）申请的发出部门；

（4）涉及的金额；

（5）对所需物料本身的完整描述及所需数量；

（6）物料需要的日期；

（7）任何特殊的发送说明；

（8）授权申请人的签字。

3. 选择供应商

根据需求说明在原有供应商中选择成绩良好的厂商，通知其报价，或以登报公告等方式公开征集供应商。供应商的选择是采购活动中重要的一环，它决定企业是否能够及时获得所需的产品或服务。不管价格如何便宜，如果供应商选择不当，日后就可能出现物料品质欠佳、交期不准等一系列的问题，给企业造成生产拖延和利益的损失。因此，必须加强对供应商的管理，以获得恰当选择。

4. 价格和采购条件的确定

确定可能的供应商后，要确定采购价格、采购条件、供货条件等，以便与供应商进行有利的谈判。企业多是使用招投标方法来帮助确定价格，如果没有固定的模式，且采购活动又不是通过招标进行的，那么就可以通过查看供应商价格表或通过谈判来确定价格等要素。

5. 发出订单

价格谈妥后，应办理订货签约手续。订货签约手续有订单和合约两种方式，订单和合约均属于具有法律效力的书面文件，对买卖双方的要求、权利及义务，必须在订单或合约中予以说明。绝对不允许（除非金额极小的情况）在没有书面订单的情况下就进行物料采购。所有公司都有准备好的采购订单。不过，通常情况下到底选用哪一方准备的文书取决于双方相对实力的强弱、采购物品的特点、交易的复杂程度，以及在确定或发出订单方面所制定的战略。

6. 订单追踪与催货

订单签约之后，为确保供应商按期、按质、按量交货，应依据合约规定，督促厂商按规定交运，并予以严格检验后入库。采购订单发给供应商之后，企业应对订单进行跟踪和催货。一般来说，在订单发出的同时，会确定相应的跟踪接触日期，甚至在一些企业中，还设有全职的跟踪和催货人员。

跟踪是对订单所做的例行追踪，以确保供应商能够履行其货物发运的承诺。如果产生了问题，例如，在质量或发运方面的问题，企业就需要对此尽早了解，以便采取相应的对策。跟踪通常需要经常询问供应商货物的运送进度，有时甚至有必要到供应商那里走访一下。不过，这一措施一般仅用于关键的、大额的或提前期较长的采购。通常，为了及时获得信息并知道结果，可以通过电话、计算机等媒介来进行跟踪。

催货是对供应商施加压力，以使其履行发运承诺，提前发运货物或加快已经延误的货物发运。如果供应商不能履行合约，企业可依照约定取消订单或以后可能的交易。催货应该仅适用于采购订单的一小部分，因为如果企业对供应商能力已经做过全面分析的话，那么被选中的供应商就应该是那些能遵守采购合约的可靠的供应商。而且，如果企业对其物料需求已经做了充分的计划工作，只要不是情况特殊，就不必要求供应商将货物的发运日期提前。当然，在物资匮乏的时候，催货确实有重要的意义。

7. 验收

货物的正确接收有重要意义，大部分有经验的企业采用将所有货物的接收活动集中于一个部门的方法。货物验收的基本目的是确保订单所采购的货物已经实际到达并完好无损，符合数量、规格等的要求。这样才能将货物送往下一个目的地，以便进一步储存、检验或使用。

8. 核对发票

厂商在交货验收合格后，应随即开具发票并支付货款。但在付款时，发票的内容必须经过核对、审批并且确认无误后，财务部门才能办理付款。在实际工作中，发票的核对和批准到底是供应部门的职责还是会计部门的职责，目前仍存在争议，各企业的做法有所不同。

9. 不符与退货处理

凡所交货品与合同规定不符而验收不合格者，应依据合同规定退货，并立即办理重购，予以结案。

10. 结案

凡验收合格付款，或验收不合格退货，均须办理结案手续，清查各项书面资料有无缺失、绩效好坏等，报高级管理层或权责部门核阅批示。

11. 记录与档案维护

凡经结案批示后的采购案件，应列入档案登记编号分类，予以保管，以备今后选择供应商时参阅或事后出现问题时查考。档案应具有一定的保管期限。要保存的记录有以下几种：

（1）采购订单目录。目录中所有的订单都应该被编号并说明结案与否。

（2）采购订单卷宗。所有的采购订单副本都应按顺序编号后保管在里面。

（3）商品文件。记录所有的主要商品或主要项目的采购情况（日期、供应商、数量、价格和采购订单编号）。

（4）供应商历史文件。列出与巨额采购有关的主要供应商的所有采购事项。

（5）劳务合约。指明所有的主要供应商与工会所签合约的情况。

（6）投标历史文件。指明主要物资采购项目所邀请的投标商、投标额、不投标的次数、成功的中标者等信息。这一信息可以清楚反映供应商的投标习惯和供应商可能存在的私下串通。

（7）工具和寿命记录。指明采购的工具名称、使用寿命、使用历史、价格、所有权和存放位置。

二、采购流程分析与优化

（一）采购流程的分析与优化

随着经济社会的快速发展，传统的采购流程由于自身的一些不足以引起企业的重视，为了提升采购在市场的地位，获得具有竞争力的产品和服务，企业组织开始采取一些新方法对整个采购的业务流程进行有效改善。

传统采购模式下，企业采购流程非常复杂，包括采购申请、信息查询发布、招标、投标评标、洽谈签约结算、物流配送交割、协调相关部门等，这些环节全部要手工操作，造成了时间和人力上的极大浪费，过程效率低下。传统采购流程的弊端主要表现在以下几方面：

（1）采购时间过长，采购流程复杂，全部手工作业，消耗了很多时间和人力，同时对市场的反应速度慢，很难掌握最新的产品信息、供应商信息和市场行情。

（2）库存过多，资本利用率低，企业很难进行全面细致的数据分析和采购管理，为确保生产，必须保证过量的安全库存。

（3）与供应商关系紧张。面对多变的市场，企业尽管很注重发展战略伙伴关系，但是采购人员因为实质性问题的谈判，仍旧与供应商之间摩擦不断；而且企业缺乏发展新的合格供应商的渠道，即使找到了新的合格供应商，实现供应商转换的成本也比较高。

（4）采购方式单一。企业很难利用适当的采购策略来获得更多的价格折扣、降低采购产品的价格。

（5）采购流程不合理。企业为了有效地管理和控制采购支出，请购需要多部门、多人员层层审批，运作的采购流程比较复杂。

（6）处理内部和外部订单消耗大量时间和成本。

（7）采购过程人为因素难以排除，透明度不高，导致不必要的资源流失，造成采购效率低下。

（二）影响采购流程的因素

影响采购流程的因素包括以下几个：

（1）供应商和品牌规格。除了一些基于汽车、计算机、消费电子工业前沿的公司，多数供应商在规格定制阶段很少参与其中。规格产品通常由买方单方面决定，这就意味着它们经常是依据特定的供应商来确定的。使用特定的品牌或者供应商的规格会严重限制买方的行动自由度，而供应商则在多数情况下对买方的产品选择十分清楚。这可能导致选择的供应商不能满足公司的生产量和物流需求的状况。

（2）选择供应商。选择供应商是采购流程中最重要的决策之一，特别是当交付的货物要求提供多年的维修和服务时。核实供应商信用的失败，会导致预期以外的破产，以及没有能力满足质量要求和不愿意履行保证义务等令人不愉快的意外。很显然，部分供应商为了达成合同，将会做出它们不能满足的交货时间的承诺。

（3）签订合同。如果在交货期间或者之后出现问题，合同中难懂的条文就会起反作用，我们会发现，原以为应该由供应商处理的事情将不得不由用户单独完成。对于问题处理的误解可以通过签订标准合同的方式加以避免。避免问题总比处理问题要好得多，而合同的修改最好留给采购者完成。

（4）重视价格。特别是在购买固定设备的时候，购买决策需要基于总成本，而不仅仅基于价格。很多设备制造商都采用了这样一种销售策略，即为他们的设备定一个相当低的价格。然而，他们的保证和服务合同中要求客户从原始设备制造商那里获得所有的备件和维护服务。如果客户不这样做，供应商将不保证设备的正常运作。使用这类销售策略的有复印机制造商、计算机主机制造商、掘土设备和卡车制造商、系统集成供应商等，它们都致力于这种实践。为了使固定设备采购能够有效进行，买方需要将其决策基于总成本模型，在设备的初始采购和设备的终生费用之间进行平衡。

（5）管理机构。订货也能引起大问题，有时没有关于购置或采购授权的明确程序，会造成组织中的每个人都能随意订货，结果还要对交货和应付发票进行检查，增加额外的工作。

（三）采购流程优化的方法

一个企业总是处在变化之中，产品的升级换代、规模扩大与缩小、销售区域的变化都会对采购流程产生直接或间接的影响，采购管理部门应根据情况变化对企业采购流程进行调整。流程运作过程中，还要根据流程输出绩效指标的情况，对流程进行整合。如果流程的绩效指标不是处在行业较高水平，则说明流程存在问题，至于是过于臃肿还是过于简单，则可通过对流程进行层层反查来发现问题。

采购流程优化的方法有许多种，有一些方法是被多数企业所认同的，常用的完善采购流程的方法有以下几种。

1. 从使用者到采购部门的在线通知系统

在线通知系统是通过高效和迅速的信息传递来节约时间的一种内部系统。客户在需要通过采购部门来满足物料和服务需求时，就使用这些系统。如果客户不需要采购部门的介入，则应转向其他管理系统。

先进企业的情况更可能是这个样子：当低价值的采购需求要通过采购部门来满足时，客户就会通过内部的电子系统来发送采购请求。在低价值项目采购方面，进展缓慢的通常是那些通过邮件或电话接收采购要求的公司。在需要通过采购部门时，客户应该通过高效的采购通知单来传递采购要求。当前的一个目标是开发一种新的系统或流程，使客户可以直接从供应商那里获取低价值的商品而不需要采购部门参与。

2. 向客户发放采购卡

采购卡是大多数企业都认可的一种改进采购流程的工具或系统，是一种面向内部客户的信用卡。当客户要采购低价值项目时，只需联系供应商并使用采购卡即可。采购卡对于未确定供应商或未被其他一些采购系统所涵盖的采购项目非常有用。客户做出采购决策（来自部门预算）后，可完全绕过采购部门。面向采购卡的商品项目的价值相对而言比较低，如要通过采购部门进行大范围的供应商搜索，成本很可能会超过商品本身的价值。

20世纪90年代，迪士尼公司取得了极大发展，公司意识到有必要将采购流程流水线化。公司的迅速扩大使公司的采购能力难以满足客户需求，公司管理层想把采购重点从采购交易转到供应商的管理方面。为实现这一转变，公司决定推行采购卡——一个强调提升整个公司绩效的项目。迪士尼通过税务信息和内部审核来选择可以列在卡片上的供应商，它们必须满足迪士尼的报告和税务信息需求。在选定供应商后，采购部门就会对其进行具体的分析以确定早期的大额客户和重点供应商，采购部门直接与供应商联络以取得他们的支持。如今，这一项目不仅在采购和会计部门节约了费用，还节省了处理小额订单的时间。现在，迪士尼公司70%的交易都是通过使用采购卡进行的，这一项目的成功使得迪士尼公司对于采购卡的推广具有最高优先权。

研究表明，用采购卡来进行交易，能使每笔交易的平均成本从80多美元降至30美元以下。用卡交易的好处包括更迅速地响应需求、减少交易成本及节省交易时间。在大多数企业里，采购部门负责采购卡的引进和管理工作。

3. 基于因特网的电子采购

电子采购是指各类型的企业通过互联网发布采购信息，寻找货源和供应商，在线接受供应商投标报价、网上开标和公布采购结果的一种电子化采购过程。电子采购相对于传统的采购方式，最主要的区别就是：电子采购采用现代化计算机网络技术，特别是以互联网的应用为工具，把采购项目的信息公告、投标报价、定标等过程放在计算机网络上来进行，采购相关的数据和信息实现了电子化方式。例如，1996年美国通用公司开发了一个开放式的TPN，用来进行在线的招标、开标和评标，从而加快了采购的过程，使相关的处理采购事务的人员减少了60%，相关的费用降低了30%，采购周期也缩减了近一半。

在电子采购系统中，买方与卖方通过网络建立直接的联系，提高了订货效率，改进了采购流程。电子采购系统的优点主要包括：①可以实现采购过程的标准化。②大大降低了企业的采购成本。③缩短了采购周期，提高了采购效率。④有利于企业选择优秀的供应商进行合作。

现在，越来越多的买方将这种电子采购方法与其他低价值采购系统联合使用。例如，一家企业可通过互联网来确认供应源，然后通过采购卡订货。使用电子采购的主要好处是其搜索成本极低。而且，如果客户越过采购部门直接订货，这一方式就能节省整个周期的时间和订货成本。

案例

思科的电子采购系统

思科系统公司的产品有85%是用于互联网的网络设备。每天通过互联网进行交易的销售额超过4000万美元，每年能够节约至少8亿美元的运营成本。因此，思科直接从其网站向它的商务客户销售产品。每天24小时，全世界的组织购买者都可以登录思科网站的网络产品市场区域。

购买者在思科网站注册时，会填写一份有关自己公司情况的表格，之后会得到一个登录密码。在购买之前，他们需要提交一份已经签字的思科公司互联网商务协议，其中写明，他们同意其电子订单与印刷的采购订单具有同等法律约束力。然后，购买者就可以在任何时候浏览思科的网站。在购买决策的早期阶段，顾客可以在思科网站上注册，寻找相关产品、规格、价格和交货时间。他们甚至可以在网上测试不同的产品结构，在做出最终决策前，尽可能多地对产品进行了解，然后再做出决定。当他们准备订货时，他们在思科网站上选择产品和适当的结构，提交电子采购订单订货，之后可以利用思科网站查看他们采购的产品状态，下载相关的订单数据，检查发票和他们账户的借贷方余额情况。购买者也可以从思科网站上获得广泛的售后服务和支持，包括订购服务、零件和产品升级的能力、确定适当的服务公司的位置、安排退货事宜等。

有了计算机网络和通信的结合，思科公司利用网络进行业务扩展，既可以发送数据，又可以传递声音信息和图像，从而占据了行业的领导地位。思科公司正在提升它在互联网上的公司形象，希望提供便捷的营销和用户友好的支持。

资料来源：中国物流与采购网。

4. 长期采购合同

长期采购合同通常年限为1～5年，并可在供应商绩效达到要求的情况下续约。这种合同不用每年更新，从而节省了低价值项目和采购相联系的交易成本。而且，一旦采购部门和供应商达成协议，物料管理的责任就归于请购部门。比较理想的情况是，即使是低价值的项目，物料管理也通过电子方式而不是人工进行。

从概念上看，用于常规项目采购的综合采购订单与长期采购合同很相似，但它们还是有所不同。两者的相同之处在于：都是通过订立合同达成协议来确定具体的采购项目或服务，都可以延期，都是法律文件，都是管理低价值项目采购的重要方法。但综合采购订单与长期采购合同相比，更多地用于低价值项目的采购，另外长期合同比综合采购订单更加详细。

在开发管理低价值项目采购所需的特定系统和方法时，企业通常以长期合同为基础。例如，在与分销商订立一个包括数百种甚至数千种商品的系统合同时，通常会有一个长期合同来强调常规或标准的采购订单没有说明的问题，包括售后服务水平、供应商的定点支持人员、过期存货收回条款、持续的成本缩减要求，以及取代书面作业的条形码技术及电子链接使用等。

5. 采购流程的重新设计

大多数公司都意识到，采购流程的再设计通常能促进低价值采购系统的发展，它们的发展常常是再设计努力的成果。适当地进行再设计，可加快周转次数、简化交易流程，从而节约交易成本。

采购流程由许多子流程组成，这意味着它可以通过流程图和再设计得到改进。低价值采购流程会影响成百上千位员工，这些员工遍布整个公司的各个部门，如办公室、工厂等，同时这一流程还会影响到会计部门、接收和处理部门、采购部门和供应商。任何对低价值商品有需求的员工都是低价值采购流程的一部分。

6. 电子数据交换

现代企业的采购过程越来越重视现代化信息技术的应用，这不仅能提高企业的工作效率，还能改善采购业务流程的工作质量。信息技术的应用已经成为当今采购管理的重要趋势。

企业运用信息技术进行采购的基本手段是建立电子数据交换系统（Electronic Data Interchange，EDI）。利用 EDI 可以准时、准确地掌握供应商与需求的情况，使企业对自己的采购流程做出及时、准确的反应。EDI 给采购企业带来的好处是：由于采购数据直接传输给采购相关部门，可以防止由于物料供应不及时带来的损失；实现了自动采购，提高了商品周转率；降低了成本和相关费用等。EDI 同时也给供应商带来了好处，具体表现在：供应商由于掌握了需求方的信息，可以有计划地生产，从而减少了库存；由于实现了电子化，可以减少销售费用，减少错误生产和供货；能向采购方及时发出反馈意见，让需求方了解生产状况等。

惠普公司利用信息系统来改善采购流程就是一个很好的例子。惠普在采购方面一贯是放权给下面的制造单位，50 多个制造单位在采购上完全自主，因为它们最清楚自己需要什么，这种安排具有较强的灵活性，对于变化着的市场需求有较快的反应速度。但是对于总公司来说，这样可能损失采购时的数量折扣优惠。现在运用信息技术，惠普公司改善了其采购流程，总公司与各制造单位使用一个共同的采购软件系统，各部门依然是订自己的货，但必须使用标准采购系统。总部据此掌握全公司的需求状况，并派出采购部与供应商谈判，签订总合同。在执行合同时，各单位根据数据库，向供应商发出各自的订单。这一流程重建的结果是惊人的，公司的发货及时率提高 150%，交货期缩短 50%，潜在顾客丢失率降低 75%，并且由于折扣，所购产品的成本也大为降低。

7. 允许使用者向供应商直接订货

使用者向供应商直接订货也是一种常用的方法，包括许多种类的低价值系统：采购卡技术允许使用者与其供应商直接建立联系；在线订购系统也可以做到这一点；联邦快递的电话接听系统可使使用者与供应商直接联系，这一系统成为该公司最方便的订货系统。

允许使用者与供应商直接建立联系的方法是将交易责任从采购方转移至使用者，即使是没有确定供应商的商品，采购部门也仍然可以有限介入或者不介入，除非采购需求达到预先确定的金额。如果一项商品要单独采购，采购部门就必须决定是否将这种商品纳入综合订单。综合订单通常允许使用者在有物料需求时直接与供应商联系。

客观题

1. 简述采购组织的内涵与功能。
2. 简述采购部门在企业中的地位和隶属关系。
3. 比较分散型采购和集中型采购的特点及适用范围。
4. 简述采购组织设计有哪些类型，举例说明这些结构的现实应用。
5. 简述跨职能采购组织的内涵及构建流程。
6. 简述采购流程的基本步骤。
7. 实施采购流程时应该注意哪些问题？
8. 影响采购流程顺利实施的因素有哪些？
9. 采购流程优化的方法有哪些？

参考文献

[1]　唐艳，蔡勇，李卫忠. 现代采购管理[M]. 武汉：武汉理工大学出版社，2008.
[2]　王炬香. 采购管理实务[M]. 北京：电子工业出版社，2009.

案例讨论

第三章

需 求 管 理

◆ 本章学习目标

1. 了解需求管理的含义、特征、分类及影响因素；
2. 了解需求分析的含义、特点；
3. 理解需求预测的基本内容、作用及影响因素；
4. 掌握采购需求分析与预测的具体操作方法。

◆ 导入案例

东汽物资采购计划管理

随着全球经济复苏，国际生产节奏明显加快，生产物资需求巨大。对于尤为火爆的电力行业而言，物资市场则出现资源紧张、原材料价格持续上涨现象，行业厂家纷纷抢占资源，而行业生产所需的铸锻件的采购工作更是面临空前压力。

在这种严峻的市场形势下，如何有效保证大型铸锻件的及时供应成为汽轮机物资采购部门工作的主题。中国东方电气集团东方汽轮机厂（简称"东汽"）也不例外。为了做好该项工作，东汽物资管理采购处本着"兵马未动，粮草先行保供应；质优价廉，突出效益降成本；廉洁自律，树立形象育新人"的物资供应工作方针，采取一切有效措施，持续优化物资采购管理体制和运行机制。

首先，将采购计划管理和供应商管理密切结合。为保证采购计划的顺利进行，该厂致力于与其主要供应商建立长期友好的战略合作伙伴关系，保持与供应商高层次的密切沟通。

其次，加强采购计划管理。他们以生产计划为龙头，制订严密的采购作业计划，密切关注当年出产项目毛坯准备计划，并在最短的时间内根据计划的调整情况做出相应的采购安排。将当年毛坯准备周期拟定为比机组出产期提前 9 个月左右，以尽可能避免因交货拖后给生产造成的影响，最大限度地满足该厂计划调整的要求。

再次，加强采购计划的监督实施。对已经签订的合同资源保持密切的跟踪和催缴，缩短库存周期，减少库存占用，保证资源及时进入生产现场。

又次，加强协调与配合。该厂物资采购处与生产、计划、技术、材料、工艺和用料单位多次召开物资需求协调会议和产品外购配套件成套入库工作协调会，以加强沟通和信息的及时传递，明确成套入库职能、目标和任务，及时开展了一些项目的成套入库工作。

最后，在外部物资资源紧缺、价格上涨及内部生产进程加快、物资需求大和采购周期短等多重压力下，东汽物管处严格坚持对大宗物资的招标比价采购工作，认真执行工厂物资采购的程序制度，通过对供应商进行深入细致的调查摸底和对兄弟单位的走访，继续探索和完善对铸锻件等大件物资的招标采购方法。加快物流速度，不断在增收节支、替代利用和提高钢材利用率等方面开展降本增效活动。仅当年3月就节约钢材193吨，节约金额58万元；招标比价采购降低成本706万元。

资料来源：本案例改编自中国物流与采购网《东汽物资采购有奇招》一文。

第一节　需求管理概述

需求管理是指通过对企业的采购需求，包括整合企业内部不同单位的需求进行有效整合和优化配置，从而形成批量，促进采购需求及早提出并准确描述，提高需求的标准化程度，发挥需求端的技术资源优势，促进采购工作绩效改进等一系列管理活动。

一、需求管理的作用

（一）需求管理是供应链构建和平稳运行的基础

供应链的构建是典型的需求导向型技术经济活动。供应链管理必须把需求管理作为首要任务。需求分散在企业内部的各个部门而得不到有效集合，或需求产生随机性太强且又缺乏预测、调控措施，或需求标准化程度太低等，都会对构建采购供应链造成巨大阻碍。如果采购商没有掌握物资需求消耗规律，需求方提报的物资需求计划又不及时、不准确、标准化程度低，供应链就失去了构建基础。

如果采购商能够透彻地掌握需求消耗规律，并且需求方提出的物资需求标准化程度高，就可以对不同单位、不同时间的物资需求进行整合，形成批量，与供应商签订长期框架协议，建立稳定的合作关系。供应商则可以有足够的时间落实原材料资源和有计划地安排生产，从而实现供应链稳定高效运行。

（二）需求管理是降低供应链总成本的关键

加强采购物资需求管理，能够显著降低供应链总成本：①通过设计提出标准化的采购物资需求，可使物资的可替代性增强，供应商选择范围得以扩展，成本降低的空间也就进一步扩大，同时标准化设备材料（如配件）的维护运营成本也相对较低；②通过提高物资需求计划管理水平，减少紧急零星采购，加大采购提前期，采购商能够从容地提前订货，供应商能够安排批量生产，可以降低采购供应链的总成本，使供需双方都可以从中受益；③提高物资需求计划的准确率，减少需求计划的临时变更和调整，产生积压浪费的概率就会相应降低。

二、采购需求的基本特征

（一）繁杂性

企业生产建设过程中产生的物资需求中，既有原料、辅料等生产消耗性并参与转化为产成品的物资，又有构成企业生产条件或固定资产的材料、设备、配件等物资，还有日常消耗使用的材料、低值易耗品等物资。种类繁多，少则上千种，多则数万种乃至数十万种。

（二）不确定性

除原料、辅料和燃料以外，绝大部分物资需求产生的时间，以及具体需求的物资品种、数量、质量和交货时间等都具有不确定性（随机性）。物资需求的不确定性是采购供应链运行风险的根源，增加了采购供应链的不稳定性，是困扰采购供应链运行的一大因素。采购供应链总成本的降低、风险的控制、被动局面的改变等都在很大程度上受制于需求的不确定性。

（三）特定性

每一项采购需求一旦产生，就对应着某一种或若干种特定的规格参数、特定的用途、特定的质量性能需求。这种特定性显著加大了有效满足需求的难度。因此，采购商越早掌握需求信息，采购工作就越主动，谈判空间就越大；反之，则会形成紧急采购，不仅采购工作被动，而且会造成采购价格高、费用高甚至储备规模增加等问题，还可能增加供应商的供应难度。

（四）时间性

采购需求计划一旦形成，就必须在特定的时间内得到满足，否则，企业的生产经营或工程建设往往将遭受比物资本身成本大得多的损失。对生产所需的原料、燃料等物资的供应，进度风险就是生产运行中断风险，即生产装置不能长周期连续、稳定运行的风险。现代化企业大都是连续化大生产的企业，每天可能有数千万元甚至上亿元的产值，即使停产一天，损失也是非常大的。工程建设所需设备材料供应延迟交货风险，就是工程建设不能顺利推进和按时建成。交货不及时，就会导致工期拖后，项目不能按期投产。

（五）牛鞭效应

牛鞭效应是供应链上需求产生部门与采购部门、供应商在需求预测修正、采购订货决策和应对市场波动、环境突发变异等方面博弈的结果。一般情况下，采购部门不会针对每一个需求立即向供应商订货，而是在平衡库存和考虑综合成本后，着眼于减少订货频率、降低成本和规避缺货风险，按照最佳经济批量规模和最低安全库存的原则，加量向供应商订货。供应商对采购部门的零星需求，往往在整合不同客户需求、达到最小生产批量后，才安排生产。需用单位为了尽早得到货物或全额得到所需物资，往往会在需求提出时人为地放大需求，从而形成牛鞭效应，给供应链带来震荡和波动。

三、采购需求的分类

（一）独立需求和相关需求

根据采购需求对象在需求上的相关性，可将采购需求分为独立需求和相关需求两种。独立需求指企业对最终产品的采购需求，即企业的供应商所承接的市场订单的需求。因为它的需求量是由市场决定的，企业本身只能根据以往的采购经验进行预测，而无法加以控制或决定，因此称为独立需求。由于独立需求面向的是最终产品，因而在对其进行预测的过程中，仅需考虑该种商品需求的水平及其影响因素的变化。独立需求一般零星、分散地发生，被假设为连续性变化。对某种独立需求产品的需要量进行预测，只能按平均需要量加以估算。此外，独立需求不必要也不可能100%地保证供应，一般按规定的服务水平（小于100%）来满足，在进行独立需求预测时应考虑到这种规律。

若对一项物料的需求与对其他物料项目或最终产品的需求有关，称为非独立需求，即相关需求。例如顾客需要一辆自行车，那么生产中就要准备两个轮子，需要两只外胎。这些需求是计算出来的，而不是预测的。对于具体的物料项目，有时可能既有独立需求又有非独立需求。对物料的相关需求进行预测，应以产品的生产、市场需求预测为基础。因此，必须充分考虑可能对产品的生产、市场需求带来影响的各种相关因素。在由多个零部件组合而成的产品中，对某个零部件的需求预测，不仅要考虑产品的需求影响，还要考虑零部件之间的投入比例和技术组合要求，及时更新物料清单，以保证预测的准确性。

（二）业务性需求和资本性需求

企业需求一般有两种基本类型，即业务性需求和资本性需求。

1. 业务性需求

业务性需求是指企业日常运转所需要的物品，如生产线上的零部件、维修性供给品、办公用品等。这些产品一般会在1年内被使用或消耗掉。

2. 资本性需求

资本性需求是指企业日常运转中不会被消耗掉的固定资产，其使用寿命大于1年，如复印机、运货车辆、机器设备、建筑物等。

服务是在短期内被提供和使用的，因此有时会被认为是业务性需求。而事实上，有些服务应被认为是资本性需求。例如，有些服务是与资本性项目（如新的生产建筑物）

有关的，在这种情况下，可能需要采购工程设计服务，并雇用建筑工人。这些服务将构成资本项目的成本，所以应当将它们作为资本项目来看待。在具体运作中，资本性需求的开支会产生有利的税收待遇，因此可以在财务会计系统中进行不同的处理。由于这些原因，许多企业对业务性需求采购和资本性需求采购进行区别对待。

（三）直接功能需求和支持功能需求

当一家企业实施采购（无论是业务性还是资本性）时，必须考虑不同功能的需求，分别阐述如下：

1. 直接功能需求

直接功能是指直接制造产品/服务和（或）向最终消费者提供产品/服务的功能。直接功能需求主要与企业产品的生产和服务的提供有关。直接功能也可能需要非生产性的成本，如计算机软件的培训服务。

2. 支持功能需求

支持功能是指从事服务和事务性活动（如会计）以支持直接功能的功能。

（四）生产性需求和非生产性需求

采用生产性需求与非生产性需求的区分方法，比采用直接功能需求和支持功能需求的区分方法更为合理，分别阐述如下：

1. 生产性需求

生产性需求是指企业最终产品的直接组成部分的物品的采购需求，或直接介入生产过程的产品，如材料、零部件和生产设备等的采购需求。

2. 非生产性需求

非生产性需求是指那些既不构成企业最终产品的直接组成部分，也不是生产过程中所使用的产品/服务的采购需求，包括非生产性需要的机器设备，维护、修理和运营（Maintenance, repair and operation，MRO）产品（如备件、工具和燃料）及办公用品等。

一般来说，生产性需求和非生产性需求的性质是完全不同的，最重要的差别是相关需求的不确定性。生产性产品的采购需求是外部的，不是直接由组织控制的，所以一般难以预测；而非生产性需求通常建立在内部计划（如新投资、项目等）的基础上，企业可直接控制和安排预算，所以易于进行预测。

四、影响采购需求的主要因素

影响采购需求有效对接的因素，主要有需求侧因素、供给侧因素和采购侧因素。接下来具体分析各个因素的具体内容。

（一）需求侧因素

1. 需求的准确性

需求的准确性是指需求方提出的物资需求计划与生产经营、工程建设实际需要相符的程度。需求准确性要求物资名称、规格型号、技术参数、数量、质量、需求时间等要素描述清晰明确、准确无误，并且需求计划一旦提出不会临时变更。如果需求计划不准确，如需求规格参数描述不清、计划时间不准、性能要求不明、质量等级含糊，特别是需求计划临时变更调整等，往往会导致采购商和供应商都处于被动应对状态，供应链剧烈波动，运行成本明显上升。

2. 需求的及时性

需求的及时性是指物资需求计划按规定时间提交到采购商，满足合理的采购周期的程度。也就是说，物资需求的提出要有足够的提前期。因为从提出物资需求到货物交付，客观上需要一定的时间周期。这个周期具有较强的刚性，压缩的弹性有限。

需求计划提出的时间应满足物资的合理采购周期。采购周期包括采购商搜寻资源、谈判、评估风险、签订合同需要的时间；供应商根据需求开展设计、采购原材料等需要的时间；供应商实施生产、重要生产环节检验的制造周期和物流过程需要的时间等。

如果需求计划提出的时间不能满足合理的采购周期，可能会导致：采购商搜寻资源、风险评估会过于仓促，最终选择不恰当的供应商；供应商设计、备料时间过短，造成产品功能不足、原材料出现内在缺陷，如果在后期制造时发现问题则更难处理；供应商的生产时间短于正常周期，可能会压缩必要的制造或检验环节，造成物资质量隐患；运输时间短于正常的运输周期，海运可能被迫改为空运，火车运输可能被迫改用汽车昼夜兼程运输等，物流成本增加；如果超重、大件物资的运输方案制订得过于仓促，还可能在运输过程中发生事故，造成人员伤亡、物资损失等。

在实际采购工作中，由于种种主客观因素的影响，需求计划的提出往往不及时，难以满足合理采购周期。在工程项目中，设计单位往往不了解市场资源状况，设计顺序不合理，可能导致本应及早提出的需求计划被推后。在生产运行中，由于设备运行管理、生产计划管理等种种原因，需用单位提报的物资需求不能实时让采购部门了解，而往往是在需求产生一段时间之后才被送达采购部门，耽误了宝贵的采购提前期。

3. 需求的可替代性限制、用户使用偏好和标准化

需求如果难以替代或者用户有强烈的使用偏好，在很大程度上会限制采购供应链的宽度，严重影响供应链的运行。在实际采购运作中，对于同类工程项目或同类装置上的同类物资，不同设计单位提出的物资需求往往有较大差异，甚至同一设计单位的不同设计人员提出的物资需求也会有明显不同，造成可供选择的供应商数量大大减少，物资需求流向少数甚至独家供应商，供应链从阳关大道变成羊肠小道，拥堵断流的风险增加，成本也会急剧上升。

需求管理中，物资需求的标准化程度往往成为制约供应链运行效果的主要矛盾。因为非标需求不仅会显著降低供应链的宽度，增加物流堵塞的风险，还常常伴随着各种形式的制度垄断甚至形形色色的权钱交易。非标需求背景下的采购缺乏竞争，甚至没有竞争，而标准化采购则有利于形成规范有序的竞争，对保障采购供应链通畅运行至关重要。

4. 牛鞭效应的影响

需用单位为保证生产装置的安全稳定长周期运行，避免供应不及时等问题，往往会夸大需求量、压缩交货期，造成过量采购和紧急采购，甚至形成积压。当对市场短缺风险的不确定性预测被人为渲染和强化时，需用单位会人为地加大所提出的需求量，多家需用单位人为放大的需求量通过采购供应链到达供应市场后，会进一步放大供不应求的假象，造成供应链的更大波动。但是，当真相暴露的时候，供应链上虚增的物资就会成为停滞的积压库存，导致大量浪费。

（二）供应侧因素

1. 供应市场的资源丰富程度

供应市场对企业所需物资的满足程度，既受供应市场可供资源种类、数量的限制，又受需求的质量要求、批量规模限制，还受供应市场和需用单位的地理相对位置影响，不可能无条件完全满足。供应市场资源越丰富，则需求与采购越容易建立联系；供应市场资源贫乏，则需求与采购的联系就不容易建立，即使建立起来也比较脆弱。

2. 采购商与供应商关系的可靠性

采购商与供应商的合作关系是否处于可控状态，对采购供应链平稳运行非常关键。供应商的生产加工能力、经营管理水平、财务资金状况、商业信誉等都对采购供应链的运行具有重要影响。如果采购商能够有效集合本企业需求资源并集中到少数优秀供应商，与优秀供应商建立长期稳定的合作关系乃至战略合作关系，就可能将企业外部的优秀供应商资源纳为己用，甚至与战略供应商形成虚拟的联合企业。即使在市场剧烈波动的情况下，采购供应链也能平稳运行，从而有力支撑企业的整体发展战略。

3. 交货时间的限制

不同的物资有不同的生产工艺要求和制造周期，从物资的生产制造地点到物资的需求使用地点往往需要一定的运输时间，而物资的交货时间受客观的技术、经济等多方面因素限制，不可能随心所欲或做到无条件满足。同时，供应商的生产组织协调能力和生产负荷大小对交货期也有很大的影响。如果供应商的交货时间与需用单位的要求相匹配，则需求与采购的衔接就比较平稳；反之，则容易产生波动。

4. 市场价格波动

市场供求形势千变万化，加上采购商总是要与供应商讨价还价，千方百计降低采购价格，这种竞争博弈性质决定了博弈结果具有很大的不确定性，也是影响采购与需求实现无缝衔接的重要因素。如果采购商没有很好地集合需求并集中到少数优秀供应商，进而建立稳定的合作关系，则在市场价格剧烈波动的情况下，采购商与供应商之间的联系就可能发生震荡，采购与需求的联系就可能随之波动。

（三）采购侧因素

1. 对物资需求的集中程度

物资需求具有不确定性和时间性的基本属性。而供应商的生产制造受加工设备和制造周期限制，客观上需要一定的生产批量和备料与制造时间，因此，需用单位的需求与供应商的供货能力之间往往存在差距。采购供应链的构建，要求采购商对不同时间、不同空间的物资需求进行有效集合，提高物资需求的连续性和稳定性，达到与供应商资源限制的匹配，从而提高对需求的满足程度。

2. 采购在企业整体战略中的定位

现实工作中，受制于各方面，特别是企业领导层对采购工作地位与作用认知误区的影响，采购在企业生产经营整体战略中的定位普遍处于辅助支持性业务功能的位置。采购部门没有被赋予对需求的管理功能，对需用单位过分迁就，造成采购工作长期处于被动应对需求的处境，对需求的管理考核困难重重。采购与需求的联结失衡，进而影响采购部门与供应商的联结，导致整个供应链难以构建和平稳运行。因此，修正对采购在企业生产经营中的地位与作用的认知，提升采购的功能定位，是促进需求与采购稳定联结的重要条件。

3. 需求信息传递与共享

物资需求信息不仅量大，而且种类繁多、随机变化，主要掌握在需求方手中。采购商能否及时、准确、全面地掌握物资需求信息，能否在合适的时间把适当的需求信息传递到供应商，对采购能否有效满足需求影响很大。在实际工作中，需求信息在采购商与需用单位之间交换时，往往难以做到全面、及时、准确，这会对整个供应链的运行造成负面影响。

4. 库存占用资金限制

需求的不确定性和供应商生产刚性的存在，客观上要求企业保持一定规模的供应库存，以保证对需求的及时响应和满足。但企业资金状况的限制，不可能允许采购商占用大量资金，拥有所有品种和足够规模的供应缓冲库存。

第二节　需求分析

◆ 导入案例

明日制造公司针对某型号产品制订了销售计划，经过总经理批准后交给生产计划部门，生产计划部门依据销售计划制订生产计划。采购部门依据企业销售预测、成品库存要求、物料清单确定该产品所有零部件的采购需求计划。

案例来源：道客巴巴。

问题：明日制造公司如何通过销售计划、销售预测、成品库存、物料清单等确定采购需求？

一、需求分析概述

（一）传统企业采购存在的问题

1. 物料采购与物料管理为一体

目前，绝大多数企业行使采购管理的职能部门为供应部（科），也有企业将销售职能与采购职能并在一起，称为供销科。在这种模式下，其采购流程是：需求部门提出采购要求→制订采购计划/订单→询价/报价→下发运通知→检验入库→通知财务付款。

上述是一个完整的采购业务流程，但在实际操作中，有些流程，如询价/报价，在很多企业中不是每次都进行的。该流程的主要缺点是物料管理、采购管理、供应商管理由一个职能部门来完成，缺乏必要的监督和控制机制。同时，在这种模式下，供应部（科）担负着保障生产用原材料供给的重任，为保证原材料的正常供应，必然会加大采购量，尤其是在原料涨价时，这样容易带来不必要的库存积压和增加大量的应付账款。

2. 业务信息共享程度低

由于大部分的采购操作和与供应商的谈判是通过电话完成的，没有必要的文字记录，采购信息和供应商信息基本上由每个业务人员自己掌握，信息没有共享，这样必然会带来一些影响：业务的可追溯性弱，一旦出了问题，难以调查；采购任务的执行优劣在相当程度上取决于个人，人员的岗位变动对业务的影响大。

3. 采购控制通常是事后控制

其实不仅是采购环节，许多企业的大部分业务环节基本上是事后控制，无法在事前进行监控。虽然事后控制也能带来一定的效果，但事前控制能够为企业减少许多不必要的损失，尤其是当一个企业横跨多个区域时，其事前控制的意义将更为明显。现在很多企业都不再使用这种方法，而是改用需求分析方法。

（二）需求分析的含义

采购需求分析是指采购部门根据需用单位的需求历史或生产计划等相关需求规律，预测需用单位下一个阶段的需求品种和需求量，主动组织采购订货，安排采购计划。

采购需求分析的任务就是分析清楚采购需求者究竟需要什么、需要多少、什么时候需要，从而明确应当采购什么、采购多少、什么时候采购，以及怎样采购，制定一份切实可靠、科学合理的采购任务清单。

在采购极简单的情况下，需求分析相对比较容易。例如，在单次、单一品种需求的情况下，需要什么、需要多少、什么时候需要的问题非常明确，不需要进行复杂的需求分析。

在较复杂的采购情况下，需求分析就变得十分必要了。例如，对于一个汽车制造企业，其产品包含上万个零部件，有很多车间、很多工序，每个车间、每个工序生产这些零部件都需要不同品种、不同数量的原材料、工具、设备、用品，在不同时间需要不同的品种。这么多零部件，什么时候需要什么材料、需要多少，哪些品种要单独采购、哪些品种要联合采购，哪些品种要先采购、哪些品种后采购、各自要采购多少，如果对这些问题不进行认真的分析研究，就不可能进行科学的采购工作。

在企业采购中，采购人员往往接到的是一个已经做好的物料申请单，上面已经标明了要采购什么、采购多少、什么时候采购，采购人员只要照单买货就行了，根本就不需要进行需求分析。这样一来，从事这种照单办事的采购员就形成了不需要进行需求分析就可以进行采购的想法。事实上，虽然采购员没有进行需求分析，但是开出那张采购单的人已经进行了详细的分析，因此，需求分析是采购工作的第一步，是制订采购计划的基础和前提。

（三）采购需求分析的特点

1. 采购需求分析涉及面广

采购需求分析涉及整个企业的各个部门，各道工序，各种材料、设备和工具，以及办公用品等各种物资，其中最重要的是生产所需的原材料。

2. 采购需求分析要求具备全面的知识

采购需求分析要求相关人员具备全面的知识：要具备生产技术方面的知识、生产产品和加工工艺的知识，会看图纸，会根据生产计划及生产加工图纸推算出物料需求量；要掌握数理统计方面的知识，会进行物料性质、质量的分析及大量的统计分析；还要具备管理方面的知识。

二、需求分析的步骤

采购人员在分析确定采购需求时，只有遵循一定的逻辑顺序，方可确定合理科学的采购需求量，从而制订合理的采购计划，如图 3-1 所示。

（一）分析销售计划和生产计划

1. 分析销售计划

采购人员分析销售计划时，关键在于准确识读销售计划表、综合平衡销售计划，并对影响产品销售的因素进行分析。

销售部门制订每个销售周期（月、季、年）的销售计划，上报给上级主管部门。接着生产部门根据销售计划表制订出相应的生产计划，以此来确定对物料的需求。因此，销售计划间接地影响着企业的采购决策。

销售计划是企业制订经营规划、未来发展计划、利润计划、损益计划等各项计划的基础。销售计划的内容至少应包括商品计划（销售什么产品）、渠道计划（通过何种渠道）、成本计划（需要多少钱）、销售单位组织计划（谁来销售）、销售总额计划（销售到哪里，比重如何）、促销计划（如何销售）。

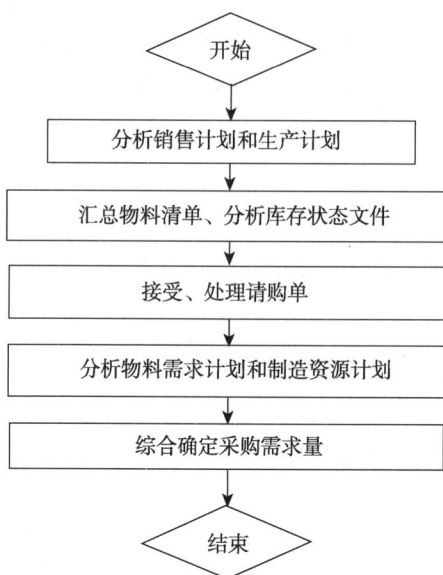

```
┌─────────┐
│   开始   │
└─────────┘
     │
┌──────────────────────┐
│  分析销售计划和生产计划  │
└──────────────────────┘
     │
┌──────────────────────┐
│ 汇总物料清单、分析库存状态文件 │
└──────────────────────┘
     │
┌──────────────────────┐
│    接受、处理请购单     │
└──────────────────────┘
     │
┌──────────────────────┐
│ 分析物料需求计划和制造资源计划 │
└──────────────────────┘
     │
┌──────────────────────┐
│    综合确定采购需求量    │
└──────────────────────┘
     │
┌─────────┐
│   结束   │
└─────────┘
```

图 3-1 确定采购需求的逻辑顺序

采购人员还应对销售计划的影响因素有一定的认识，从而综合平衡销售计划。其中最主要的是市场供求状况分析。如果市场上供大于求，就意味着企业的预期销售可能存在风险，企业的经营计划调整会以销售计划的调整作为起点；如果市场出现供不应求的状况，则企业的销售计划很容易提前实现，这就需要采购人员做好物料供应的准备工作。

2. 分析生产计划

生产计划工作由总量计划与生产进度安排两部分构成，它对确定物资需求的品种、数量、质量、时间等都有着决定性作用。

生产计划则是按照预测的销售数量加上预期的期末存货数量，再减去期初存货数量来制订的，即

$$生产计划 = 预测的销售数量 + 期末存货数量 - 期初存货数量$$

3. 分析生产进度计划

生产进度计划是将全年计划任务按照各个季度、各个月份进行分配，从而满足市场或用户不同时期需要的计划。在分析生产进度计划时，主要从影响生产进度计划的企业生产能力和生产效率两大因素展开。

1）分析企业生产能力

首先分析车间各生产线的产能，然后计算出企业总的生产能力，再通过比较生产计划，最终确定各个时期的物料需求。

2）分析企业生产效率

企业生产效率决定着企业生产进度快慢，也影响着原材料供应部门的物资供应。所以，在制订物料需求计划前，应当对生产效率进行分析。

4. 统计分析销售和生产计划

运用计算机对收集的有关数据和资料进行数理统计，并对统计结果进行相关分析。这种方法是根据过去同类产品或类似零件、工序的工时统计资料，分析当前组织技术和生产条件的变化来确定定额的方法。这种方法简单易行，工作量小，以大量的经济资料为依据。凡是生产条件比较正常、产品比较固定、品种比较少、原始记录和统计工作比较健全的情况，一般都适用这种方法。对于流通企业来说，每天的销售就是用户对企业物资的需求，需求速率的高低反映了企业物资消耗的快慢，因此，由每天的销售日报表就可以统计得到企业物资的消耗规律，所以物资消耗规律也就是物资采购需求的规律。在采购需求的统计分析中，最基本的原始资料主要有各个单位的采购申请单、销售日报表、领料单和生产计划任务单等。需求表现形式如图 3-2 所示。

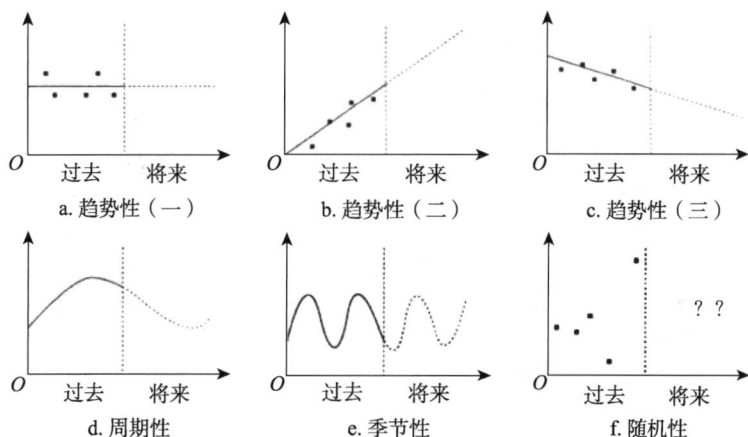

a. 趋势性（一）　　b. 趋势性（二）　　c. 趋势性（三）

d. 周期性　　e. 季节性　　f. 随机性

图 3-2　需求表现形式

（二）分析物料需求

制订物料需求计划（MRP）是根据生产进度计划和主产品层级结构逐层逐个地求出主产品所有零部件的出产时间和出产数量。若零部件由企业内部生产，需要根据各自的生产时间提前安排投产时间，形成零部件投产计划；若零部件需要从外部采购，则要根据各自的订货周期确定订货时间和采购数量，从而形成采购计划。

生产计划一般只列出产成品的数量，而不能表示某一产品需用哪些物料，以及数量多少，因此必须借助物料清单。物料清单是由研发部门或产品设计部门编制的，根据物料清单可以精确地计算出生产每一种产品的物料需求数量（material requirement）。物料清单上所列的耗用量，即通称的标准用量，与实际用量相互比较，可作为用料管理的依据。

（三）分析物料存量卡

如果产成品有存货，那么生产数量可以不等于销售数量。同理，若材料有库存，则材料采购数量也可以不等于材料需用量。因此，必须先建立物料的存量卡，以了解某一物料目前的库存状况；再依据需求数量，考虑购料的时间和安全库存量，计算出正确的采购数量，然后再开具请购单，进行采购活动。

三、需求分析的方法

（一）运用采购需求表

要进行采购，首先需要解决采购什么、采购多少、什么时候采购的问题。而要解决这些问题，就是要解决采购员所代理的全体需求者究竟需要什么、需要多少、什么时候需要的问题。在解决这些问题上，企业传统的做法是让各个单位层层上报采购需求表（如表 3-1 所示）。有的是定期报，如本周报下周的计划、本月报次月的计划、今年报明年的计划；有的是不定期报，什么时候想起来需要买什么东西，就填一张采购需求表，把它交到采购部。采购部收齐了这些采购需求表以后，把所有需要采购的物资分类整理，统计出来，这样就弄清了需要什么、需要多少、什么时候需要的问题。

表 3-1　采购需求表

编号：　　　　　　　　　　　　　　　　　　　　　　　　　　　　年　　　月　　　日

类别	编号	名称及规格	单位	数量	需用日期			需求原因及用途	备注
					年	月	日		

注：1. 请购单一式二联，第一联归请购部，第二联归审批部。

　　2. 如果货品不符合要求，本部门有权拒绝收货。

需求部门：　　　　　　　　　　　　　　　　　　　　审批负责人签字：

日期：　年　月　日　　　　　　　　　　　　　　　　日期：　年　月　日

这样的操作过程虽然可以达到解决问题的目的，但存在以下几个弊端。

（1）这种方式兴师动众，往往要麻烦很多人，造成了人力资源的浪费。

（2）只要有一个部门的采购需求表没收齐，采购部就不能进行需求的整理统计，不能得出统一的需求计划，往往贻误最佳采购时机。

（3）交上来的需求信息往往不准确、不可靠，给采购效果带来许多不稳定因素。

（二）物料需求计划

物料需求计划是生产企业最常用的需求分析方法。它的基本原理是根据企业的主产品生产计划、主产品的结构文件和库存文件，分别求出主产品的所有零部件的需求时间和需求数量,也就是得出物料需求计划。物料需求计划的确定步骤如下。

1. 确定主产品需求计划

所谓主产品,是指企业提供给社会的主要产成品,通俗地理解,可以理解为最终出厂产品。例如,汽车制造厂的主产品就是汽车,电视机厂的主产品就是电视机。主产品的生产计划,是企业接受社会订货,或者计划提供给社会的主产品的数量和进度计划,包括数量和时间两个要求,即生产多少和什么时候生产。

2. 确定主产品的结构文件

这一步就是求出装配主产品需要哪些零件、部件、原材料,各需要多少,哪些要自制,哪些要外购,自制或外购分别需要多长时间,即生产提前期或采购提前期。这样逐层分解,一直到最底层的原材料层次。

3. 确定库存文件

所谓库存文件,就是主产品及主产品所属所有零部件、原材料的现有库存量清单文件,即主产品零部件库存一览表。

4. 确定物料需求计划

设 p_i 是第 i 个零部件下月需求量,p 是主产品下月的计划出产量,n_i 是一个主产品中包含第 i 个零部件的个数。p_{wi} 是第 i 个零部件下月的外购订货数量(社会维修订货数量),则第 i 个零部件下月需求量可以用下式确定。

$$p_i = p \cdot n_i + p_{wi}$$

5. 根据物料需求计划求得采购任务清单

根据以上信息得出生产采购任务清单,包括物料编号、描述、需求量、需求日期、供应商等。

【例 3-1】物料需求计划案例如图 3-3 所示。

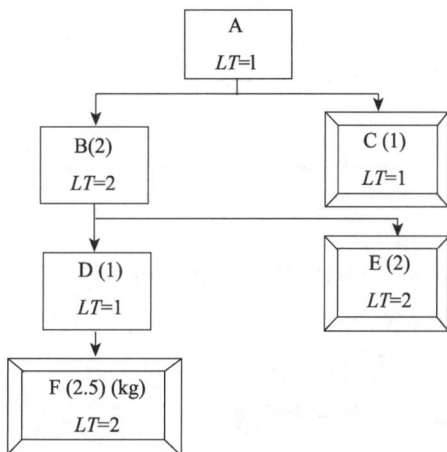

图 3-3 A 产品结构

图 3-3 中，A、B、C、D、E、F 为产品名，括号中的数字表示一个上级产品中所包含的本产品的件数，而 LT 表示提前期，单位为天。双线框表示外购件，单线框表示自制件。

根据主产品结构文件，可以得到主产品零部件数量一览表（表 3-2）。

表 3-2　主产品 A 零部件一览表

零部件名	数量	自制	外购	提前期/天
B	= 2 A	+		2
C	= 1 A		+	1
D	= B = 2 A	+		1
E	= 2 B = 4 A		+	2
F	= 2.5 D = 5 A (kg)		+	2

主产品需求计划和零部件外订计划一览表如表 3-3 所示，表中包括了主产品的生产计划，也包括了社会对零部件 C、E 的维修订货计划。

表 3-3　主产品需求计划和零部件外订计划一览

时期/周	第 1 周	第 2 周	第 3 周	第 4 周	月合计
A 出产/（件/周）	25	15	20	15	75
C 外订/（件/周）	15		15		30
E 外订/（件/周）		20		20	40

根据表 3-2 及表 3-3，再根据"步骤 4）"的计算公式就可以求出所有需要采购的零部件的清单，如表 3-4 所示。这就是下一个月需要采购的零部件任务清单。

表 3-4　采购零部件一览表

零部件名	下月需要数量
C	$75 \times 1 + 30 = 105$
E	$75 \times 4 + 40 = 340$
F	$5 \text{ kg} \times 75 = 375 \text{ kg}$

（三）统计分析法

统计分析法是指运用统计方法对采购的原始资料进行分析，找出各种物料需求规律的方法。所需原始资料主要包括各单位的采购申请单、销售日报表、领料单和生产计划任务单等。统计分析方法有以下两种。

1. 对各部门采购申请单进行统计汇总

目前很多企业都采取这样的模式：要求下属各个单位每月提交一份采购申请表，提出各自下月的采购品种和数量，然后采购部门对这些表进行统计汇总。即将相同品种的需求数量相加，得出下月总的采购任务表，再根据此表制订下个月的采购计划。

这种模式简单易行，但也存在一些问题：一是市场响应不灵敏；二是库存负担重，风险大。因为一个月采购一次，必然会使采购批量增大，物资供应时间长，如果市场需求变化很快，可能导致采购时畅销的物资，等送达时就变成不畅销的物资了。这样既占用了大量物资资金，又增加了经营成本，影响了企业的经济效益。

2. 对各部门的销售日报表进行统计

对于流通企业来说，每天的销售就是用户对企业物资的需求，需求速率的大小反映了企业物资消耗的快慢，因此，由每天的销售日报表就可以统计得到企业物资的消耗规律。消耗的物资需要补充，也就需要采购，因此物资消耗规律也就是物资采购需求的规律。

物资需求的规律有两种表示法：时间函数法和有序数列法。

1）时间函数法

时间函数法是把物资消耗量描述成时间的函数。这是一个连续的时间序列。第 i 种物资的需求规律描述为时间的函数表示为：$R_i(t) = f_i(t)$，这就是需求函数。第 i 种物资在一定时期内的总需求量为 $R_i(t) = \int f_i(t)d_t$。

2）有序数列法

有序数列法是把各个单位的销售日报按单位时间（如日、周、月、季、年等）进行汇总，得到一个按先后顺序排列的销售量的序列。这个有序的时间序列，反映了物资的消耗规律，它就是一个物资的需求规律。例如，根据销售日报表的汇总，得到某种物资的需求时间序列表，如表 3-5 所示。

表 3-5　物　资　需　求

周次	1	2	3	4	5	6	7	8
需求/吨	5	7	8	10	9	12	11	13

需求规律也可以用数列的形式表示：

5，7，8，10，9，12，11，13（吨/周）

需要指出的是，为了掌握需求规律，统计的时间单位越小，则需求规律越精密、越灵敏；时间单位越长，则需求规律越粗糙、越不灵敏。如以日为单位就比以周为单位统计更灵敏、更精确、更有规律。

（四）物资消耗定额分析法

1. 物资消耗定额概述

一般的生产企业在材料消耗上都采用物资消耗定额管理，也就是为每一个产品或零部件制定一个合理的消耗定额。所谓物资消耗定额，是在一定的生产技术组织条件下生产单位产品或完成单位工作量所需要消耗的物资的标准量，通常用绝对数表示，如制造一台机床或一个零件消耗多少钢材、生铁；也可用相对数表示，如冶金、化工等企业，用配料比、成品率、生产率等表示。

制定物资消耗定额，一方面为工人提高操作技术水平提出了一个标准，为物资节约提出了一个目标；另一方面也为物资采购提出了一个采购需求数量。

物资消耗定额根据物资的性质类别可以分为主要材料消耗定额、辅助材料消耗定额、零件材料消耗定额、燃料消耗定额、电力消耗定额、设备维修材料消耗定额和工具消耗定额等。

2. 物资消耗定额计算方法

工业企业计算物资消耗定额的方法通常有 3 种。

1）技术分析法

这是一种按产品结构设计、技术特点、加工设备和工艺流程来计算物资消耗定额的方法。这种方法比较科学、精确，但需要精确计算，工作量较大，适用于生产企业对产品的物料消耗计算定额。

技术分析法的基本原理与步骤：根据产品装配图求出产品的所有零部件；根据每个零部件的加工工艺流程求出每个零部件的加工工艺；对于每个零件，考虑从下料切削开始一直到最后形成零件净尺寸 Q 为止的各道切削加工的切削尺寸 q。

每个零件的净尺寸 Q 加上所有各道切削尺寸留量之和，就是这个零件的物料消耗定额 G。

$$G = Q + \sum q_i (i = 1, 2, 3, 4)$$

式中，切削消耗留量尺寸 q_i 包括：

q_1——加工留量。选择材料直径、长度时，总是要比零件的净直径、净长度要大，大的部分就是加工切削的尺寸留量。含有加工尺寸留量后的零件材料就叫零件的毛坯。

q_2——下料切削留量。下料时，每一个零件的毛坯都是从一整段原材料上切断而得的。切断每一段毛坯都要切削损耗一个切口宽度的材料，这就是下料切削留量。一个零件的毛坯尺寸加上切口尺寸，就是零件的工艺尺寸。

q_3——夹头损耗。

q_4——残料损耗。一整段材料可能要切成多个零件毛坯。在切削多个毛坯时，总是需要用机床夹具夹住一头。如果最后一个毛坯不能掉头切削，则这个材料夹头部分就不能再利用而成为一种损耗，这种损耗就是夹头损耗。也可能出现 n 个工艺尺寸不能刚好平分一整段材料而剩余一小部分不能利用的情况，这就是残料损耗。夹头损耗和残料损耗都要分摊到每个零件上去计算物料消耗定额。

2）统计分析法

这是一种根据以往生产中物资消耗的统计资料，经过分析研究并考虑到计划期内生产技术组织条件等因素而计算定额的方法。采用这种方法时，需要有详细可靠的统计资料。例如，要计算某种产品的物料消耗定额，可以根据过去一段时间仓库的领料记录和同期产品的出产记录进行统计平均，就可以求出每个产品的平均材料消耗量。这个平均消耗量就可以看作该产品的物料消耗定额。

3）经验估计法

这是一种根据技术人员、工人的实际生产经验，参考有关的技术文件，并考虑到企业在计划期内生产条件的变化等因素计算定额的方法。这种方法简单易行，但科学性较差。

【例3-2】 一把锤子由铁榔头和一根檀木木柄装配而成。檀木木柄净尺寸为$\phi 30$毫米×250毫米，由一根0.035米的圆木加工而成，平均每个木柄下料切削损耗0.005米、长度方向切削损耗0.005米、外圆切削损耗0.0025米、夹头损耗0.03米，平均残料损耗0.01米。铁榔头由$\phi 50$毫米的A4圆钢材切成坯料经锻压加工而成。加工好的铁榔头净重1千克、锻压加工损耗0.2千克、柄孔成型加工损耗0.2千克、下料损耗0.2千克、夹头损耗0千克、残料损耗0千克。求这种锤子的物资消耗定额。如果下个月需要加工1000把锤子，问需要采购多少物料？

计算资料和结果如表3-6所示。求出锤子的物资消耗定额为：$\phi 35$檀木0.3米，A4 $\phi 50$圆钢1.6千克。若下个月生产1000把锤子，采购需求量为：$\phi 35$檀木300米，A4 $\phi 50$圆钢1600千克。

表3-6　物资消耗定额计算

产品名称			锤子		下月生产计划					1000把
材料名称	规格	计算单位	净重/尺寸	下料损耗	加工切削损耗	夹头损耗	残料损耗	物资消耗定额	采购需求量	
檀木圆木	$\phi 35$	米	0.25	0.005	0.005	0.03	0.01	0.3	300	
圆钢A4	$\phi 50$	千克	1	0.2	0.2+0.2	0	0	1.6	1600	

3. 推导分析

所谓推导分析，就是根据企业的主要生产计划来进行需求分析，求出各种原材料、零部件的需求计划的过程。推导分析不能凭空想象，也不能靠估计，一定要进行严格的推算。

推算所依据的主要资料和步骤如下。

1）制订主产品生产计划

所谓主产品就是企业提供给消费者的最终产品。主产品生产计划主要是根据社会对主产品的订货计划及社会维修业所提出的零部件的订货计划共同生成的。主产品生产计划表明每种物资需要的数量和时间。

2）编制主产品的结构文件

这是指推导分析出装配主产品需要哪些零件、部件、原材料，哪些要自制、哪些要外购，自制零部件在制造过程中又要采购什么零件、部件、原材料等。这样逐层分析得出主产品的结构层次。每个层次的零部件都要标出需要数量、自制或外购及生产提前期或采购提前期。所有自制零部件都要分解到最后的原材料层次，这些原材料层一般是底层，一般都是需要采购的。

由主产品结构文件可以统计得出一个完整的资料：在某个时间生产出一个主产品，需要分别提前多长时间，采购一些什么样的部件、零件和原材料，需要采购多少。把这些资料形成一个表，就是主产品零部件生产采购一览表。

3）制定库存文件

采购人员到仓库保管员处调查了解主产品零部件生产采购一览表中所有部件、零件、原材料的现有库存量及消耗速率。经过整理得到库存文件，即主产品零部件库存一览表。

根据以上3项原始资料，求出各项物料、各个时间段内的净需求量和计划交付量。

【例3-3】 某企业的主产品A由两个B和1个C组成，而1个B由1个D和2个E组成，1个D由2.5 kg F加工得到，而C、E、F都通过外购获得。主产品A的结构文件如图3-4所示。

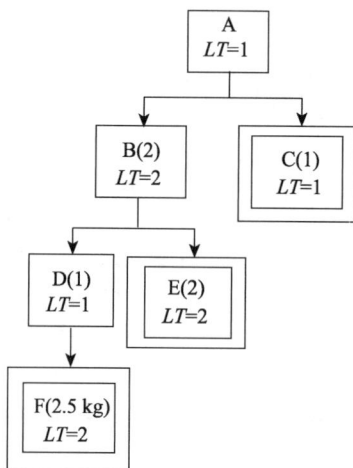

图3-4 主产品A的结构文件

图3-4中，A、B、C、D、E、F为产品名；括号内的数字表示一个上级产品中所包含的本产品的件数；LT表示提前期，单位为天；双线框表示外购件，单线框表示自制件。

根据主产品结构文件，可以得到主产品零部件数量一览表，见表3-7。

表3-7 主产品A零部件一览表

零部件名	数量	自制	外购	提前期（天）
B	2个	√		2
C	1个		√	1
D	2个	√		1
E	4个		√	2
F	5 kg		√	2

主产品需求计划和零部件外购计划见表3-8。

表3-8 主产品需求计划和零部件外购计划

时期（周）	第1周	第2周	第3周	第4周	月合计
A 出产（件/周）	25	15	20	15	75
C 外购（件/周）	15		15		30
E 外购（件/周）		20		20	40

根据表3-7和表3-8，可以求出所有需要采购的零部件的数量，见表3-9，这就是下个月需要采购的零部件任务单。

表3-9 采购零部件一览表

零部件名	下月需要数量
C	$75 \times 1 + 30 = 105$（个）
E	$75 \times 4 + 40 = 340$（个）
F	$5\,kg \times 75 = 375$（kg）

第三节 需求预测

需求预测是针对未来一定时期，企业或用户对产品族或特定产品（或服务）的需求数量和需求金额的估计。需求预测的目的在于通过充分利用现在和过去的历史数据、考虑未来各种影响因素，结合本企业的实际情况，采用恰当的预测方法，提出切实可行的需求目标，为企业制订经营计划、营销计划、生产计划以及采购与供应计划等工作奠定基础。

一、需求预测的内容

（一）需求预测的定义

预测是指对尚未发生的事件或已发生事件的未来前景进行推测或判断。采购需求预测是指在采购市场调查所取得的各种信息的基础上，经过分析和研究，运用科学的方法和手段，对未来一定时期内采购需求的变化趋势和影响因素进行估计和推断。商业企业根据未来的市场需求，决定购进产品的品种、数量和进货的时间；生产企业同样要依据市场预测决定未来生产的品种、数量和时间，并据此制订未来的采购计划。

（1）采购市场需求预测是企业采购决策的前提。决策是企业采购活动的核心，没有对未来发展趋势的预测，决策只能是盲目的，只有在科学预测的基础上做出的决策，才能靠得住、行得通。

（2）采购市场需求预测是企业编制采购计划的依据。企业采购计划是对未来行动的部署，采购市场预测是对企业采购市场未来发展趋势的陈述。有了预测，才能更好地进行计划、部署行动，使计划适应采购市场环境的变化。

（3）采购市场需求预测是企业增强竞争能力和提高经营管理水平的重要手段。

（二）采购需求预测的内容

采购需求预测的主要目的是了解对未来经营活动与决策具有重要意义的各种不确定因素和未知事件，为决策提供可靠的依据。

需求预测一般是指对独立需求的预测。需求预测按照预测时间的跨度，可以分为短期预测、中期预测和长期预测。短期预测需要对原材料、产品、服务以及其他各种资源的需求量进行预测，以迅速响应需求的变化；中期预测主要用于生产周期较长的设备及原料的采购，为产品生产、工序的管理决策提供支持；就长期来说，预测是调整战略决策的基础，如开发新市场、开发新产品或提供新服务、扩大生产规模或增添新设备等。

对需求的预测可分为两个方面：一方面是对需求影响因素的分析，包括行业领域中特定需求因素的识别、相关模型的建立；另一方面是通过已有数据和预测序列的统计特征，通过组合预测的研究，充分利用已有的信息，提高预测精度。需求预测假设产品或服务的需求可以分解为六个组成部分：一段时间内的平均需求、趋势性需求、季节性需求因素、周期性需求因素、随机偏差和自相关性因素。

（三）采购需求预测的分类

对不同的市场需求情况进行预测时，预测结果的准确性和可靠性与预测期限有关，因此按照预测期限的长短，预测可以分为以下四类。

1．长期预测

长期预测期限一般为五年或五年以上，主要是根据企业的长远发展战略和市场需求进行预测和分析。长期预测由于预测期较长、不确定因素较多，预测结果和实际情况之间的误差也较大。一般来讲，它只能对预测对象做一个大概的、粗略的描述。如经济发展形势的预测、图形准时化方式所带来的后果预测等。

2．中期预测

中期预测期限一般为一年至三年，主要是围绕企业的经营战略、新产品的研究与开发等方面进行预测。中期预测由于预测期不长、不确定的因素较少、相关数据资料比较完整，预测的结果比较准确，能够避免长期预测所带来的某些局限性。例如，对新产品的市场需求进行预测、预测企业所需原材料的可得性等。

3．短期预测

短期预测期限一般以月为单位，大致为三个月至一年，短期预测主要用于确定某种产品季度或年度的市场需求量，从而调节企业自身的生产能力。例如，编制生产计划表、组织短期货源等。

4. 近期预测

近期预测一般以周、旬作为时间单位，主要是对企业内部的各个环节进行预测，确定物料或零部件的需求量，以保持生产过程的连续性和稳定性。近期预测的目标一般比较明确，不确定的因素较少，因而可预见性较强，预测的结果一般也比较准确。例如，预测某段时间内生产某种产品所需的零部件数量、确定生产批量的大小和批次等。

对于企业的决策者来说，究竟采用哪一种类型的预测，应当根据企业经营决策的需要以及预测目标的内容、性质、特点和具体要求而定。

（四）采购需求预测的程序

采购需求预测是一个比较复杂的系统分析过程，为了保证预测结果的正确性、可靠性，必须采取科学的态度，遵循正确的程序。采购需求预测的程序如图 3-5 所示。

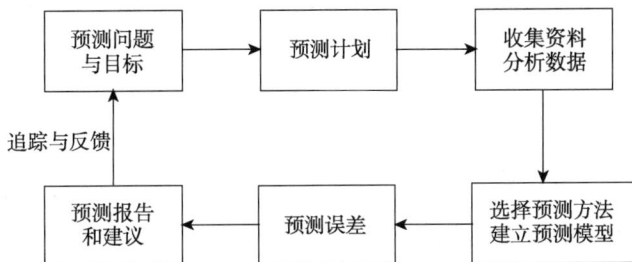

图 3-5　采购需求预测程序

1. 确定预测目标

由于预测的目标、对象、期限不同，预测所采用的分析方法、收集的资料也就不同。因此，采购需求预测首先要明确规定预测的目标，即预测要达到什么要求，解决什么问题，预测的对象是什么，预测的范围、时间等。

2. 拟订预测计划

预测计划是预测目标的具体化，即要具体地规定预测的精度要求、工作日程、参加人员及分工等。

3. 收集资料，分析数据

预测要广泛收集企业内影响预测对象未来发展的可控与不可控的一切资料，即内部与外部环境的历史与现状的资料。对资料要加以整理、分析，剔除由于偶然因素造成的不正常情况的资料。

4. 选择预测方法，建立预测模型

随着科学技术的飞速发展，预测方法已有一百多种。预测方法不同，适用范围和预测精度也各有不同。因此，应根据预测的目的范围、预测期的长短、精度要求以及数据资料的占有情况，选择不同的预测方法。选择的原则是误差小、时间快、方法简、费用低。

5. 估计预测误差

预测误差在所难免。误差大小可用平均绝对误差（MAD）来表示，其计算公式如下：

$$MAD = \sum \left[\frac{实际值(D_i) - 预测值(F_i)}{期数(n)} \right]$$

式中，$i = 1, 2, 3, \cdots, n$。

为了避免预测误差过大，要对预测值的可信度进行估计，分析各种因素的变化对预测可能产生的影响，并对预测值进行必要的修正。

6. 出具预测报告和策略性建议，追踪检查预测结果

通过数学模型计算而得到的预测值，不可能把影响采购市场预测的全部因素都考虑进去，即使有些因素已经考虑，但各种因素影响程度的估算也会有偏差。再加上预测人员的素质对预测结果也会有影响，预测结果仅仅是企业确定市场采购量变化的起点。若发现预测与实际不符，应立即进行修改调整，并分析产生误差的原因，修正预测模型，提高今后的预测精度。

二、需求预测的影响因素和作用

（一）需求预测的影响因素

从宏观概念上看，需求预测的影响因素可以分为经济性因素和社会性因素。经济性因素包括 GDP 和人均 GDP 等。例如，恩格尔系数的分析对食品行业和其他日用品企业的长期预测是有益的。社会性因素包括政治形势、宗教信仰等。同样，社会性因素也只有在进行产品长期预测时才予以考虑。

从微观概念来看，需求的影响因素包括价格因素和非价格因素。价格因素还包括促销，非价格因素包括广告、质量、品牌和竞争因素及其他因素。竞争因素是指竞争对手的价格和非价格促销手段，它是企业外部因素，同时对企业的产品需求会产生很大的影响。其他因素包括互补性商品需求的影响因素。

（二）需求预测的作用

预测思想古已有之：凡事预则立，不预则废；人无远虑，必有近忧。预测是指对尚未发生的事件或已发生事件的未来前景所做的推测或判断。采购市场预测，就是指在采购市场调查所取得的各种信息的基础上，经过分析研究，运用科学的方法和手段，对未来一定时期内采购市场的变化趋势和影响因素所做的估计和推断。

市场预测是生产社会化和商品经济的产物。在商品经济迅速发展的情况下，经济贸易已打破了地区界限、国家界限，市场规模空前广阔，竞争日趋激烈，企业迫切需要了解市场变化趋势和竞争对手的情况，以便进行采购决策。市场预测的作用主要表现在以下几个方面：

（1）市场预测是企业采购决策的前提。决策是企业采购活动的核心，没有对未来发展趋势的预测，决策只能是盲目的；只有在科学预测基础上做出的决策，才能靠得住、行得通。

（2）市场预测是企业编制采购计划的依据。企业采购计划是对未来行动的安排，采购市场预测是对企业采购市场未来发展趋势的估计。只有做了预测，才能更好地制订计划、部署行动，使计划适应采购市场环境的变化。

（3）市场预测是企业增强竞争力和提高经营管理水平的重要手段。

三、需求预测的方法

要进行科学的需求预测，除了必须明确采购需求预测的有关概念以外，更重要的是必须掌握进行采购需求预测的技术与方法。采购需求预测方法很多，按照分析的供应市场现象特征不同，一般将采购需求预测技术分为定性预测方法和定量预测方法两种。

（一）定性预测方法

定性预测方法是指预测人员通过对所掌握的采购市场情况的数据资料分析，根据自身的实践经验、主观分析以及直觉判断，对有关市场需求指标的变化趋势或未来结果进行预测的方法。其特点是简便易行、经验色彩浓厚，但易受预测者心理和情绪的影响，预测精度难以控制。常用的定性预测方法有德尔菲法、类推法、销售人员意见法、顾客调查法和经验判断法。

1. 德尔菲法

德尔菲法（Delphi method）又称专家意见法，它是由美国兰德公司在20世纪40年代末期提出来的。这种方法主要是利用有关方面专家的专业知识、对市场变化的敏感洞察力，在对过去发生的事件和历史信息资料进行综合分析的基础上得出预测结论。按照这种方法的程序，须请有关专家以匿名方式对预测项目做出答复，然后把这些答案综合整理，再反馈给这些专家，而后将从专家那里所得的意见进行整理并再次反馈，如此反复多次，直到得出趋于一致的结论，以代表多数专家的意见。在使用德尔菲法进行预测时，专家的选择非常重要，所选的专家必须具有代表性，精通预测对象的各个方面，专家人数一般控制在10～50人为宜。

1）德尔菲法的具体步骤

（1）准备阶段。这一阶段主要是成立专家小组和制定调查表。成立专家小组时，应该找对该项业务非常熟悉的人员。另外，专家小组的人数要适宜——人数过少，缺乏代表性，信息量不足；人数过多，组织工作困难，预测成本增加，所以专家小组一般以20人左右为宜。成立专家小组以后，根据预测目的和要求，拟订需要调查了解的问题，然后制定调查表。必要时编制填表说明，并提供背景资料。

（2）逐轮征询阶段。这一阶段主要是反复地征询专家意见，其特点是任何一个专家与专家小组中其他成员的沟通都是采用匿名方式进行的。

在第一轮征询中，预测主持者首先向专家寄送调查表，请专家在限定时间内交回结

0.000000

果。接到专家结果之后，主持者要将各种不同的意见汇总成表，然后将汇总意见反馈给各位专家，再进行第二轮征询。在第二轮征询中，每位专家都能了解其他人的意见及其他人对自己意见的评价，他们据此对上一轮的意见进行比较，修正自己的意见和判断。第二轮答案交回后，主持者继续加以综合整理，并进入下一轮征询。一般情况下，专家意见经过3~4轮征询，就会基本趋于一致。

（3）预测结论阶段。在经过逐轮征询后，专家可取得大体一致的看法，或者对立的意见已经非常明显。预测主持者对所得到的全部资料进行系统整理，做出预测结论。

2）德尔菲法的特点及适用范围

（1）匿名性。德尔菲法采用匿名函征求意见，应邀参加的预测专家互不相见，可消除心理因素影响；专家可参照前一轮预测结果修改自己的意见，无须做出公开说明。

（2）反馈性。德尔菲法一般要经过四轮，每一轮的汇总意见再次匿名反馈给专家，便于互相沟通和启发。

（3）预测结果的统计特性。德尔菲法采用统计方法对结果进行定量处理，能科学地综合专家们的预测意见。德尔菲法不仅可以用于技术预测，而且可以用于经济、社会预测；不仅可以用于短期预测，而且可以用于长期预测；不仅可以预测事物的量变过程，而且可以预测事物的质变过程。

3）德尔菲法遵循的原则

（1）提出的问题要有针对性，并按等级排列，先简单后复杂、先整体后局部，以便引起专家回答问题的兴趣。

（2）防止出现诱导现象，如单位或领导小组的意见不应强加于调查意见之中。

总之，德尔菲法简便易行，具有一定的科学性和实用性，避免了会议讨论时产生的随声附和或固执己见，同时也使大家发表的意见较快趋于集中，参加者也易于接受结论，在一定程度上具有综合意见的客观性。

2. 类推法

类推法是指应用类推原理，把预测目标同其他类似事物加以对比分析，推断预测目标未来发展变化趋势的一种预测方法。类推法可分为相关类推和对比类推两种。前者是根据已知相关的各种市场因素之间的变化来推断预测目标的变动趋势；后者是把预测目标同其他类似事物加以对比分析来推断其未来发展趋势。

3. 销售人员意见法

一般销售人员分布在不同地区，作为最基层的工作者直接面对市场和顾客，掌握着第一手资料。在销售人员意见法中，由他们对本地区的需求做出预测，将各地区的预测结果汇总到公司总部，公司的销售部门根据收集到的信息，综合考虑其他因素后形成预测结果。这种方法适合于公司短期预测。

这种方法在操作过程中要注意销售人员主观因素的影响。销售人员可能会出于对自己完成销售指标有利的考虑，有意将上报的需求预测结果偏离可能的真实需求结果，从而对公司的长期运营造成损失。

4. 顾客调查法

通过设计问卷对顾客进行调查，可以了解和掌握未来市场对产品需求的走向。尤其在新产品开发时，由于缺乏历史需求记录，无法对未来的需求进行直接的预测。一般先经过调查得到顾客意见，然后综合各种其他信息，得出需求预测结果。这种方法比较适合较长期的预测，如对新产品的未来需求进行预测。

这种方法要注意仔细设计问卷及获取有效的样本，要保证所收集到的数据是无偏的和具有代表性的。不合理的调查设计可能会造成顾客群体样本不正确，顾客不一定认真地配合完成调查任务，基于这样的样本信息，所得数据不仅不能正确反映顾客的需求，有时甚至会导致企业得出错误的结论。

5. 经验判断法

经验判断法是指依靠熟悉业务、有经验和综合分析能力的人来进行预测的方法。为了提高经验判断的准确性，往往不是依靠个人的经验，而是依靠一些人的集体经验对预测目标做出判断，这样可以克服个人认识的片面性。在物资采购的预测中，常用的经验判断法有以下几种：①经理人员评判法。这种方法是指把一些经理人员集中起来，座谈研究市场的前景。由于他们都主管一种业务，对市场情况和发展方向比较清楚，通过座谈互相启发、互相补充，能做出比较切合实际的判断。②采购人员意见综合法。这种方法是指企业召集直接从事市场采购工作的有关人员，对市场进行预测。由于他们对自己负责的区域及联系部门比较熟悉，因此他们的估计比较可信，尤其是对于短期预测还是比较准确的。当然，用于中长期预测是有一定困难的。③意见汇总法。这种方法是指首先汇总企业采购所属各个部门的预测意见，然后加以分析判断，最后确定本企业预测结果的一种方法。

经验判断法只适用于一定时期内事物的方向和性质没有发生变化的情况，而对事物的性质发生变化的情况并不适用。经验判断法的优点是能够充分利用预测者熟悉专业市场的优势进行预测。其缺点是预测者长期从事某项专一的工作和业务，容易形成固定的思维和观念，预测容易具有片面性。

（二）定量预测方法

定量预测方法也称为统计预测方法或数学模型预测方法，它主要依靠历史数据，运用数学的理论和方法，根据企业内部和外部的情况变化加以分析，定量地表示出预测对象未来的发展状态和变化趋势。与定性预测方法相比，定量预测方法受人的主观因素影响较小，但对数据的要求较高，也就是说，高质量的数据资料是有效运用定量预测方法的前提。

定量预测的常用方法有时间序列法（如简单移动平均法、加权移动平均法、指数平滑法等）和人工智能预测方法等。定量预测方法适应企业管理中量化未来需求的要求，在生产经营，尤其是在物流管理领域起着重要作用。但由于远期预测误差较大，定量预测方法主要用于短期预测。

1. 时间序列法

时间序列是由按一定的时间间隔和事件发生的先后顺序排列起来的数据构成的序列。通过基于过去的历史记录数据和变化规律来推断事物的未来发展趋势。通常，时间单位可以是天、周、旬、月、季、年等，将一个单位时间看作一期。

时间序列分析法基于这样的原理：一方面，承认事物发展的延续性，因为任何事物的发展都与其过去有密切的联系，所以通过对过去时间序列数据的统计分析，能推测出事物发展的趋势；另一方面，又充分考虑了事物发展会因偶然因素的影响而产生的随机波动。

1）移动平均法

移动平均法是用一组最近的实际数据的均值来预测未来一期或几期市场需求的一种方法。当产品需求呈现出稳定的态势，也就是市场需求既不快速增长也不快速下降，且不存在周期性变化时，就可使用这种方法。移动平均法根据时间序列资料逐项推移，依次计算包含一定项数的序列平均值，它又分为简单移动平均法和加权移动平均法。

（1）简单移动平均法。简单移动平均法就是将预测期相邻的 N 期实际采购量进行平均作为下一期的采购量预测值的一种预测方法。记 F_t 表示第 t 期的采购量预测值，D_n 为第 n 期的实际采购量。当第 t 期结束后，用移动平均法预测 $t+1$ 期的需求。用公式表示为：

$$F_{t+1} = \frac{1}{N} \sum_{n=t-N+1}^{t} D_n \left(n = 1, 2, \cdots, t \right)$$

从式中可以看出，移动平均法是对最近的 N 期需求数据进行等加权求和，每个数据的加权系数均为 $\frac{1}{N}$。

简单移动平均法计算量少，并能较好地反映时间序列的趋势及其变化。但在该预测中，各期数据对将要发生的数据的影响是同等的，而且 n 值的选择有很大的随意性，所以预测精度较差，适合数据变化不大的近期预测。

（2）加权移动平均法。它是指将预测期相邻若干期的实际值，根据其距离预测期的远近，按照近大远小的原则，分别以实际值在平均值中的权重，以加权平均值作为预测期预测值的预测方法。

$$F_t = w_1 D_{t-1} + w_2 D_{t-2} + w_3 D_{t-3} + \cdots + w_n D_{t-n}$$

其中，w_1，w_2，$\cdots$，w_n 分别为第 $t-1$，$t-2$，$\cdots$，$t-n$ 期实际销售额的权重，并满足 $w_1 + w_2 + \cdots + w_n = 1$。

在运用加权平均法时，权重的选择是一个关键因素。经验法和试算法是选择权重的比较简单的方法。一般而言，最近期的数据最能预示未来的情况，因而权重应大些；但如果数据是季节性的，则权重也应是季节性的。

2）指数平滑法

所谓平滑，指通过平滑系数的加权平均作用，对反映变量历次变化情况的时间序列进行大致修订，消除随机波动的影响，以便预测变量的未来趋势。按其平均的次数划分，指数平滑法可分为一次指数平滑法、二次指数平滑法、三次指数平滑法和高次指数平滑法。本章只要求掌握一次指数平滑法和二次指数平滑法。

一次指数平滑法是指以前期的实际数和预测数为基础，以平滑系数为权重，利用第一次修订的平均结果，来预测未来时期趋势平均值的方法。其计算公式为：

$$\overline{S}_t = \alpha D_{t-1} + (1-\alpha)\overline{S}_{t-1}$$

式中，$\overline{S}_t$ 表示预测期的趋势平均值（本期预测值）；$\overline{S}_{t-1}$ 表示前一期的趋势平均值（前期预测值）；D_{t-1} 表示前一期的实际值；α 表示平滑系数，$0 \leqslant \alpha \leqslant 1$。

二次指数平滑法同二次移动平均法一样，只适用于线性趋势的预测。并且，二次指数平滑法同二次移动平均法一样，都不直接用于预测，只是在一次指数平滑的基础上，对有线性趋势的数据再做第二次指数平滑，目的是求出平滑系数，据此建立预测的数学模型 $Y_t = a_t + b_t T$，然后进行预测。

一次指数平滑的计算公式为：

$$S_t^{(1)} = \alpha D_t + (1-\alpha)S_{t-1}^{(1)}$$

式中，$S_t^{(1)}$ 表示第 t 周期的一次指数平滑值；D_t 表示第 t 周期的实际采购量；α 表示加权系数。

二次指数平滑值的计算公式为：

$$S_t^{(2)} = \alpha S_t^{(1)} + (1-\alpha)S_{t-1}^{(2)}$$

式中，$S_t^{(2)}$ 表示第 t 周期的二次指数平滑值；$S_t^{(1)}$ 表示第 t 周期的一次指数平滑值；$S_{t-1}^{(2)}$ 表示第 $t-1$ 周期的二次指数平滑值；α 表示加权系数。

平滑系数 a_t 和 b_t 的计算公式为：

$$a_t = 2S_t^{(1)} - S_t^{(2)}$$

$$b_t = \frac{\alpha}{1-\alpha}(S_t^{(1)} - S_t^{(2)})$$

上述指数平滑法又称为布朗（Brown）单一参数指数平滑法。当预测对象的基本趋势呈线性趋势时，还可以用 Holter-Winter 双参数指数平滑法，其预测公式为：

$$D_{\hat{t}+1} = a_t + b_t t$$

$$a_t = \alpha D_t + (1-\alpha)(a_{t-1} + b_{t-1})$$

$$b_t = r(a_t - a_{t-1}) + (1-r)b_{t-1}$$

第二、三式表示两个平滑公式。α 和 r 是平滑常数；第一式表示预测公式，t 为外推预测时期数。

当预测目标的基本趋势是二次曲线趋势时，可以用布朗单一参数二次多项式指数平滑法预测，又称三次指数平滑法。布朗单一参数二次多项式指数平滑预测公式为：

$$D_{\hat{t}+t} = a_t + b_t t + \frac{1}{2} c_t t^2$$

$$a_t = 3S_t^{(1)} - S_t^{(2)} + S_t^{(3)}$$

$$b_t = \frac{\alpha}{2(1-\alpha)^2}\left[(6-5\alpha)S_t^{(1)} - 2(5-4\alpha)S_t^{(2)} \right] + (4-3\alpha)S_t^{(3)}$$

$$c_t = \frac{\alpha^2}{(1-\alpha)^2}(S_t^{(1)} - 2S_t^{(2)} + S_t^{(3)})$$

指数平滑法用公式表示的模型相对比较简单，模型的每一组成项及其参数具有明确的经济意义。除此之外，运用该方法所需要的存储数据少，计算比较简单，适用于大量时间序列的预测。相对于建立模型所做的极少工作，所获得预测结果的准确度是相当令人满意的。表 3-10 列举了三种指数平滑法的优缺点及其适用领域。

表 3-10　各种指数平滑法评价表

大类	细分		优缺点	适用领域
指数平滑法	一次指数平滑法		确定平滑常数及初始值带有一定的主观性	平稳时间序列的短期预测
	二次指数平滑法	布朗单一参数线性指数平滑法	平滑系数不等于简单指数平滑预测中误差平方和（SSE）最小的平滑系数	适用于存在线性趋势但无明显季节变动的时间序列的短期预测
		Holter-Winter 双参数线性指数平滑法	保留了布朗单一参数线性二次指数平滑法的优点，且更具灵活性；可以选取不同的平滑系数以得到较为满意的预测模型；得到两个最优平滑系数较为困难	
	三次指数	温特（Winter）线性和季节指数平滑法	季节指数比较容易估计；模型建立后，在预测时能利用最新的数据；模型中各参数的意义比较直观，容易理解；需要较多的数据（至少 4～5 年的季度数据、3 年的月度数据）；确定三个最优的平滑系数比较困难	适用于同时具有趋势变动、季节规律及偶然性因素影响的时间序列的预测

【例 3-4】　某企业前 20 周期的采购量统计资料如表 3-11 所示，用二次指数平滑法求第 26 期的采购预测值。

表 3-11　采购量统计资料

周期数（t）	1	2	3	4	5	6	7	8	9	10	11	12	13	14	15	16	17	18	19	20
采购量（D_t）	50	52	47	51	49	48	51	40	48	52	51	59	57	64	68	67	69	76	75	80

解： 参见前面的计算公式，列表计算一次指数平滑值和二次指数平滑值。设 $\alpha = 0.3$，则有：

$$S_1^{(1)} = 0.3 \times 50 + (1-0.3) \times 50 = 50$$

$$S_2^{(1)} = 0.3 \times 52 + (1-0.3) \times 50 = 50.6$$

$$S_3^{(1)} = 0.3 \times 47 + (1-0.3) \times 50.6 = 49.52$$

其余计算方法同上。计算结果如表 3-12 所示。

表 3-12 计 算 结 果

周期数（t）	采购量（D_t）	一次指数平滑值（$S_t^{(1)}$）（$\alpha = 0.3$）	二次指数平滑值（$S_t^{(2)}$）（$\alpha = 0.3$）
0	—	50.00	50.00
1	50	50.00	50.00
2	52	50.60	50.00
3	47	49.52	49.98
4	51	49.96	49.98
5	49	49.67	49.98
6	48	49.17	49.67
7	51	49.72	49.68
8	40	46.80	48.88
9	48	47.16	48.32
10	52	48.61	48.41
11	51	49.33	48.68
12	59	52.23	49.75
13	57	53.66	50.92
14	64	56.76	52.67
15	68	60.13	54.91
16	67	62.19	57.09
17	69	64.23	59.23
18	76	67.76	61.79
19	75	69.93	64.23
20	80	72.95	66.85

根据平滑系数计算公式，求平滑系数 a_t 和 b_t。假定目前处于第 20 期，即 $t=20$，加权系数 $\alpha = 0.3$，则有

$$a_t = 2S_t^{(1)} - S_t^{(2)} = 2 \times 72.95 - 66.85 = 79.05$$

$$b_t = \frac{\alpha}{1-\alpha}(S_t^{(1)} - S_t^{(2)}) = \frac{\alpha}{1-\alpha}(S_{20}^{(1)} - S_{20}^{(2)}) = \frac{0.3}{1-0.3} \times (72.95 - 66.85) = 2.61$$

预测的数学模型为 $Y_{t+T} = a_t + b_t T$，求得的线性预测模型为：

$$Y_{t+T} = 79.05 + 2.61T$$

使用已求得的预测模型，求第 26 周期采购量预测值。目前处于第 20 周期，即 $t=20$，求第 26 周期时的采购量预测值时，则有：

$$T = 26 - 20 = 6$$

故有：

$$Y_{t+T} = 79.05 + 2.61 \times 6 = 94.71$$

3）回归分析法

回归分析法是在大量统计资料的基础上，利用统计方法寻找预测对象与影响因素之间的因果关系，建立回归模型进行预测的方法，也称为因果回归分析法。当因果关系只涉及因变量和一个自变量时，称为一元回归分析；当因果关系涉及因变量和两个或两个以上自变量时，称为多元回归分析。依据描述自变量与因变量之间因果关系的函数表达式是线性还是非线性的，回归分析分为线性回归分析和非线性回归分析。通常线性回归分析法是最基本的分析方法。非线性回归问题可以借助数学手段转化为线性回归问题处理。下面着重介绍一元回归预测。

一元回归预测模型（公式）为：

$$y = a + bx$$

式中，y 为预测值（因变量）；x 为影响因素（自变量）；a, b 为回归系数。

利用该公式求需求量，实际上，x 和 y 视为已知数，首要任务是通过已知的 x 和 y 求系数 a 和 b。根据最小二乘法原理，a 和 b 通过如下两个公式求得：

$$b = \frac{\sum (x - \bar{x})(y - \bar{y})}{\sum (x - \bar{x})^2}$$

$$a = \bar{y} - b\bar{x}$$

式中，$\bar{x}$ 为自变量 x 的平均值；$\bar{y}$ 为因变量 y 的平均值。

2. 人工智能预测方法

1）支持向量机预测模型

支持向量机（SVM）算法是一种小样本的机器学习算法，它是在统计学习理论以及结构风险最小原则的基础上探讨所得的一种算法。通过对有限样本信息的分析研究，在模型复杂性（针对特定训练样本的学习精度）和学习能力（准确识别样本的能力）之间寻求一个最佳平衡点，以获得最佳推广能力。其核心思想是通过非线性变换将输入空间变换到一个高维空间，然后在新空间中求取最优的线性分类面。非线性变换的实现主要是依靠准确定义合适的内积函数，即最优分离超平面。

支持向量机算法的优点较多，包括计算便捷、通用性强等。但其也存在一定的缺陷，即无法对大规模训练样本实施运算。因为支持向量机算法是通过二次规划来进行求解的。二次规划求解过程涉及多阶矩阵的计算问题，当阶数过大时，将会在很大程度上损耗计算机的存储空间，并且增加机器的运算时间。

2）人工神经网络预测方法

人工神经网络（ANN）是人工智能研究的重要系统之一，它是由大量的处理单元和有向连接组成的，通过模仿生物神经网络结构以及功能来解决其他方法无法攻克的难题，如学习、识别、控制等。人工神经网络突破了传统的线性处理方式，属于非线性动力学系统范畴，能够进行分布式存储和并行协同处理，并且已经在智能控制、信号处理、语音识别等诸多领域得到了成功应用。人工神经网络的主要组成单元包括输入单元、隐含单元以及输出单元，各层单元主要通过权值进行连接。网络输出一般受输入、网络权值、网络阈值以及传递函数这四个重要因素影响。另外，人工神经网络有大量的神经元，能够存储大量的信息数据，因此，人工神经网络有很强的信息处理和信息收集能力。除此之外，人工神经网络还有并行处理能力强、非线性处理能力强、容错能力强、联想记忆能力强以及自适应和学习能力强等特点。人工神经网络的方法有很多，在物资预测方面，应用较为广泛的是 BP 神经网络模型，很多学者研究了其在备件物资预测方面的应用，并取得了较好的研究成果。BP 神经网络是典型的多层前馈神经网络，其中心思想是通过利用梯度搜索技术，不断调整网络权值，使得网络误差最小。

客观题

1. 简述需求分析的步骤。
2. 影响采购需求的主要因素有哪些？
3. 简述需求预测的方法有哪些。
4. 需求预测的影响因素有哪些？
5. 企业为什么要进行需求预测？

参考文献

[1] 梁军，张露，徐海峰. 采购管理[M]. 北京：电子工业出版社，2019.
[2] 何婵. 采购管理[M]. 南京：南京大学出版社，2017.
[3] 李恒兴，鲍钰. 采购管理[M]. 北京：北京理工大学出版社，2018.
[4] 卢园，杜艳，邓春姝. 采购管理[M]. 南京：南京大学出版社，2017.
[5] 李方峻，曹爱萍. 采购管理实务[M]. 北京：北京大学出版社，2019.
[6] 汪娟. 采购管理实务[M]. 成都：电子科技大学出版社，2018.
[7] 张文法. 采购管理实务[M]. 北京：电子工业出版社，2018.
[8] 张晓芹，黄金万. 采购管理实务[M]. 北京：人民邮电出版社，2015.
[9] 周蓉，于春艳. 采购管理实务[M]. 杭州：浙江大学出版社，2016.
[10] 涂高发. 采购管理从入门到精通[M]. 北京：化学工业出版社，2019.
[11] 辛童. 采购与供应链管理：苹果、华为等供应链实践者[M]. 北京：化学工业出版社，2018.
[12] 熊伟，王瑜. 采购与供应管理实务[M]. 北京：北京大学出版社，2018.
[13] 赵晓波，黄四民. 库存管理[M]. 北京：清华大学出版社，2018.
[14] 徐杰，卞文良. 采购与供应管理[M]. 北京：机械工业出版社，2019.
[15] 金燕波，陈宁. 采购管理[M]. 北京：清华大学出版社，2016.
[16] 宋玉卿，沈小静，杨丽. 采购管理[M]. 北京：中国财富出版社，2018.
[17] 李亦亮，王红，张支南. 现代物流采购管理[M]. 合肥：安徽大学出版社，2020.
[18] 杨丽. 采购供应管理案例[M]. 北京：中国财富出版社，2019.

[19]　高帆. 采购与供应管理[M]. 北京：北京理工大学出版社，2021.

[20]　朱岩，陈冲. 采购与供应管理[M]. 北京：北京理工大学出版社，2019.

[21]　臧玉洁. 供应链库存管理与控制[M]. 北京：北京理工大学出版社，2019.

案例讨论

招标与谈判

本章学习目标

1. 了解招标采购的概念和特点；
2. 了解公开招标和邀请招标的区别；
3. 掌握招标采购的一般程序及注意事项；
4. 理解采购谈判的概念；
5. 掌握采购谈判的策略和技巧；
6. 掌握采购谈判的程序及准备工作。

导入案例

招标采购案例——红安县广播电视中心建设招标采购

红安县广播电视中心是红安县标志性建筑之一，其广电大楼已初步建成，演播厅建设财政预算安排资金为 250 万元，其主管部门最初了解的价格情况是，仅灯光一项就需 200 万元以上，加上音响、舞台、座椅共需资金 300 多万元。按照局领导的要求，采购办于 6 月着手推进采购工作。

1. 具体的采购方案形成过程

为了高质量地完成这一采购工作任务，采购办充分利用各种社会资源，主动介入了其采购方案的形成过程。在此之前，刚成立的政府采购办公室只进行了几次数额不大的集中采购，采购的货物都是由使用单位确定了比较具体的方案，采购办"照章行事"，进行询价或其他方式的采购，使用单位验收后，将货款付出便基本完成了任务。

演播厅的建设受人才和视野的限制，难以拿出一个在技术、品牌和布局上比较好、符合县情而又比较经济的方案。为了保证采购方案的合理、合适和先进，采购办主动介入了采购前期方案的形成过程。首先，在《中国财经报》、中国政府采购网、中国湖北政府采购网上发布了采购信息，将演播厅的使用面积和大致要求广而告之，提出了"经济适用、适当超前"的总体原则，要求相关厂家拿出灯光、音响、舞台、座椅的设计布局方案和设备清单并报价。信息发出后，得到了全国 16 个厂家的积极响应，在此前提下，采购办会同县广播局到省广播厅请来 8 名专家，对各厂家提出的方案进行综合比较。经专家测算，其中一方案按市场最低价预算为 224 万元。

2. 精心组织，顺利开标

为了完成好这次招标工作任务，采购办在没有任何经验的情况下，反复学习《中华人民共和国招标投标法》《中华人民共和国合同法》和财政部、省财政厅关于政府采购招标活动的行为规范，研究了十多个不同类型的招标案例，对整个招投标活动中的每一个过程都做到心中有数，并预设了各种可能出现的矛盾和问题及其解决办法，经过反复研究，制定了《红安县广电中心演播厅设备采购招标文件》，设定灯光、音响、舞台、座椅四个标段。招标文件分为五部分，分别为投标邀请函、投标人须知、采购设备概况及清单、合同草稿和附件。招标文件对整个招标工作要求和各个程序都做了详尽的阐述，明确了所预设的各种可能发生的问题及解决办法。8 月初，采购办向 16 家厂商发出投标邀请，共发售招标文件 14 份。

在发售招标文件的同时，成立了由相关部门领导组成的招标委员会，并研究评标原则、评标办法和开标事宜。9 月 18 日，招标活动在公证处以及纪检监察机关的监督下如期开标，由于招标文件缜密、开标程序规范，从发售标书到开标前整个过程中采购办与投标商的所有函件往来规范有序，开标顺利完成。评委会独立对所有投标文件进行了客观公正的评议，分别推荐出灯光、音响、座椅三个标段的第一、第二中标候选人。在这次开标、评标和决标中，参加投标的厂商共有 14 家，其中一家因没有详细阅读招标文件造成投标失误而自动弃权，另一家因投标文件与招标文件的要求相悖而被宣布为废标，灯光、音响、座椅三个标段决出中标候选人，舞台标段由于投标商未达到法定数额被宣布不予开标，改为询价采购。

3. 资格后审，创造性地签订合同

按照招标文件的规定，招标人对中标候选人有考察后的否决权，其否决的依据为候选人在提供资料时存在弄虚作假的行为或能力不足。开标后，采购办组织了纪检、采购办和使用单位三方参加的对中标候选人的考察，河南焦作龙光公司、浙江宁波大丰公司和上海东润音响公司分别被确定为灯光、座椅、音响三个标段的中标人（舞台实行询价采购）。随后，采购办迅速将中标通知书和中标结果通知书发送至所有投标商，并及时退还了未中标单位的投标保证金，三个中标人的投标保证金随即转为履约保证金。

在签订合同时，对采购办、设备使用单位和中标人在合同中的定位问题，采购办创造性地签订了涉三方的合同。合同要领为：采购办为甲方，中标人为乙方，设备使用单位为丙方；合同除确认各方其他权利、责任外，明确中标商为施工单位，设备使用单位为组织施工单位和货物质量管理验收单位，采购办为负责在丙方分阶段验收后向乙方拨付资金的单位；此外，还明确了在采购项目全部完成后，甲方的一切权利和一切责任转移至丙方；如发生纠纷，甲方的所有权利和责任由丙方代理。这种办法责任明确、操作性强，对于履行政府采购管理职能、方便采购运作、保护供应商权益以及界定政府采购工作期限、加强设备使用单位在组织施工中的责任意识有着积极的意义。

通过招标，四个标段（含舞台）进行询价采购的总报价为 168.7 万元。招标采购的结果比过去使用单位申报的 300 多万元节约了近 50%；比 250 万元的财政预算安排资金节约了 32.5%；比通过采购办发布采购信息并请专家制定的方案预算（市场最低价预算）节约了 24.7%。整个招标过程健康有序，相关部门领导给予了高度评价。

资料来源：梁军，王刚. 采购管理[M]. 北京：电子工业出版社，2010.

招标采购是一种越来越广泛使用的采购方式，是企业或政府采购原材料、设备、零部件和办公用品等常用的一种采购方式。招标采购是一种开放式的采购方式，能够真正体现公开、公平、公正和择优的原则。对于买卖双方而言，增加了透明度，客观上也有效地防止了采购腐败和不公平竞争，实现了市场的优胜劣汰，从而保证了采购物品的质量，降低了采购成本。本章介绍了招标采购的内涵、特点、流程及适用范围，其中招投标流程是招标采购中的重要环节。本章详细介绍了招标采购的一般流程和投标的一般流程，同时介绍了评标的过程及常用的几种评标方法，最后介绍了招标采购中存在的一些违规行为，并分析了针对各种不规范行为可以采取的解决措施。

第一节　招　标　采　购

一、招标采购的概念

所谓标，即标书，就是任务计划书、任务目标。招标采购是通过招标方式进行采购，在一定范围内公开采购信息，说明拟采购物品或项目的交易条件，邀请供应商或承包商在规定的期限内提出报价，经过比较分析，按既定标准选择条件最优惠的投标人，并与其签订采购合同的一种采购方式。

招标采购方式通常用于比较重大的建设工程项目、新企业寻找长期物资供应商、政府采购或采购批量比较大的场合。从招投标业务活动来看，我国建设工程的招投标较多，开展得较早。在采购领域，机电设备的招标采购走在前头，而企业在物资采购中使用招投标的方式相对比较少。最近几年兴起的政府采购，为招标采购提供了一个广阔的市场，因为政府采购的数量大，要求做到公开、公正和公平，所以采用招标采购的比较多。

招标概念有广义与狭义之分。广义的招标是指由招标人发出招标公告或通知，邀请潜在的投标商进行投标，最后由招标人通过对各投标人所提出的价格、质量、交货期限和该投标人的技术水平、财务状况等因素进行综合比较，确定其中最佳的投标人为中标人，并与之最终签订合同的过程。人们笼统所提的招标，通常是指广义的招标。

狭义的招标是指招标人根据自己的需要，提出一定的标准或条件，向潜在投标商发出投标邀请的行为（Invitation to tender）。当招标与投标一起使用时，则指狭义的招标。

与狭义的招标相对的一个概念是投标，投标是指投标人接到招标通知后，根据招标通知的要求填写投标文件（也称标书），并将其送交给招标人的行为。可见，从狭义上讲，招标与投标是一个过程的两个方面，分别代表了采购方和供应方的交易行为。

招标采购选择潜在供应商时，不仅要了解其财务状况以确保按质、按量、按期交货，还要确保其市场信誉，更要考虑其供货历史。总之，要尽力查清其"祖宗三代"，以确保招标和投标的"婚姻"质量。

这样对供需双方都有好处：通过招标采购，采购方可以在更大范围内选择理想的潜在供应商，以更合理的价格、稳定的质量进行采购；而供应商也可以在公开、公平、公正的条件下参与竞争，不断自律自强，降低成本，提高经营管理的综合质量。

二、招标采购的分类

（一）按接受投标人的范围分类

按接受投标人的范围分类，招标采购可分为国际竞争性招标采购、国内竞争性招标采购、国际限制性招标采购和国内限制性招标采购。

（1）国际竞争性招标采购是指没有国籍限制，采购单位通过国际性刊物公开发布招标公告，邀请所有符合要求的供应商参加投标的一种招标采购方式。

（2）国内竞争性招标采购是指采购单位使用本国文字在国内主要刊物上刊登招标公告，邀请国内所有符合要求的供应商参加投标的一种招标采购方式。

（3）国际限制性招标采购是指采购单位不刊登招标公告而直接邀请国内外供应商参加投标的一种采购方式。

（4）国内限制性招标采购是指采购单位不刊登招标公告而直接邀请国内供应商参加投标的一种采购方式。

（二）按公开程度分类

1. 公开招标

公开招标又称竞争性招标，即由招标人在报刊、电子网络或其他媒体上刊登招标公告，吸引众多企业单位参加投标竞争，招标人从中择优选择中标单位的招标方式。按照竞争程度，公开招标可分为国际竞争性招标和国内竞争性招标。

1）国际竞争性招标

这是在世界范围内进行的招标，国内外合格的投标商均可以结合投标要求制作完整的英文标书，在国际上通过各种宣传媒介刊登招标公告。例如，世界银行对贷款项目货物及工程的采购规定了三个原则：必须注意节约资金并提高效率，即经济有效；要为世界银行的全部成员国提供平等的竞争机会，不歧视投标人；有利于促进借款国本国的建筑业和制造业的发展。世界银行在确定项目的采购方式时都从这三个原则出发，其中国际竞争性招标是采用最多、占采购金额比重最大的一种方式。它的特点是高效、经济、公平，特别是对于采购合同金额较大、国外投标商感兴趣的货物工程，要求必须采用国际竞争性招标。世界银行根据不同地区和国家的情况，规定了凡采购金额在一定限额以上的货物和工程合同，都必须采用国际竞争性招标。对一般借款国来说，超过 25 万美元的货物采购合同、大中型工程采购合同，都应采用国际竞争性招标。

我国的贷款项目金额一般都比较大，世界银行对中国的国际竞争性招标采购限额有所放宽，工业项目采购凡在 100 万美元以上的，均应采用国际竞争性招标来进行。

实践证明，尽管国际竞争性招标程序比较复杂，但确实有很多优点。第一，由于投标竞争激烈，一般可以以对买主有利的价格采购到需要的设备和工程。第二，可以引进先进的设备、技术和工程技术及管理经验。第三，可以保证所有合格的投标人都有参加投标的机会。客观上，国际竞争性招标对货物、设备和工程的客观衡量标准可促进发展中国家的制造商和承包商提高产品和工程建造质量，提高国际竞争力。第四，保证采购工作根据预先指定并为大家所知道的程序和标准公开而客观地进行，因而减少了在采购中作弊的可能。

当然，国际竞争性招标也存在一些缺陷，主要是：①国际竞争性招标费时较多。国际竞争性招标有一套周密而比较复杂的程序，从招标公告到投标人做出反应，再到评标，最后到授予合同，一般都要半年到一年以上的时间。②国际竞争性招标所需准备的文件较多。招标文件要明确规范各种技术规格、评标标准以及买卖双方的义务等内容。招标文件中任何含糊不清或未予明确的都有可能导致执行合同意见不一致，甚至造成争执。另外还要将大量文件译成国际通用文字，增加了很多工作量。③在中标的供应商和承包商中，发展中国家所占份额很少。在世界银行用于采购的贷款总金额中，国际竞争性招标金额约占 60%，其中发达国家如美国、德国、日本等中标金额占到 80% 左右。

2）国内竞争性招标

在国内进行招标可用本国语言编写标书，只在国内的媒体上刊登广告，公开出售标书，公开开标。通常用于合同金额较小（世界银行规定：一般 50 万美元以下）、采购品种比较分散、分批时间较长、劳动密集型、成本较低运费较高、当地价格明显低于国际市场价格等项目的采购。此外，若从国内采购货物或者建筑工程可以大大节省时间，而且这种便利对项目的实施具有重要的意义，也可仅在国内实行竞争性招标采购。在国内竞争性招标的情况下，如果外国公司愿意参加，则应允许他们按照国内竞争性招标参加投标，不应人为设置障碍，妨碍其公平竞争。国内竞争性招标的程序大致与国际竞争性招标相同。由于国内竞争性招标限制了竞争范围，通常国外供应商不能得到有关投标的信息，这与招标的原则不符，所以有关国际组织对国内竞争性招标都加以限制。

2. 邀请招标采购

邀请招标也称有限竞争性招标或选择性招标，即由招标单位选择一定数目的企业，向其发出投标邀请书，邀请他们参加招标竞争。一般选择 3～10 个参加者较为适宜，当然要视具体的招标项目的规模大小而定。由于被邀请参加的投标竞争者有限，不仅可以节约招标费用，而且提高了每个投标者的中标机会。

有下列情形之一的，经财政部门同意，可以邀请招标：①公开招标后，没有人响应或无合格标；②出现了不可预见的急需；③发生突发事件，无法按招标方式得到所需的货物、工程或服务；④供应商准备投标文件需要高额费用；⑤采购项目因其复杂性和专门性只能从有限范围的供应商获得；⑥公开招标成本过高，与采购项目的价值不相称；⑦经财政部门认定的其他情况。

三、招标采购的特征

招标采购最大的特征是公开性，凡是符合资质规定的供应商都有权参加投标。招标采购的主要特点是：公开性、公平性和竞争性。

1. 招标程序的公开性

招标程序的公开性有时也称透明性，是指将整个采购程序全部公开：公开发布投标邀请（网络、报纸、媒体等）；公开发布招标商资格审查标准和最佳投标商评选标准；公开开标，公布中标结果；公开采购法律，接受公众监督，防止暗箱操作、徇私舞弊和腐败违法行为。

2. 招标程序的公平性

所有对招标感兴趣的供应商、承包商和服务提供者都可以进行投标，并且地位一律平等，招标方不允许歧视任何投标商（无论是否为名牌企业）。评选中标商是根据事先公布的标准进行的：招标是一次性的，并且不能与投标商进行谈判。所有这些措施既保证了招标程序的完整性，又可以吸引优秀供应商进行投标。

3. 招标过程的竞争性

招标是一种能够引发竞争的采购程序，招标活动是若干投标商公开竞标的过程，是一场实力的大比拼。招标的竞争性体现了现代竞争的平等、诚信、正当和合法等基本原则。招标也是一种规范的、有约束的竞争，有一套严格的程序和实施方法。企业采购通过招标活动，可以最大限度地吸引投标商参与竞争，从而使招标企业有可能以更低的价格采购到所需的物资或服务，更充分地获得市场利益。

第二节　招标采购的流程及常见问题

一、招标采购的流程

招标采购是在众多供应商中选择最佳供应商的有效方法，它体现了公平、公开和公正的原则。通过招标，企业可以最大限度地吸引投标方参与竞争，获得最大的收益。招标采购的过程管理是招标程序顺利进行的基本保障。

招标采购是一个复杂的系统工程，它涉及各个方面、各个环节。一个完整的招标采购过程，基本上可以分为策划、招标、投标、开标、评标、定标 6 个阶段。招标采购流程见图 4-1。

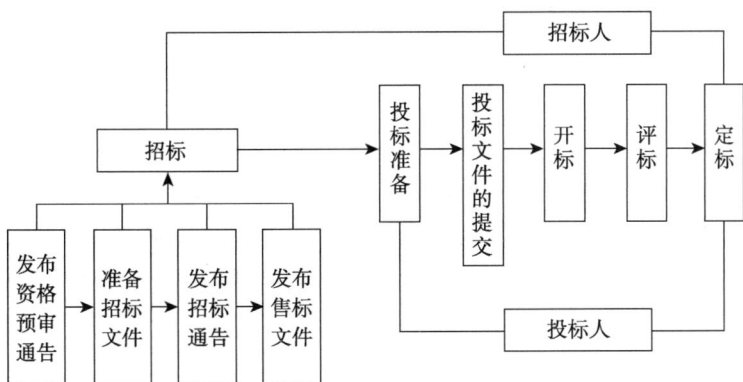

图 4-1　招标采购流程图

1. 策划

招标活动是一项涉及范围很广的大型活动。因此，开展一次招标活动，需要进行认真、周密的策划。招标策划主要应当做好以下工作。

（1）明确招标的内容和目标，对招标采购的必要性和可行性进行充分的研究和探讨。

（2）仔细研究并确定招标书的标的物。

（3）对招标的方案、操作步骤、时间进度等要经过研究再做决定。例如，是采用公开招标还是邀请招标；是自己亲自主持招标还是请人代理招标；分成哪些步骤，每一步怎么进行；等等。

（4）讨论研究评标方法和组建评标小组。

（5）把通过上述讨论形成的方案计划组织成文件，交由企业领导层讨论决定，取得企业领导决策层的同意和支持，有些甚至可能还需得到公司董事会的同意和支持。

以上策划活动有很多诀窍，有些企业为慎重起见，特意邀请咨询公司代为策划。

2. 招标

招标是指采购方根据已经确定的采购需求，提出招标采购项目的条件，向潜在的供应商或承包商发出投标邀请的行为，这是招标方单独操作的。在这一阶段，采购方需要做的工作主要有以下几部分。

（1）形成招标书。确定采购机构和采购要求，编制招标书。招标书是招标活动的核心文件，要认真起草。

（2）对招标书的标底进行仔细研究，并加以确定。有些需要召开专家会议，甚至邀请一些咨询公司代理共同确定标底。

（3）招标书发送。要采用适当的方式将招标书传送到潜在的投标人手中。例如，对于公开招标，可以在媒体上发布；对于选择性招标，可以用挂号或特快专递直接送交所选择的投标人。许多标书需要投标者花钱购买，有些标书规定投标者要缴纳一定的保证金后才能得到。

（4）投标资格预审。进行投标资格预审的准备工作，通知投标商参与投标并向其出售标书，组织召开标前会议，等等。

3. 投标

投标人在收到招标书以后，如果愿意投标，就要进入投标环节。其中投标书、投标报价需要经过特别认真的研究、详细的论证。这些内容是要和许多供应商竞争评比的，既要领先，又要合理，还要有利可图。投标人必须在规定的时间内提交自己的投标文件，投标文件包括一份正本、若干份副本，并且分别封装签名盖章（公司和法人），文件袋上注明"正本""副本"字样，直接送交或寄到招标单位。投标人不能少于三个，否则视为无效投标，应当重新招标。

4. 开标

开标应按招标公告中规定的时间、地点公开进行，并邀请投标商或其委派的代表参加。开标前，应以公开的方式检查投标文件的密封情况，当众宣读供应商名称、有无撤标情况、提交投标保证金的方式是否符合要求、投标项目的主要内容、投标价格及其他相关内容。开标时，对于投标文件中含义不明确的地方，允许投标商做简要解释，但所做的解释不能超过投标文件记载的范围，或实质性地改变投标文件的内容。以传真、电报方式投标的，不予开标。

开标要做开标记录，其内容包括项目名称、招标号、刊登招标公告的日期、发售招标文件的日期、购买招标文件单位的名称、投标商的名称及报价、截标后收到标书的处理情况等。

在有些情况下，可以暂缓或推迟开标时间，比如，招标文件发售后对原招标文件做了变更或补充；开标前，发现有足以影响采购公正性的违法或不正当行为；采购单位受到质疑或被提起诉讼；出现突发事故；变更或取消采购计划；等等。

5. 评标

招标方收到投标书后，直到招标会举行那天，不得事先开封。只有当招标会开始，投标人到达会场，将投标书交招标人检查签封完好后，才能当场开封。开封后，投标人可以拿着自己的投标书，向全体评标小组宣读投标书，并且接受全体评委的咨询甚至参加投标辩论。陈述、辩论完毕，投标者退出会场，全体评标人员进行分析评比，最后投票或打分选出中标人。

评标由招标人依法组建的评标委员会负责。评标委员会由招标人的代表和有关技术、经济等方面的专家组成，成员人数为5人以上单数，其中技术、经济等方面的专家不得少于成员总数的2/3。与投标人有利害关系的人不得进入相关项目的评标委员会，已经进入的应当更换。评标委员会成员的名单在中标结果确定前应当保密。招标人应当采取必要的措施，保证评标是在严格保密的情况下进行的。任何单位和个人不得非法干预、影响评标的过程和结果。评标委员会可以要求投标人对投标文件中含义不明确的内容做必要的澄清或者说明，但是澄清或者说明不得超出投标文件的范围或者改变投标文件的实质性内容。

评标委员会应当按照招标文件确定的评标标准和方法，对投标文件进行评审和比较；设有标底的，应当参考标底。评标主要是从技术和商务两个角度进行审核。技术评审的目的是确认参与投标企业的技术能力以及方案的可靠性。商务评审则是从成本、财务和经济分析等方面评定投标报价的合理性和可行性。

评标委员会成员不得私下接触投标人，不得收受投标人的财物或者其他好处。评标委员会成员和参与评标的有关工作人员不得透露对投标文件的评审和比较、中标候选人的推荐情况以及与评标有关的其他情况。

6. 定标

中标人确定后，招标人应当向中标人发出中标通知书，并同时将中标结果通知所有未中标的投标人。中标通知书对招标人和中标人具有法律效力。我国法律规定，招标人和中标人应当自中标通知书发出之日起 30 日内，签订书面合同。

二、招标采购中的常见问题和防范措施

（一）是否需要标底

1. 标底概述

标底是招标单位对招标工程、货物、服务的预期价格，是由招标单位或受其委托的、经有关部门批准的具有编制标底资格的单位，根据设计图纸和有关规定计算，并经本地工程造价管理部门核准审定的发包造价。

在建设工程招投标活动中，标底的编制是重要的环节之一，是评标、定标的重要依据，且工作时间紧、保密性强，是一项比较烦琐的工作。标底的编制一般由招标单位委托，由建设行政主管部门批准，具有与建设工程相应造价资质的中介机构代理。编制标底应客观、公正地反映建设工程的预期价格，也是招标单位掌握工程造价的重要依据，使标底在招标过程中显示出其重要的作用。因此，标底编制的合理性、准确性直接影响工程造价。

2. 标底的作用

（1）使招标单位预先明确自己在拟建工程上应承担的财务义务；

（2）给上级主管部门提供核实建设规模的依据；

（3）作为衡量投标单位标价的准绳，也是评标的主要尺度。

3. 标底编制的方法

我国编制工程施工招标的标底有以下几种方法：

（1）以施工图预算为基础编制。具体做法是根据施工图纸及技术说明，按照事先编制好的分项工程，逐项计算出工程量后，再套用定额单价（或单位估价表）确定直接费

用，然后按规定的取费标准确定施工管理费、其他间接费用、计划利润和税金，还要加上材料调价系数和适当的不可预见费用，汇总后形成总金额，此金额即为工程标底。

（2）以工程概算为基础编制。其编制程序和以施工图预算为基础的标底大体相同，所不同的是采用工程概算定额，分部分项对工程子目做适当的归并与综合，使计算工作有所简化。这种方法通常适用于初步设计或技术设计阶段，即进行招标的工程。在施工图阶段招标，也可按施工图计算工程量，按概算定额和单价计算直接费用。这样既可提高计算结果的准确性，又能减少计算工作量，节省时间和人力。

（3）以扩大综合定额为基础编制。这是从工程概算基础上发展起来的，特点是将施工管理费、各项独立费、计划利润和税金都纳入扩大的分部分项单位内，形成扩大综合单价。在计算出工程量后，乘以扩大综合单价，再经汇总即得出标底，从而能更进一步地简化确定标底的工作。

（4）以平方米造价包干为基础编制。主要适用于采用标准图大量建造的住宅工程，一般做法是由地方主管部门对不同结构体系的住宅造价进行测算分析，制定每平方米造价包干标准。在具体招标时，再根据装修、设备情况进行适当调整，确定标底单价。鉴于基础工程因地质条件不同对造价有很大的影响，所以，平方米造价包干多以工程的正负零以上为对象，基础和地下部分工程仍应以施工图预算为基础，两种标底之和才能构成完整的工程标底。

4. 标底编制原则

（1）客观、公正原则。由于招投标时各单位的经济利益不同，招标单位希望投入较少的费用按期、保质、保量地完成工程建设任务。而投标单位的目的则是以最少投入尽可能获取较多的利润。这就要求工程造价专业人员要有良好的职业道德，站在客观的立场上，兼顾招标单位和投标单位的双方利益，以保证标底的公正性。

（2）"量准价实"原则。在编制标底时，由于设计图纸的深度不够，对材料用量的标准及设备选型等内容交底较浅，会造成工程量计算不准确，设备、材料价格选用不合理。因此要求设计人员力求做细，严格按照技术规范和有关标准进行精心设计；而专业人员必须具备一定的专业技术知识，只有技术与各专业配合协调一致才可避免技术与经济脱节，从而达到"量准价实"的目的。

（3）将制定标底视为招标的一项重要准备工作。按照国际惯例，在正式招标前，招标人应对招标项目制定标底。标底是招标人为准备招标内容计算出的一个合理的基本价格，即一种预算价格，它的主要作用是作为招标人审核报价、评标和确定中标人的重要依据。因此，标底是招标单位的"绝密"资料，不能向任何无关人员泄露。特别是我国国内大部分项目招标评标时，均以标底上下的一个区间作为判断投标是否合格的条件，标底保密的重要性就更加明显了。

由于标底是衡量投标报价竞争力的一把尺子，其好坏直接影响到招标工作的有效性。标底定得过高，进入合格范围内的投标人数量太多，就会使评价的工作量和难度大大增加。标底定得过低，又容易使所有的投标人都落标，从而导致招标失败。因此，标底制定得好，可以说是招标工作成功了一半，而编制一个先进、准确、合理可行的标底需要认真细致的态度和实事求是的方法。首先，标底的制定与招标文件的编制有着密不可分的关系。标底制定得是否正确很大程度上取决于招标文件中对项目工作量的说明是否正确。因此，招标文件对项目的工作量进行说明时应尽量减少漏项，同时将工作量尽可能算准确，力争将招标文件中计算出的工作量与实际量的误差控制在 5% 以内。其次，标底的制定应建立在一个比较先进的设计方案基础上，这样编制出的标底才切合实际。

（二）围标如何治理

1. 围标概述

围标也称为"串标"，即串通招标投标，它是指几个投标人之间相互约定，一致抬高或压低投标报价进行投标，通过限制竞争，排挤其他投标人，使某个利益相关者中标，从而谋取利益的手段和行为。

围标行为的发起者称为围标人，参与围标行为的投标人称为陪标人。围标是不成熟的建筑招投标市场发展到一定阶段所产生的。围标成员达成攻守同盟，通常在整个围标过程中陪标人严格遵守双方合作协议要求以保证围标人能顺利中标，并对整个围标活动全过程保密。围标成功后，围标人按照事先约定支付陪标人好处或进行利益互换。有时候围标全过程为围标人一手操办，陪标人提供资质、人员和必要条件予以协助。有时候是投标人入围后将入围资格卖给围标人，围标人借用入围投标人资格操纵投标，而陪标人则保持沉默。

2. 围标的形式及危害

"围标"的形式多种多样，比较典型的有以下几种：

（1）招标者与投标者之间进行串通。主要表现形式有：实施排挤竞争对手的公平竞争的行为，招标者在公开开标前，开启标书，并将投标情况告知其他投标者，或者协助投标者撤换标书，更换报价；招标者向投标者泄露标底；投标者与招标者商定，在招标投标时压低或者抬高标价，中标后再给投标者或者招标者额外补偿；招标者预先内定中标者，在确定中标者时以此决定取舍。

（2）投标者之间进行串通。主要表现形式有：投标者之间相互约定，一致抬高或者压低投标报价；投标者之间相互约定，在投标项目中轮流以高价或低价中标；投标者之间先进行内部竞价，内定中标人，然后再参加投标。

"围标"的危害是不可忽视的，主要表现在以下几个方面：

（1）它使招标制度流于形式，危害社会主义市场经济秩序，影响社会主义法治建设。

（2）围标直接损害了其他投标人的合法权益。围标现象实质上就是市场竞争异常激烈造成的一种无序、恶意竞争行为。必然会使中标结果在很大程度上为少数几家企业所操纵，而使有优势、有实力中标的潜在中标人被挡在门外，严重影响到招标投标的公正性和严肃性，而且会损害大多数投标人的利益。

（3）参与围标的企业诚信度不高，企业自身素质差。由于赌博心理占了上风，多数企业编制的投标文件着眼点仅仅放在价格上。企业自身对施工方案不认真研究，无合理应对措施，即使中标，也不大可能认真组织项目实施，会给工程建设埋下隐患。

3. 围标预防

（1）招标信息发布一定要广泛。如果投标的供应商能达到10家以上，投标人即使想通过"围标"来实现中标，其成本和中标的难度都将是投标人不得不考虑的问题。

（2）在评标方法上下功夫。比如如果采用综合评分法的项目，就应在招标文件中规定一个报价幅度，不合理的投标报价将被拒绝。而对于货物和服务的招标，应严格按照《财政部关于加强政府采购货物和服务项目价格评审管理的通知》要求，价格分统一采用低价优先法计算，即满足招标文件要求且投标价格最低的投标报价为评标基准价，其价格分为满分；定价格招质量，货物和服务招标项目可以在充分做好市场调查的基础上，确定合同价，然后只招质量，质量最好者为中标候选人。

（3）做好招标保密工作。根据《中华人民共和国政府采购法》，招标采购单位不得向他人透露已获取招标文件的潜在投标供应商的名称、数量以及可能影响公平竞争的有关招标投标的其他情况。但在具体操作中，一些代理机构常常在不经意间把潜在投标人的名称和数量透露出去，如投标报名登记以及购买标书中的登记处理不当（被后来报名和购买标书的投标人看到），组织集中的现场勘查以及集中答疑，等等。

（4）合同条款一定要做到详尽。在合同中明确和强调违规参与招标采购应承担怎样的风险，在履约中出现违反招标文件中的有关规定应承担怎样的责任等。在合同中列出警示，一方面可以给投标人造成一定的压力，另一方面还可以在一定程度上防止"万一投标人围标还中标了，质量却得不到保证"的情况发生。

（5）加快建立投标人的信誉体系。招投标管理部门对投标人建立诚信档案，制定诚信评价标准，对诚信度差的投标人除依法给予必要的处罚外，还应禁止其参加政府投资项目和重点工程建设项目的投标活动。对投标人"围标"的行为，在招标文件中做出除法律规定以外的惩罚性约定，如投标人"围标"或提供虚假数据和材料的，一经核实，无论中标与否均没收其投标保证金，并承担法律责任。

（6）加强对招标人的监督管理。加强招投标法律法规的宣传，强化依法办事的意识，使招标人自觉遵守法律法规。建立责任追究制，对违反法律法规的人和事要坚决依法予以处理。按照《中华人民共和国招标投标法》《评标委员会和评标方法暂行规定》严格规定招标投标程序，提高评标委员会在评标定标过程中的地位，提倡招标方技术经济专家进入评标委员会，避免领导直接参与，削弱和减少招标人在评标、定标过程中的诱导和影响作用。

（7）加强对招标代理机构的管理。禁止任何形式的挂靠、出借、借用资质的行为。对代理机构违反资质管理规定的行为，一经查实，从严处理。对招标代理机构实行从业人员注册登记备案制度，保持稳定的从业人员队伍。定期开展从业人员业务知识培训，不断提高业务技能。加强从业人员的职业道德教育，培养其执业精神和执业素养。

（8）以招投标有形市场为依托，加大加快网络建设，积极开展网上招投标。

（三）挂靠

1. 挂靠概述

何谓"挂靠"？从法律层面上讲，就是一些自然人、合伙组织利用企业法人的资格和资质，规避国家法律政策对企业法人以外的个人和团队在税收、贷款、业务范围等方面的限制，并且利用所挂靠的企业法人的资格和资质获得了自身难以取得的交易信用与经济利益的经营活动。

挂靠现象在建筑工程项目中尤为普遍。法律规定，承揽建筑工程的单位必须持有依法取得的资质证书，并在其资质等级许可的业务范围内承揽工程。于是，就出现了许多不具有施工资质的单位、团队或个人，挂靠到某些具有资质等级的施工单位，承揽相应的建筑工程，被挂靠单位收取挂靠单位一定数额管理费的现象。这种以挂靠方式承揽建筑工程的行为是违法的。《中华人民共和国建筑法》明确规定，"禁止建筑施工企业超越本企业资质等级许可的业务范围或者以任何形式用其他建筑施工企业的名义承揽工程。禁止建筑施工企业以任何形式允许其他单位或者个人使用本企业的资质证书、营业执照，以本企业的名义承揽工程"。一般因挂靠行为会签订两份合同，一份是以被挂靠单位名义与开发商签订的建筑施工合同，另一份是挂靠单位与被挂靠单位签订的缴纳管理费合同，而这两份合同均因违反法律法规而属于无效合同。

2. 挂靠解决措施

虽然法律规定了"挂靠"行为的非法性，但是它还是以各种各样的形式存在。针对挂靠问题，可以从以下几个方面入手：

（1）严格投标人资格身份审查，要求"八一致"。投标人营业执照、资质证书、安全许可证、投标保证金银行出票单位、人民银行基本户许可证、投标文件印章、项目经理及项目部和购买招标文件人员一年以上劳动合同甲方单位、养老保险手册缴款单位，达不到以上要求的资格审查不予通过。

（2）严格投标保证金结算管理，明确保证金结算和工程款转账一律通过中标人银行基本户结算。

（3）执行中标公示期实地考察制度，主要考察其是否具备履约能力、在投标时提供的业绩证明材料是否属实、项目班子成员有无在建工程等。

（4）建立不出借资质承诺金制度，投标保证金在中标后转成不出借资质承诺金，如在对招标人现场检查和进行常规考勤时，发现进场人员与中标项目部人员不符，其承诺金一律不予退还，同时按规定处理。

（5）进一步明确招标人对施工单位入场检查责任，招标人对进场施工管理人员的身份核查是堵住借资质挂靠的实质性关口。

（6）对项目部的人员实行签到制度，在合同中明确缺勤的扣罚标准。

三、电子招标系统

（一）电子招标采购属于电子商务的范畴

1. 电子商务及其发展

随着信息技术与经济社会的融合日趋紧密，在某种意义上，电子商务的作用已经大大超出了商业本身，对经济发展、社会管理、商业模式、生产方式以及我们的思维和工作方式都带来了深刻影响。国家有关部门认为，电子商务下一步的发展将呈现出以下特征。

一是信息通信技术的创新将有力推动电子商务发展，移动电子商务将成为市场发展的重要领域。大数据、云计算、物联网等技术将在电子商务领域迅速推广，推动电子商务企业在产品、服务和商业模式上的不断创新。物联网技术应用范围将快速扩大，将被广泛应用于网购、物流、支付、旅游、交通、医疗等领域；云计算和大数据技术将促进电子商务企业经营方式和服务模式的变革，推动电子商务向精细化发展并带来效率的提升。电子商务企业能够制定更具市场竞争力的营销方案，服务水平会不断提高。同时，随着网络基础设施和 4G 等移动技术的日益完善，以及智能移动终端的快速普及，移动互联网市场正以远高于传统互联网的增速快速发展，智能移动终端将成为电子商务新媒介，移动电商将成为企业角逐的新战场，电子商务将无处不在。

二是电子商务会加速改变流通业格局，实体经济与互联网融合将成为未来发展方向。电子商务将带来流通业内部作业流程和经营管理方式的一系列深刻变革，使之从"劳动密集型"向"技术密集型"转变。电子商务将促进线上线下融合发展，大批传统零售企业和品牌制造企业将通过第三方平台或自建平台开展电子商务。电子商务与传统产业密切结合的全新商业模式正在加速形成，"线上营销、线下成交"或"线下体验、线上购买"将进一步发展。

三是电子商务将加速外延拓展。国内越来越多的企业会通过跨境电子商务拓展更大的发展空间，电子商务企业将加快"走出去"的步伐，外贸出口企业与电子商务企业的融合会进一步加深。同时，更多的电子商务企业将开展跨界经营，其业务需求将催生企业向物流、供应链、金融和广告等其他业态发展。跨界经营将成为大型电子商务企业的战略选择。

四是服务能力将成为电商企业的核心竞争力。随着消费者日趋理性和市场不断成熟，电商企业的运营能力、服务能力和创新能力将成为赢得市场和消费者的关键因素。"顾客体验"成为考验电商企业竞争力的核心要素，所有的创新都将围绕该要素展开。

五是跨境电子商务将成为外贸发展新引擎。跨境电子商务不仅冲破了国家间的障碍，使国际贸易走向无国界贸易，同时也正在引起世界经济发展方式的变革。电子商务将极大拓宽企业进入国际市场的路径，促进多边资源的优化配置与企业间的互利共赢。

六是互联网金融逐步发展完善，电子支付应用多元化。互联网金融业务所具有的覆盖广、低门槛、快捷便利等特征，解决了许多传统金融体系不能妥善解决或不擅长解决的问题，引起商业银行对自身经营模式的重新思考，激发了商业银行的创新动力。在控制风险、有效监管和完善机制的基础上，互联网金融会得到更快的发展，会逐步走向成熟和完善。与此同时，电子支付随着互联网金融的发展会出现多元化特征，在旅游、理财和生活消费等新兴细分领域的应用会成为主流，在线支付和移动支付将会出现爆发式增长。据有关机构统计，2014 年前三季度我国第三方互联网支付业务规模达 5.7 万亿元，同比增长 61%。国际数据公司（IDC）预测，2017 年全球移动支付金额将突破 1 万亿美元，今后几年全球移动支付业务将呈现持续走强趋势。

七是电子商务在政府政策支持下将成为转变经济发展方式的突破口。政府将针对电子商务发展面临的问题和困难，研究制定扶持促进政策，推动电子商务快速健康发展。很多地方政府把电子商务作为推进产业结构调整、促进经济发展方式转变的重要抓手。

电子招标采购属于电子商务的一种形式，电子商务需要相应的平台实现其特定功能，原先各类庙会、展销会等交易平台随着互联网通信技术和各种软件技术的发展以及相应法律制度的保障，如《中华人民共和国电子签名法》（以下简称《电子签名法》）的实施，蜕变成为电子平台，并在市场力量的推动下膨胀为平台经济体。平台经济的规模和水平显示了信息化社会形态的成熟度。

2. 电子商务的发展依托于平台建设

电子商务是依托平台的建设发展的，电子交易平台是电子商务的载体。在互联网时代，平台经济（Platform economics）指的是一种虚拟或真实的交易场所，平台本身不生产产品，但可以促成双方或多方供求之间的交易，收取恰当的费用或赚取差价而获得收益。平台经济是近年来快速兴起，并为全世界密切关注的一种新型经营模式。学术界称其为"双边市场"或"双边平台"。这种经营模式的最大特征是有效搭建双边或多边平台，通过这一平台来连接两类或更多类型的终端顾客，让他们进行交易或者信息交换。举例来说，中国银联及大部分商业银行形成了一个双边平台（市场）：一边是发卡市场，由商业银行向消费者发放信用卡和借记卡；另一边是收单市场，由商业银行及其他收单机构为各类商户安装 POS 机，消费者与餐厅、酒店、百货商场等通过中国银联的平台完成电子支付。

平台经济之所以拥有巨大魅力，是因为它具有一种"交叉外部性"的特殊性质。所谓交叉外部性，是指一边终端用户的规模会显著影响另一边终端用户使用该平台的效用或价值。例如持卡的消费者越多，POS 机对于商户的价值就越大，而安装 POS 机的商户越多，银行卡对于消费者的价值也越大。

从微观角度看，平台具有交流或交易的媒介功能、信息服务功能、产业组织功能和利益协调功能。从宏观角度看，平台经济的发展具有推动产业持续创新、引领新兴经济增长、加快制造业服务化转型和变革工作生活方式等作用，是一种重要的产业形式。平台通过对产业资源、市场资源的整合，可为企业提供广阔的发展空间，同时驱动企业进行持续创新，以获得和巩固竞争优势；平台经济作为创造和聚集价值的桥梁，正日益成为服务经济中最有活力的一部分。在竞争日益激烈的当下，制造业企业更需要利用有效的中介平台打通制造和流通之间的瓶颈，实现产品制造链和商品流通链的有效衔接；平台经济中所蕴含的新的交流、交易模式，正成为人们日常生活模式和社交结构变革的重要推动力。平台经济正逐渐成为服务经济的"皇冠"，成为引领经济增长和推动社会发展的新引擎。

在目前我国经济转型过程中，平台经济已经不仅仅是一种工具，它还被列为国家战略产业，构成新型经济体。以技术、资金和信息为特征的信息平台正在发展成为以信用、物流和支付为特征的交易平台，未来将发展成为以制度、数据和信用为特征的增值平台。平台经济有三个显著特征：虚拟性、跨地域性、跨时空性，它必然会对现有实体经济的管理模式提出挑战，并要求法律法规做出相应调整。

（二）电子招标采购的发展需要立法的规范和保障

1. 技术手段的立法保障

电子商务活动包括电子招标采购签订的合同（属于民事合同）。为了保证电子合同的有效性，2005 年 4 月 1 日，中国第一部信息化立法《电子签名法》正式颁布，为工程建设项目电子招标投标活动创造了良好的法律保障。其中有 3 个非常重要的条款：

第三条："……当事人约定使用电子签名、数据电文的文书，不得仅因为其采用电子签名、数据电文的形式而否定其法律效力。"

第十四条："可靠的电子签名与手写签名或者盖章具有同等的法律效力。"

第三十二条："伪造、冒用、盗用他人的电子签名，构成犯罪的，依法追究刑事责任；给他人造成损失的，依法承担民事责任。"

《电子签名法》确立了电子签名的法律效力，明确了电子签名规则，消除了电子商务发展的法律障碍，维护了电子交易各方的合法权益，保障了电子交易安全，创造了有利的电子商务法律环境。

2. 市场秩序的立法保障

随着电子招标投标市场的发展，相关问题也接踵而来。

第一，由于缺乏制度和规范，电子交易平台不能互联互通，一个地方一套软件系统。例如某省共有十几个地市，各地市的有形市场全部采用电子招标，但是互不相通。投标人到某地投标须先交会费加入地方协会成为会员，然后以"优惠"价格购买电子投标合成软件，方可投标；到了本省另一个地市，原来的系统不通用，必须再入该地协会，再交一份"买路钱"才能投标，投标人苦不堪言。此外，由于各级政府网站和相关服务平台、交易平台互不联通，不利于打破技术壁垒和行业界限，阻碍了信息在全国范围内的自由流动和全国统一大市场的形成。

第二，电子招标活动中特有的专业程序和安全问题，如投标文件传输失败的救济和法律责任、泄密的责任追究等，缺乏法律支撑，亟须解决。

第三，各地交易中心的建立和运行标准参差不齐，缺乏统一管理，长此以往，将阻碍电子招标的发展。

第四，电子招标的监管体制不健全，有形市场内的监督局限于开标旁站；交易市场外的项目缺乏管理手段，疏于管理。

基于此，2013年2月4日国家发展改革委等部门经过认真调研、反复征求意见，起草颁布了行业内盼望已久的《电子招标投标办法》（以下简称《办法》）及其技术规范（国家发展改革委令第20号）。该办法于2013年5月1日正式实施，该办法的实施为建立公平公正的电子招标投标活动的市场秩序提供了法律和技术保障，是招标投标行业可持续发展的技术里程碑。

3. 数据电文的法律效力

在实际应用中，并不是所有数据电文都具备法律效力。如果要成为具有法律效力的数据电文，应该使该数据电文符合《电子签名法》中"数据电文原件形式的要求"，因为只有数据电文原件形式才具有与纸质形式同等的法律效力。

《电子签名法》第二章指出，数据电文有两种形式，即书面形式和原件形式。

1）数据电文的书面形式

《电子签名法》第四条指出："能够有形地表现所载内容，并可以随时调取查用的数据电文，视为符合法律、法规要求的书面形式。"绝大部分数据电文都具有书面形式的属性，但是，由于数据电文具有可无痕篡改、伪造的特性，在电子招投标系统中，只满足数据电文书面形式要求在很多场合是不够的，尤其是涉及责任认定和作为纠纷证据的部分一定不能是书面形式的数据电文，应当是原件形式。

2）数据电文的原件形式

《电子签名法》第五条规定："符合下列条件的数据电文，视为满足法律、法规规定的原件形式要求：

"（1）能够有效地表现所载内容并可供随时调取查用；

"（2）能够可靠地保证自最终形成时起，内容保持完整、未被更改。但是，在数据电文上增加背书以及数据交换、存储和显示过程中发生的形式变化不影响数据电文的完整性。"

在司法实践中，保障数据电文原件形式的方式有很多，只要满足上述条件的都可以称为原件。这里关键是保障原件形式的方式和方法是否简易、有效。

国际通行做法是对数据电文申请可信时间戳，可信时间戳必须由法定时间机构负责授时和守时保障的第三方时间戳服务机构签发。目前我国已经有这样的时间戳服务机构，在中国科学院国家授时中心官方网站（www.ntsc.ac.cn）可以查询到。在《办法》技术规范第8.2.2条中也明确了这一点："应提供按照国家授时中心的标准时间源对需要电子签名的数据电文生成时间戳的功能。"

综上，《办法》中所指数据电文应解读为符合《电子签名法》数据电文原件形式要求的数据电文，不能是书面形式的数据电文。需要有可信时间戳来证明数据电文的原件形式。

3）关于电子签名

《电子签名法》第十三条规定："电子签名同时符合下列条件的，视为可靠的电子签名：（一）电子签名制作数据用于电子签名时，属于电子签名人专有；（二）签署时电子签名制作数据仅由电子签名人控制；（三）签署后对电子签名的任何改动能够被发现；（四）签署后对数据电文内容和形式的任何改动能够被发现。当事人也可以选择使用符合其约定的可靠条件的电子签名。"第十四条："可靠的电子签名与手写签名或者盖章具有同等的法律效力。"

4）高级电子签名

在《办法》中，电子签名使用的是数字证书产生的签名，应称为数字签名，是电子签名的一种。数字证书由于有效期的限制和可以随时吊销失效，存在着签名人可以以签名证书失效为由拒绝承担签名责任的法律风险。为了解决数字签名的有效性和长效性问题，我国颁布《电子签名格式标准》（GB/T 25064—2010），其中规定了基本电子签名（BES）格式和高级电子签名格式（ES-T、ES-A、ES-C、ES-X）。高级电子签名=基本电子签名+可信时间，这里时间戳的作用就是解决电子签名的时间权威问题。

《办法》中提到的电子签名需要是可靠电子签名而非基本电子签名，具体实现方法是使用国家信息产业主管部门批准的电子认证服务机构（CA）签发的数字证书签名，同时签名的格式是高级电子签名格式，即基本电子签名加上第三方可信时间戳。

5）技术规范关于签名的规定

《办法》技术规范中的8.2.2条款关于时间戳要求："应提供按照国家授时中心的标准时间源对需要电子签名的数据电文生成时间戳的功能。"这里的时间戳要求必须由国家授时中心负责授时和守时保障的第三方时间戳服务机构签发，称为可信时间戳。招标投标平台在使用时间戳时应该注意其是否由时间戳服务机构签发，如果由平台自己签发或非国家授时中心授权的时间戳服务机构签发，则存在系统可以人为修改时间和重新签发时间戳的问题，导致这种方法产生的时间戳存在法律瑕疵。

在国际上通用的做法是使用法定时间源（我国是中国科学院国家授时中心）负责授时和守时保障的第三方专业时间戳服务机构签发的时间戳。

第三节　采　购　谈　判

一、谈判在采购中的应用

采购谈判是完成采购任务的一项重要的基础工作，对企业而言，掌握采购谈判技巧，有利于维护企业自身利益，保证采购的成功。一个成功的谈判应做好两方面工作：一方面是了解谈判的过程；另一方面是进行谈判准备。了解谈判过程包括理解谈判的定义和目的、何时进行谈判、有效谈判有哪些障碍、成功谈判者的特点、推动谈判的技巧和谈判中的洞察力。谈判准备包括了解对方的意图、确立你和对手的地位、确定关键问题之所在、制定谈判战略和战术以及合理地组织谈判。

（一）采购谈判的定义

谈判，有狭义和广义之分。狭义的谈判，仅指在正式专门场合下安排和进行的谈判。而广义的谈判，则包括各种形式的"交涉""洽谈""磋商"等。谈判是指人们为了改善彼此之间的关系而进行相互协调和沟通，以便在某些方面达成共识的行为和过程。

谈判，实际上包含"谈"和"判"两个紧密联系的环节。谈，即说话或讨论，就是当事人明确阐述自己的意愿和所要追求的目标，充分发表关于各方应当承担和享有的责、权、利等看法；判，即分辨和评定，即当事各方努力寻求关于各项权利和义务的共同一致的意见，以期通过相应的协议正式予以确认。因此，谈是判的前提和基础，判是谈的结果和目的。

采购谈判是指企业在采购方与供应商之间所进行的贸易谈判。谈判时需要对诸如商品的品种、规格、质量保证、订购数量、包装条件、售后服务、价格、交货日期与地点、运输方式、付款条件等进行反复磋商，谋求达成协议，建立双方都满意的购销关系。成功的谈判是买卖双方经过计划、检讨及分析达成互相接受的协议或折中方案。这些协议或折中方案里包含了所有交易的条件，而非只有价格。

（二）采购谈判的目的

采购谈判的目的包括以下几个方面：

（1）希望获得供应商质量好、价格低的产品；

（2）希望获得供应商比较好的服务；

（3）希望在发生物资差错、事故、损失时获得合适的赔偿；

（4）当发生纠纷时能够妥善解决，不影响双方的关系。

（三）谈判在采购中的适用条件

采购谈判主要适用于下列几种情况：

（1）结构复杂、技术要求严格的成套机器设备的采购，在设计、制造、安装、试验、成本价格等方面需要通过谈判，进行详细的商讨和比较。

（2）多家供货厂商互相竞争时，通过采购谈判，使愿意成交的个别供货厂商在价格方面做出较大的让步。

（3）采购的商品供货厂商不多，但企业可以自制或向国外采购，或可用其他替代商品，通过谈判可帮助做出有利的选择。

（4）需要的商品经公开招标，但开标结果在规格、价格、交货日期、付款条件等方面无一供货厂商能满足要求时，可通过谈判再做决定。但在公开招标时，应预先声明开标结果达不到招标要求时，需经谈判决定取舍。

（5）需用的商品，在原采购合同期满、市场行情有变化并且采购金额较大时，应通过谈判提高采购质量。

二、采购谈判的内容

采购谈判的内容主要有以下三个：

（1）产品条件。采购的主体是产品或原材料，因此，谈判首先包含对产品的有关条件的谈判。对于采购方来说，如果购买的产品数量少、品种单一，产品条件谈判就比较简单；如果购买的产品数量多、品种型号也多，产品条件谈判就比较复杂。一般来说，产品条件谈判的内容包括产品品种、型号、规格、数量、商标、外形、款式、色彩、技术标准、质量标准和包装等。

（2）价格条件。价格条件谈判是采购谈判的中心内容，是谈判双方最关心的问题。通常，双方都会进行反复的讨价还价，最后才敲定成交价格。价格条件谈判也包括数量折扣、退货损失、市场价格波动风险、商品保险费用、售后服务费用、技术培训费用和安装费用等条件的谈判。

（3）其他条件。除了产品条件谈判和价格条件谈判之外，还有交货时间与地点、付款方式、运输方式、售后服务、违约责任和仲裁等其他条件的谈判。

三、采购谈判的特点

1. 采购谈判是买卖双方合作与冲突对立关系的统一

由于采购谈判是建立在双方利益既有共同点，又有分歧点的基础上的，因此，从其特点来说，就是合作性和冲突性并存。合作性表明双方的利益有共同的一面，冲突性表明双方利益又有分歧的一面，作为谈判人员要尽可能地加强双方的合作性，减少双方的冲突性。但是，合作性和冲突性是可以相互转化的，如果合作性的比例增大，冲突性的比例将会减少，那么谈判成功的可能性就大；反之，如果冲突的一面通过洽谈没有得到解决或减少，那么谈判就有可能失败。采购人员可以在事前将双方意见的共同点和分歧点分别列出，并按照其在谈判中的重要性分别给予不同的权重和分数，根据共同点方面的分数和分歧点方面的分数比较来预测谈判成功的概率，并思考如何消除彼此的分歧。

2. 采购谈判是原则性和可调整性的统一

原则性指谈判双方在谈判中最后退让的界限，即谈判的底线。通常谈判双方在弥合分歧方面彼此都会做出一些让步，但是，让步不是无休止的和任意的，而是有原则的，超过了原则性所要求的基本条件，让步就会给企业带来难以承受的损失。因而，谈判双方在重大原则问题上通常是不会轻易让步的，退让也是有一定限度的。可调整性是指谈判双方在坚持彼此基本原则的基础上可以向对方做出一定的让步和妥协。作为采购谈判，如果双方在所有的谈判条件上都坚持彼此的立场，不肯做出任何让步，那么谈判是难以成功的。因此，在采购谈判中，原则性和可调整性是并存的。

3. 采购谈判以经济利益为中心

采购谈判是商务谈判的一种类型，在采购谈判中双方主要以各自的经济利益作为谈判中心，而价格在谈判中作为调节和分配经济利益的主要杠杆就成为谈判的焦点。经济利益中心性是所有商务谈判的共性，它不同于政治谈判、外交谈判等，在政治、外交谈判中，需要考虑许多方面的问题，要在许多利益中进行平衡并做出选择，因而这类谈判更为艰难。当然谈判中经济利益中心性并不意味着不考虑其他利益，而是指相对于其他利益来说，经济利益是首要的，是起支配作用的。

四、采购谈判的重要性

采购谈判是一个既"合作"又"对立"的过程，为了在谈判中取得优势、处于主动地位，获得更多符合企业自身的经济利益，企业必须重视加强谈判实力。

采购谈判也是一个"双赢"和"互利"的过程，谈判各方之间的关系不是"敌人"，而是"合作的伙伴"。但是，这并不意味着双方利益上的平均，而是意味着利益上的均衡。因此，为获得更多有形和无形的利益，形成了谈判双方的"冲突"，这种既"合作"又"冲突"的特点构成了采购谈判的二重性。二重性决定了采购谈判成功的基础是谈判实力。谈判实力指的是"影响谈判双方在谈判过程中的相互关系、地位和谈判最终结果的各种因素的总和以及这些因素对各方的有利程度"。一般来讲，影响谈判实力强弱的因素有七个方面。

（1）谈判时机。虽然谈判双方都希望采购交易成功，但是就交易成功的渴望而言，谈判双方是不一样的。交易本身对谈判双方的重要性也不是完全相同的，如果交易对某一方更重要，则该方在谈判中的实力就弱。例如，秋季将至，零售商为准备新式的服装，急需将过季的夏装销售出去，然而，对于提供新式秋装的供应商而言并不急于将过季服装销售罄尽。所以，在供应商和零售商的谈判中，零售商就处于不利的地位，谈判实力相对较弱。

（2）交易条件。交易中的某一方对承诺的交易条件的满足程度越高，在谈判中的实力就越强。例如，在货物买卖谈判中，如果卖方对买方关于质量、数量、交货时间、地点以及售后服务等方面的要求都能充分予以保证和满足，则卖方的谈判实力强；反之，则卖方的谈判实力弱。

（3）对行情的了解程度。商业信息是无形的资源，但它是值得重视的资源，它可以转化为财富。谈判双方谁掌握的商业行情多，了解的情况详细，谁就在谈判中占据主动、有利地位，谈判实力就强。

（4）市场竞争状态。在采购交易中，如果出现一对多的供应态势，则有利于处于垄断地位的供方，可以增强该方的谈判实力，而需方在谈判中的实力就会大打折扣。反之，如果出现多对一的供应态势，则会增强需方的谈判实力。从微观经济学的角度讲，即完全垄断的市场有利于卖方，卖方往往拥有物以稀为贵的优势；相反，完全竞争的市场则有利于买方，买方可以挑选卖方的产品和服务。

（5）对谈判时间因素的反应。在谈判过程中，哪一方时间紧迫，拖不起，希望早日结束谈判，达成交易，则时间的局限会削弱其谈判实力；反之，最有耐心的一方，能够承受旷日持久的谈判，谈判实力就强。

（6）企业的信誉和实力。从总体上来看，企业实力是指企业规模、技术水平、员工素质、市场占有率等。企业实力虽不等同于谈判实力，但它是形成谈判实力的基础。企业的商业信誉越高，社会知名度越大，企业实力就越强，支持和影响谈判的因素就越多，谈判实力就越强。

（7）谈判的艺术和技巧。谈判人员如果能充分调动有利于己方的各种因素，避免不利因素，就能增强谈判实力。所以，谈判人员必须外塑形象、内强素质。素质高，谈判技巧娴熟，则能增强谈判实力；反之，则会影响谈判结果。

五、采购谈判的策略

在采购谈判中，为了使谈判能够顺利进行和取得成功，谈判者应善于灵活运用一些谈判策略和技巧。谈判策略是指谈判人员通过何种方法达到预期的谈判目标；而谈判技巧是指谈判人员采用什么具体行动执行策略。在实际工作中，应根据不同的谈判内容、谈判目标、谈判对手等选用不同的谈判策略和技巧。

1. 投石问路策略

所谓的投石问路策略，就是在采购谈判中，当买方对卖方的商业习惯或有关产品成本、价格等方面不太了解时，主动地提出各种问题，并引导对方做较全面的回答，然后从中获得有用的信息。这种策略一方面可以获得对方的尊重，使对方感觉到自己是谈判的主角和中心；另一方面又可以摸清对方的底细，争取主动。

运用该策略的关键在于买方应给予卖方足够的时间，并设法引导卖方对所提出的问题做尽可能详细的正面回答。为此，买方在提问时应注意：问题要简明扼要，有针对性，尽量避免暴露提出问题的真实目的或意图。在一般情况下，买方可以提出以下几个问题："如果我们订货的数量增加或减少……""如果我们让你方作为我们的固定供应商……""如果我们有临时采购需求……""如果我们分期付款……"等。

当然，这种策略也有不适用的情况。比如，当谈判双方出现意见分歧时，买方使用此策略会让对方感到是故意给他出难题，这样，对方就会觉得你没有谈判诚意，谈判也许就不能成功。

2. 避免争论策略

谈判人员在开谈之前，要明确自己的谈判意图，在思想上做必要的准备，以创造融洽、活跃的谈判气氛。然而，谈判双方为了谋求各自的利益，必然会在一些问题上产生分歧。此时，双方都要保持冷静，防止感情冲动，尽可能地避免争论。因为争论不休于事无补，只能使事情变得更糟，最好的方法是采取下列态度进行协商。

（1）冷静地倾听对方的意见。在谈判中，听往往比说更重要。倾听不仅表现了谈判者的良好素质和修养，也表现出对对方的尊重。多听少讲可以把握材料，探索对方的动机，预测对方的行动意图。在倾听过程中，即使对方讲出你不爱听的话或对你不利的话，也不要立即打断对方或反驳对方。因为真正赢得优势、取得胜利的方法绝不是争论，所以，最好的方法是让对方陈述完毕后，首先表示同意对方的意见，承认自己在某方面的疏忽，然后提出对对方的意见，重新进行讨论。这样，在重新讨论问题时，双方就能够心平气和，从而使谈判达成双方都比较满意的结果。

（2）委婉地提出不同的意见。在谈判中，当你不同意对方的意见时，切忌直接提出自己的否定意见。直接提出否定意见会使对方在心理上产生抵触情绪，反而千方百计地维护其观点。如果有不同意见，最好的方法是先同意对方的意见，然后再做探索性的提议。

（3）分歧产生之后，谈判无法进行下去，应立即休会。如果在洽谈中，某个问题成了绊脚石，使洽谈无法进行下去，双方为了捍卫自己的原则和利益，就会各持己见，互不相让，使洽谈陷入僵局。休会策略为那些固执己见型谈判者提供了请示上级的机会，同时，也为自己创造了养精蓄锐的机会。

谈判实践证明，休会策略不仅可以避免僵持的局面和争论的发生，而且可以使双方保持冷静、调整思绪，平心静气地考虑对方的意见，达到顺利解决问题的目的。"休会"是国内谈判人员经常采用的基本策略。

3. 情感沟通策略

如果与对方直接谈判的希望不大，就应该采取迂回策略。所谓迂回策略，就是要先通过其他途径接近对方，彼此了解，联络感情。在沟通了感情后，再进行谈判。人都是有感情的，满足感情和欲望是人的一种基本需要。因此，在谈判中利用感情因素去影响对方也是一种可取的策略。灵活运用此策略的方法很多，如可以有意识地利用空闲时间，主动与谈判对手聊天，谈论对方感兴趣的问题；也可以赠送一些小礼物，请客吃饭，提供交通住宿；还可以通过帮助解决一些私人问题，达到增进了解、联系感情、建立友谊的目的，从侧面促进谈判顺利进行。

4. 货比三家策略

在采购某种商品时，企业往往选择几个供应商进行比较分析，最后签订供销合同。这种情况在实际工作中非常常见，我们把采购上的这种做法称为货比三家策略。

在采用该策略时，企业首先选择几家生产同类型产品的供应商，并向对方提出自己的谈判内容、谈判条件等。同时，也要求对方在限定的时间内提供产品样品、产品的相关资料，然后，依据资料比较分析卖方在谈判态度、交易条件、经营能力、产品性价比等方面的差异，最终选择其中的一家供应商与其签订合同。

另外，在运用此策略时，买方应注意选择实力相当的供应商进行比较，以增加可比性和提高签约率。同时，买方还应以平等的原则对待所选择的供应商，以严肃、科学、实事求是的态度比较分析各方的总体情况，从而寻找企业的最佳供应商合作伙伴。

5. 声东击西策略

声东击西策略是指为达到某种目的和需要，有意识地将洽谈的议题引导到无关紧要的问题上，转移对方的注意力，以实现自己的谈判目标的策略。具体做法是，在无关紧要的事情上纠缠不休，以分散对方对自己真正要解决的问题的注意力，从而在对方毫无警觉的情况下，顺利实现自己的谈判意图。例如，对方最关心的是价格问题，而己方最关心的是交货时间。这时，谈判的焦点不要直接放到价格和交货时间上，而应放到价格和运输方式上。在讨价还价时，己方可以在运输方式上做出让步，而作为双方让步的交换条件，要求对方在交货时间上做出较大让步。这样，对方满意了，己方的目的也达到了。

6. 最后期限策略

处于被动地位的谈判者，总有希望谈判成功达成协议的心理。当谈判双方各持己见、争执不下时，处于主动地位的一方可以利用这一心理，提出解决问题的最后期限和解决条件。期限是一种时间性通牒，它可以使对方感到，如不迅速做出决定，就会失去机会。因为从心理学角度讲，人们对得到的东西并不十分珍惜，而对要失去的本来在他看来并不重要的某种东西，却会一下子觉得很有价值。在谈判中采用最后期限策略就是借助人的这种心理定势来发挥作用。

最后期限既给对方造成压力，又给对方一定的考虑时间，因为谈判一旦不成功，损失最大的还是自己。随着最后期限的到来，对方的焦虑会与日俱增。因此，最后期限压力迫使人们快速做出决策。一旦对方接受了这个最后期限，交易就会很快、很顺利地结束。

7. 其他谈判策略

除以上介绍的谈判策略和方法以外，在实际谈判活动中，还有许多策略可以采用：多听少讲策略、先苦后甜策略、讨价还价策略、欲擒故纵策略、以退为进策略等。

第四节　采购谈判的过程和技巧

一、采购谈判的过程

一般可以把采购谈判分为三个阶段：谈判准备阶段、正式谈判阶段和检查确认阶段。

1. 谈判准备阶段

准备工作做得如何在很大程度上决定着谈判的进程及其结果。有经验的谈判人员都十分重视谈判前的准备工作。对一些规模较大的重要谈判，采购人员往往提前几个月甚至更长的时间就着手进行精心的准备。一般来说，准备阶段主要完成如下方面的工作。

1）谈判内容的准备

企业在谈判前应当收集充足的信息，包括市场行情信息、宏观环境信息和企业内部需求信息等。企业进行采购谈判，其主要内容还是所采购物品的价格。因此，企业在进行采购谈判前，要对谈判涉及的价格方面的事情做好准备。

（1）慎重选择供应商。最适合的供应商应该具备许多条件，但是，能够提供适合的品质、充足的数量、合理的价格和热情的服务，以及能够准时交货的供应商应该更受采购人员青睐。但是，对于如何选择供应商，许多企业都感到很困难。通常，企业的做法是先成立评选小组，决定评审项目后，再将合格厂商加以分类、分级。而选择正确的谈判对象，可以使谈判工作事半功倍。

（2）确定底价与预判。谈判之前，采购人员应该先确定拟购物品的规格与等级，并就财务负担能力加以考虑，定出打算支付给供应商的最高价格，以便在议价之前，能对报价加以适当的还价。

（3）请报价厂商提供成本分析表或报价单。为了确定物品或劳务是否能真正符合买方的要求，应请卖方提供报价单，以便详细核对内容，将来拟购项目若有增减，也可以根据这个报价单重新核算价格。交货时，也应有客观的验收标准。对于巨额的定制物品等，应另请卖方提供详细的成本分析表，以了解报价是否合理。

（4）审查、比较报价内容。在谈判之前，采购人员应审查报价单的内容有无错误，避免造成将来交货的纠纷，并将不同供应商的报价单的报价基础加以统一，以免出现不公平的现象。

（5）了解优惠条件。有时供应商对长期交易的客户会提供数量折扣；对于能以现金支付的货款，会提供现金折扣；对于整批机器的订购，附赠备用零件或免费安装服务等。因此，采购人员应该掌握这些优惠条件的信息，以利于将来的谈判议价。

2）谈判地点和时间的选择

（1）谈判地点的选择。关于谈判地点的选择，通常不外乎三种：在采购企业所在地；在对方企业所在地；既不在采购企业，也不在对方企业所在地的其他地方。这三种不同地点的选择各有利弊。

谈判地点安排在采购方企业所在地的优点是：环境熟悉，不会给采购谈判人员造成心理压力，有利于他们以轻松、平和的心态参加谈判；查找资料和邀请有关专家比较方便；可以随时向本企业决策者报告谈判进展情况；同时由于地利、人和等因素优势，可以给对方谈判人员带来一定的心理压力。缺点是易受本企业各种相关人员及相关因素的干扰，而且也少不了繁杂的接待工作。谈判地点选在对方企业所在地的优点是：采购方谈判人员可以少受外界因素打扰，从而以全部精力投入谈判工作；可以与对方决策者直接交换意见，避免对方谈判人员以无权决定为借口拖延谈判时间。但是这种方法也有缺点：环境不熟悉，易有压力；临时需要查找资料或邀请有关专家不方便。相对来说，谈判地点选在其他地方对双方都比较公平：谈判可以不受外界干扰，保密性强；但对双方来讲，查找信息和请示企业领导都多有不便，各项费用支出较高。

（2）谈判时间一般都选择在白天，这时双方谈判人员都能以充沛的精力投入谈判，头脑清醒，能够做到应对自如和少犯错误。

3）谈判人员的选择

谈判人员的选择对于采购谈判成功与否的重要性是不言而喻的。有的采购谈判可能规模大、情况复杂、目标多元化，从而需要由多个谈判人员组成谈判小组；而有的采购谈判可能因为规模较小、目标单一明确，仅需要1~2名谈判人员。但无论谈判人员多寡，一些对谈判人员基本素质的要求是相同的。这些共同的要求包括谈判人员应具有良好的自控与应变能力、观察与思考能力、迅速的反应能力、敏锐的洞察力，甚至有时是经过多次采购谈判而于无形之中形成的直觉。此外，谈判人员应具有平和的心态、沉稳的心理素质及大方的言谈举止等。

4）谈判方式的选择

采购谈判方式可以简单分为两大类：面对面的会谈及其他方式。面对面的会谈又可以分为正式的场内会谈和非正式的场外会谈；其他谈判方式包括采用信函、电话、电传、电报、互联网方式。

（1）面对面的会谈。相对于其他方式，面对面的会谈能较多地增加双方谈判人员的接触机会，增进彼此之间的了解，从而更能洞悉对方谈判人员的谈判能力、谈判风格，给谈判人员充分施展各种策略技巧留下了很大空间。尤其是非正式的场外会谈，可以营造轻松的气氛，缓和正式谈判的紧张情绪。但是，这种谈判方式对谈判人员的个人素质有较高的要求。同时这种方式费用较高，适用于大宗贸易和想与对方长期合作的谈判活动。这里所涉及的谈判策略和技巧、谈判应遵循的原则都是针对面对面会谈的。

（2）其他方式。我们把利用信函、电报、电传进行的谈判称为书面谈判。书面谈判有助于传递详细确切的信息，避免不必要的干扰。采用这种形式，谈判双方可以有充分的时间去考虑谈判条件合适与否，便于慎重决策。电话谈判也可以用来获取某些信息，提高效率，费用较少。但是，无论是书面谈判还是电话谈判都缺少视觉交流，可能会引起误解。

随着高科技的迅速发展，互联网会谈在采购谈判中将会取代面对面会谈而成为大型商务谈判的主要方式。因为网上谈判既克服了电话谈判和书面谈判缺乏面对面交流的缺陷，与面对面会谈相比，又具有方便、成本低等优点。

5）谈判策略的制定

制定谈判策略，就是制订谈判的整体计划，从而在宏观上把握谈判的整体进程。制定谈判策略，包括确定那些最有利于实现谈判目标的方法。在准备阶段收集到的信息，是制定谈判策略的基础。制定谈判策略要进行一系列的决策，这些决策包括是单赢还是双赢；先谈判什么问题，后谈判什么问题；开始的立场是什么；当有特殊情况发生时应急方案是什么；等等。采购者在双方谈判之前，应该把谈判中可能涉及的问题思考清楚。

谈判准备阶段的工作做得越充分，在下一步真正的会谈阶段越能够取得预期的成果。

2. 正式谈判阶段

1）开局阶段

谈判的开局阶段是指在谈判准备阶段之后，谈判双方进入面对面谈判的阶段。开局阶段中的谈判双方对谈判尚无实质性的感性认识。各项工作千头万绪，无论准备工作做得如何充分，都免不了遇到新情况、新问题。所以，在这个阶段一般不进行实质性谈判，而只是见面、介绍、寒暄，以及讨论一些不是很关键的问题。这些非实质性谈判从时间上来看，只占整个谈判程序中很小的部分。从内容上看，似乎与整个谈判主题无关或关系不太大，但它却很重要，因为它为整个谈判定下了基调。如果谈判开局处理不好，会导致两种弊端：一是目标过高，使谈判陷于僵局；二是要求太低，达不到谈判预期的目的。

因此，在谈判的开局阶段，谈判者应该创造和谐的谈判气氛，进一步加深彼此的了解和沟通，适时洞察对方，及时调整策略。此外，开局的另一项任务是共同设计谈判流程，包括议题范围和日程。

2）摸底阶段

在合作性洽谈中，双方在实质性谈判前还要相互摸底，了解对方的谈判目标和底线。所以，在这一阶段说话往往非常谨慎，通常以介绍自己的来意、谈判者的情况、本企业的历史、产品的主要信息为主，并倾听对方的意见和观察其反应。在这一阶段，价格这一敏感问题往往先不涉及。另外，这一阶段切忌只是己方喋喋不休地讲话，要遵循"多听、多看、少说"的原则，多给对方说话的机会。要想促使对方先谈谈看法，可采取集中策略，这样做既能灵活、得当地使对方说出自己的想法，又能表示对对方的尊重。

3）询价阶段

价格是采购谈判的敏感问题，因此询价阶段也是谈判最关键的阶段，在这一阶段要考虑的问题是：谁先开价、如何开价、对方开价后如何还价等。

4）磋商阶段

在进行询价后，谈判就进入了艰难的磋商阶段，双方都已经知道了对方的初始报价，所以在磋商阶段主要是双方彼此讨价还价，尽力为己方争取更多利益。而初始报价已经表明了双方分歧的差距，要为己方争取到更多的利益，就必须判断对方为何如此报价，他们的真实意图是什么。可以通过一系列审慎的询问来获得信息，如这一报价和购买数量的关系，有没有包括运费、零配件费用和其他费用在内等。在这一阶段，不适宜马上对对方的回答予以评论或反驳。

分歧在谈判中被重视是自然的，也是正常的。分歧的类型有三种：一是由于误解而造成的分歧，主要是由未能进行充分和有效的沟通所造成的，如在表达己方的意见时，未能阐述清楚，对方在报价时没有解释报价的依据等；二是出于策略的考虑而人为造成的分歧，如双方为了讨价还价以达到自己满意的价格的需要，开始报价的时候就报得很高或很低；三是双方立场相差很远而形成的真正的分歧，如双方的价格底线差距很大，通过多次磋商后仍不能取得一致。

5）设法消除分歧

在明确了分歧的类型和产生的原因之后，就要想办法消除双方之间的分歧。对由于误解而造成的分歧，通过加强沟通、增进了解，一般是可以消除的。出于策略的考虑而人为造成的分歧及双方立场相差很远而形成的真正的分歧，其消除是非常困难和漫长的，需要高明的策略和技巧。

6）成交阶段

经过磋商之后，双方的分歧得到解决，就进入了成交阶段。在这个阶段，谈判人员应将意见已经一致的方面进行归纳和总结，并办理成交的手续或起草成交协议文件。

3. 检查确认阶段

这是谈判的最后阶段，在这一阶段主要做好以下工作。

（1）检查成交协议文本。应该对文本进行一次详细的检查，尤其是对关键的词、句子和数字的检查一定要仔细、认真。一般应该采用统一的经过公司法律顾问审定的标准格式文本，如合同书、订货单等。对大宗或成套项目交易，其最后文本一定要经过公司法律顾问的审核。

（2）签字认可。经过检查审核之后，由谈判小组组长或谈判人员签字并加盖公章，予以认可。

（3）小额交易的处理。对小额交易直接进行交易，在检查确认阶段，应主要做好货款的结算和产品的检查移交工作。

（4）礼貌道别。无论是什么样的谈判及谈判的结果如何，双方都应该诚恳地感谢对方并礼貌地道别，这有利于长期合作关系的建立。

二、采购谈判的技巧

1. 入题技巧

谈判双方刚进入谈判场所时，难免会感到拘谨，尤其是谈判新手，在重要谈判中，往往会产生忐忑不安的心理。为此，必须讲求入题技巧，采用恰当的入题方法。

（1）迂回入题。为避免谈判时单刀直入、过于暴露，影响谈判的融洽气氛，可以采用迂回入题的方法，如先从题外话入题，从介绍己方谈判人员入题，从"自谦"入题，或者从介绍本企业的生产、经营、财务状况等入题。

（2）先谈细节，后谈原则性问题。围绕谈判的主题，先从洽谈细节问题入题，丝丝入扣，待各项细节问题谈妥之后，也便自然而然地达成了原则性的协议。

（3）先谈一般原则，再谈细节。一些大型的经贸谈判，由于需要洽谈的问题千头万绪，双方高级谈判人员不应该也不可能介入全部谈判，往往要分成若干等级进行多次谈判。这就需要采取先谈原则问题，再谈细节问题的方法入题。一旦双方就原则问题达成了一致，那么，洽谈细节问题也就有了依据。

（4）从具体议题入手。大型谈判总是由具体的一次次谈判组成的，在每一次谈判中，双方可以首先确定本次会议的谈判议题，然后从这一议题入手进行洽谈。

2. 阐述技巧

（1）开场阐述。谈判入题后，接下来就是双方进行开场阐述，这是谈判的一个重要环节。开场阐述的要点具体包括以下几点：一是开宗明义，明确本次会谈所要解决的主题，以集中双方的注意力，统一双方的认识。二是表明我方通过洽谈应当得到的利益，尤其是对我方而言至关重要的利益。三是表明我方的基本立场，可以回顾双方以前的合作成果，说明我方在对方心目中所享有的信誉；也可以展望或预测今后双方合作中可能出现的机遇或障碍；还可以表示我方可采取何种方式为共同获得利益做出贡献等。四是开场阐述应是原则性的，而不是具体的，应尽可能简明扼要。五是开场阐述的目的是让对方明白我方的意图，创造协调的洽谈气氛，因此阐述应以诚挚和轻松的方式来展开。

针对对方开场阐述的反应，具体包括以下几个方面：一是认真耐心地倾听对方的开场阐述，归纳弄懂对方开场阐述的内容，思考和理解对方的关键问题，以免产生误会。二是如果对方开场阐述的内容与我方意见差距较大，不要打断对方的阐述，更不要立即与对方争执，而应当先让对方说完，认同对方之后再巧妙地转移话题，从侧面进行谈判。

（2）让对方先谈。在谈判中，当对市场态势和产品定价的新情况不太了解，或者尚未确定购买何种产品，或者无权直接决定购买与否的时候，先让对方说明可提供何种产品、产品的性能如何、产品的价格如何等，然后再审慎地表达意见。有时即使对市场态势和产品定价比较了解，有明确的购买意图，而且能直接决定购买与否，也不妨先让对方阐述利益要求、报价和介绍产品，然后在此基础上提出自己的要求。这种后发制人的方式，常常能收到奇效。

（3）面对面谈判中应当坦诚相见，即不但将对方想知道的情况坦诚相告，而且可以适当透露我方的某些动机和想法。坦诚相见是获得对方同情的好办法，人们往往对坦诚的人有好感。但是应当注意，坦诚相见是有限度的，并不是将一切和盘托出，总之，应既赢得对方的信赖又不使自己陷于被动。

3. 提问技巧

要用提问摸清对方的真实需要，掌握对方心理状态，表达自己的意见、观点。要注意提问的方式和提问的时机。

（1）提问的方式包括：封闭式提问、开放式提问、委婉式提问、澄清式提问、探索式提问、借助式提问、强迫选择式提问、引导式提问、协商式提问。

（2）提问的时机包括：在对方发言完毕时提问；在对方发言停顿、间歇时提问；在自己发言前后提问；在议程规定的辩论时间提问。

（3）提问的其他注意事项包括：注意提问速度；注意对方心境；提问后，给对方足够的答复时间；提问时，应尽量保持问题的连续性。

4. 答复技巧

答复不是件容易的事，回答的每一句话，都会被对方理解为一种承诺，都负有责任。答复时应注意：不要彻底答复对方的提问，要针对提问者的真实心理进行答复；不要确切答复对方的提问，要提高提问者的追问兴趣，让自己获得充分的思考时间；礼貌地拒绝不值得回答的问题，找借口拖延答复。

5. 说服技巧

（1）说服原则包括：不要只说自己的理由；研究分析对方的心理、需求及特点；消除对方戒心、成见；不要操之过急、急于求成；不要一开始就批评对方，把自己的意见观点强加给对方；说话用语要朴实亲切，不要过多讲大道理；态度诚恳、平等待人、积极寻求双方的共同点；承认对方"情有可原"，善于激发对方的自尊心；坦率承认，如果对方接受意见，己方也可获益。

（2）说服技巧具体包括：讨论先易后难；多向对方提出要求、传递信息、影响对方意见；强调一致、淡化差异；先谈好后谈坏；强调合同有利于对方的条件；待讨论赞成和反对意见后，再提出意见；说服对方时，要精心设计开头和结尾，要给对方留下深刻印象；结论要由己方明确提出，不要让对方揣摩或自行下结论；多次重复某些信息和观点；多了解对方，以对方习惯的、能够接受的方式和逻辑去说服对方；先做铺垫，不要奢望对方一下子接受突如其来的要求；强调互惠互利、互相合作的可能性、现实性，使对方在自身利益得到认同的基础上也能接纳己方的意见。

6. 注意正确使用语言

（1）准确易懂。在谈判中，使用的语言要规范、通俗，使对方容易理解，不致产生误会。

（2）简明扼要，具有条理性。由于人们有意识的记忆能力是有限的，对于大量的信息，在短时间内只能记住有限的、具有特色的内容，所以在谈判中一定要用简明扼要而又有条理性的语言来阐述自己的观点。这样，才能在洽谈中收到事半功倍的效果。反之，如果信口开河，不分主次，话讲了一大堆，不仅不能使对方及时把握要领，而且还会使对方产生厌烦的感觉。

（3）第一次要说准确。在谈判中，当双方要求提供资料时，第一次一定要说准确，不要模棱两可、含混不清。如果对对方要求提供的资料不甚了解，应延迟答复，切忌脱口而出。要尽量避免使用包含上、下限的数值，以防止波动。

（4）语言富有弹性。在谈判过程中使用的语言，应当丰富、灵活、富有弹性。对于不同的谈判对手，应使用不同的语言。

客观题

1. 招标采购的概念和特点是什么？

2. 简述公开招标和邀请招标的区别。

3. 简述招标文件和投标文件的编制及主要内容。

4. 简述招标采购的一般程序。

5. 常用的评标方法有哪些？简述各种方法的适用范围。

6. 简述采购谈判的含义及其目的。

7. 简述采购谈判的特点和内容。

8. 简述采购谈判的适用条件和影响因素。

9. 常用的采购谈判策略与技巧有哪些？

参考文献

[1] 梁军，王刚. 采购管理[M]. 北京：电子工业出版社，2010.

[2] 王炬香，温艳，王磊，等. 采购管理实务[M]. 北京：电子工业出版社，2012.

[3] 马佳. 采购管理实务[M]. 北京：清华大学出版社，2015.

[4] 朱晋华，孙建文. 互联网＋电子招标采购实务教程[M]. 北京：电子工业出版社，2016.

案例讨论

第4章

第五章

采购成本管理

本章学习目标

1. 掌握降低采购成本的方法；
2. 理解采购成本的结构分析；
3. 熟悉成本分析工具——学习曲线；
4. 了解采购成本的构成；
5. 掌握采购成本的控制方法；
6. 掌握采购成本的控制策略。

导入案例

IBM 公司是怎样降低采购成本的？

全球 IT 巨擘 IBM 公司过去也是用"土办法"采购：员工填单子、领导审批、投入采购收集箱、采购部定期取单子。企业的管理层惊讶地发现，这是一个巨大的漏洞——烦琐的环节、不确定的流程、无法衡量与无法提高的质量和速度，非业务前线的采购环节已经完全失控了，甚至要降低成本，不知如何下手！

那时，IBM 不同地区的分公司、不同的业务部门的采购大都各自为政，实施采购的主体分散，重复采购现象普遍。以生产资料为例，键盘、鼠标、显示器甚至包装材料大同小异，但采购流程自成体系，权限、环节各不相同，合同形式也五花八门。而自办采购的问题很明显，对外缺少统一的形象，由于地区的局限，采购人员不一定能找到最优的供应商，而且失去了大批量购买的价格优势。管理层不得不进行反思，IBM 公司到底应该如何进行采购呢？

1. 剖析 1 元钱的成本

摆在 IBM 公司面前的问题是如何减少运营成本，哪部分成本可以降低。于是公司拆解每 1 元钱的成本，看看它到底是如何构成的。这一任务经过 IBM 公司全球各机构的统计调查和研究分析，在采购、人力资源、广告宣传等各项运营开支中，采购成本凸显出来。

2. 由专家做专业的事

在深入挖掘出采购存在的问题后，IBM 公司随即开始了变革行动，目标就是电子采购。从后来 IBM 公司总结的经验来看，组织结构、流程和数据这三个要素是改革成功的根本。电子采购也正是从这三方面着手的。

变化首先发生在组织结构上。IBM 公司成立了"全球采购部"，其内部结构按照国家和地区划分，设立了 CPO（Chief Procurement Officer，全球首席采购官）的职位。组织结构的确立，意味着权力的确认。"全球采购部"集中了全球范围的生产和非生产性采购权力，掌管全球采购流程的制定、统一订单的出口，并负责统一订单版本。

"全球采购部"专家经过仔细的研究，把 IBM 公司全部采购物资按照不同的性质分类，生产性的分为 17 个大类，非生产性的分为 12 个大类。每一类成立一个专家小组，由工程师和采购员组成，他们精通该类产品的情况，了解每类物资的最新产品、价格波动、相应的供应商资信和服务。在具体运作中，"全球采购部"统一全球的需求，形成大订单，寻找最优的供应商，谈判、压价并形成统一的合同条款。以后的采购只需按照合同照章办事就可以了，这种集中采购的本质就是"由专家做专业的事"。

3. 工程师、律师、财务总监审定流程

貌似简单的采购流程，前期准备工作异常复杂。IBM 公司采购变革不在于订单的介质从纸张变为电子、人工传输变为网络，而在于采购流程的梳理。

制定流程首先遇到的一个问题是采购物资如何分类，才能形成一张完整而清晰的查询目录。于是，通过调查反馈，IBM 公司汇总全球各地所有采购物资，林林总总上万种。采购工程师们坐在一起，进行长时间的细致工作。听起来有些可笑：螺丝钉在类目中的名称到底是什么？分为平头、一字、十字，共多少种？依靠专家们的才智、经验和耐心才形成"17 类生产性和 12 类非生产性"详尽的目录。这一步工作的目标是使来自不同地区、具有不同习惯、使用不同语言的员工方便、快捷地查找到所需要的"螺丝钉"。

工程师们讨论过后，律师们也要"碰头"商讨如何统一合同，统一全球流程；从法律角度审查，怎样设计流程更可靠而且合法，怎样制定合同才能最大限度保护 IBM 公司的利益，又对供应商公平。还要为不同国家的法律和税收制度留有足够的空间，适应本地化的工作。之后，全球的财务总监还要商讨，采购的审批权限如何分割，财务流程与采购流程如何衔接。

4. 突破顽固势力

目前 IBM 公司电子采购主要由 4 大系统构成，即采购订单申请系统、订单中心系统、订单传送系统（与供应商网上沟通）和询价系统（OFQ），以及一个相对完善的"中央采购系统"。但系统在推广过程中并不是一帆风顺的。特别是在 IBM 公司电子采购变革刚刚开始阶段，据 IDC 的调查，60% 的员工不满意现存的采购流程，原因是平均长达

40 页的订单合同，30 天时间的处理。低效率的结果是，IBM 公司有 1/3 的员工忙于"独立采购"，以绕过所谓标准的采购流程，避免遇到"官僚作风"，而这种"官僚作风"往往导致更高的成本。

推广中的难度在于地区和部门之间的协调。制定的订单新标准与老系统冲突怎么办？问题解决陷入僵局。于是各地区的财务总监、系统总监、采购总监又坐到一起列单子，各地区正在使用的"土"系统有哪些？与新系统相比，数据的输入、输出是怎样的？一个一个的数据处理掉，形成统一的标准。最后，CPO 手里握住一张"时间表"，左边一栏是老系统退出历史舞台，右边一栏是新系统登场，CPO 不停地追着生产总监问："为什么老系统还不下？"

新旧系统更替过程中，"传统势力很顽固"，因为他们毕竟面临着新的采购系统与原有生产系统衔接的问题。如何保障生产正常运转？如何更新原有的数据？公司认为提供过渡方案，帮助解决具体问题，才能稳定地平滑过渡。IBM 公司普通员工的感受很能说明问题，"不知不觉中发生了变化，没有引起内部任何动荡"。

就技术而言，IBM 公司的电子采购系统已经到了能在国内广泛推行的地步，IBM 中国公司已经与供应商开始了订单的网上交易。但由于国家法律及相关流程的限制，电子发票尚未实施。为此，IBM 公司已经与国家相关部门在探讨如何就此推行初步试点。

5. 一个季度成本降低 2 亿多美元

当"中央采购"系统在 IBM 公司内部平稳运转后，效果立竿见影。以 2000 年第三季度为例，IBM 公司通过网络采购了价值 277 亿美元的物资和服务，降低成本 2.66 亿美元。大概有近 2 万家 IBM 供应商通过网络满足 IBM 公司的电子采购。基于电子采购，IBM 公司降低了采购的复杂程度，采购订单的处理时间已经降低到 1 天，合同的平均长度减少到 6 页，内部员工的满意度提升了 45%，"独立采购"也减少到 2%。电子采购在 IBM 公司内部产生了效率的飞跃。

与此同时，供应商最大的感受之一是更容易与 IBM 公司做生意了。统一的流程、标准的单据，意味着更公平的竞争。集中化的采购方式更便于发展战略性的合作伙伴关系，这一点对生产性采购尤为重要。从电子采购系统的推广角度而言，供应商更欢迎用简便快捷的网络方式与 IBM 公司进行商业往来，与 IBM 公司一起分享电子商务的优越性，从而达到一起降低成本、一起增强竞争力的双赢战略效果。

简化业务流程方案实施后，在 5 年的时间里，总共节约的资金超过了 90 亿美元，其中 40 多亿美元得益于采购流程方案的重新设计。现在 IBM 公司全球的采购都集中在该中央系统之中，而该部门只有 300 人。IBM 公司采购部人员总体成本降低了，员工出现了分流：负责供应商管理、合同谈判的高级采购员工逐渐增多，而执行采购人员逐渐电子化、集中化。新的采购需求不断出现，改革也将持续下去。

资料来源：CMA 公众号。

第一节　采购成本管理概述

一、采购成本管理的概念

（一）采购成本管理的意义

采购是企业管理中最有价值的部分之一，采购成本是企业成本管理的主体和核心部分。在工业企业的产品成本构成中，物料采购成本占企业总成本的比例因行业而异，大体在 30%～90%，平均水平在 60% 以上。从世界范围来说，一个典型企业销售额中，一般采购成本要占 60%，工资和福利占 20%，管理费用占 15%，利润占 5%。我国企业采购成本往往要占销售额的 70%。在现实中，许多企业在控制成本时将大量时间和精力放在占总成本不到 40% 的企业管理费用及工资和福利上，而忽视其主体部分——采购成本，这样做的结果往往是事倍功半、收效甚微。

例如，假设某企业每 100 元销售收入中物料成本占 50 元，其他成本占 40 元，税前利润为 10 元（假设所有的成本费用都随着销售成比例变动）。如果该企业欲将利润提高 10%，可以通过提高销售额和降低成本两种途径来解决；如果通过提高销售额，则销售额必须由 100 元提高到 110 元（增长率为 10%）才能实现；如果通过降低物料成本就只需将其由 50 元降低至 49 元（降低率为 2%）即可。

这一例子反映出采购成本降低 2% 与销售额增长 10% 对税前利润的影响是对等的。但是，增加销售额则要比降低采购成本付出更多的努力，而且采购成本占总销售额的比例越高，这种差别也就越明显。

当前，企业的竞争相当激烈，为了降低经营成本，取得竞争优势，企业都在千方百计地控制其经营成本。而企业经营成本的绝大多数与采购活动有关，因此采购成本的管理不仅是采购人员的工作重点，也是整个企业的工作重点。

（二）采购成本的含义

采购成本是指企业在采购活动中以货币表现的，为达到采购目的而发生的各种经济资源的价值牺牲或代价。采购成本有广义和狭义之分。狭义的采购成本仅指物料的价款及运杂费等采购费用。广义的采购成本不仅包括物料的价款和运杂费，还包括物料的仓储成本及物料的品质成本。本章所讨论的是广义的采购成本。

（三）采购成本的分类

采购成本可以按不同的标志进行分类，不同类型的成本可以分别满足企业管理的不同要求。下面简要介绍本章将要涉及的五种主要成本分类。

1. 成本按其核算的目标分类

现代成本核算有三个主要目标：一是反映业务活动本身的耗费情况，以便确定成本的补偿尺度；二是落实责任，以便控制成本，从而明确有关单位的经营业绩；三是确保产品质量。成本按上述核算目标不同可依次分为业务成本、责任成本和质量成本三大类。

（1）业务成本是以采购业务为中心，以其开支范围为半径的所有成本的集合，即广义的采购成本。

（2）责任成本是指责任中心的各项可控成本。

（3）质量成本是采购人员审核供应商成本结构、降低采购成本所应看到的一个方面。目前，质量成本尚无统一的定义，其基本含义是指工业企业针对某项产品或者某类产品，因产品质量、服务质量或工作质量不符合要求而导致的成本增加，其实质意义是不合格成本，主要包括退货成本、返工成本、停机成本、维修服务成本、延误成本、仓储报废成本等。

区分业务成本、责任成本和质量成本有助于做好成本核算，加强成本的责任管理，提高产品质量。

2. 成本按其发生的时态分类

成本按其时态可分为历史成本和未来成本两类。

（1）历史成本是指以前时期已经发生或本期刚刚发生的成本，即实际成本。

（2）未来成本是指预先测算的成本，又称预计成本，如估算成本、计划成本、预算成本和标准成本等。未来成本实际上是一种成本目标和控制成本。

区分历史成本和未来成本有助于合理组织事前成本的决策、事中成本的控制和事后成本的计算、分析和考核。

3. 成本按其可控性分类

成本的可控性，是指责任单位对其成本的发生是否可以事先预计并落实责任，在事中施加影响以及在事后进行考核的性质。以此为标志，成本可分为可控成本和不可控成本两类。可控成本是指责任单位可以预计、计量、施加影响和落实责任的那部分成本。

利用这种分类可以分清各部门责任，确定其相应的责任成本，考核其工作业绩。

4. 成本按其形态分类

成本形态是指成本总额与特定业务量之间在数量方面的依存关系，又称为成本习性。成本按其形态可分为固定成本、变动成本和混合成本三大类。

（1）固定成本是指在一定条件下，其总额不随业务量变动发生任何变化的那部分成本。

（2）变动成本是指在一定条件下，其总额随业务量成正比例变化的那部分成本。

（3）混合成本是指介于固定成本和变动成本之间，既随业务量变动又不成正比例的那部分成本。

成本按形态分类有利于进行成本分析。

5. 成本按其经济用途分类

成本按其经济用途可分为获取成本、储存成本和品质成本。

1）获取成本

（1）货款及相关税费。

（2）运杂费，包括运输过程中的运费、装卸费、保险费等。

（3）请购手续成本，请购所花的人工费用、事务用品费用、主管及有关部门的审查费用。

（4）事务成本，包括估价、询价、比价、议价、采购、通信联络、事务用品等所花的费用。

（5）进料验收成本，包括检验员的验收手续所花费的人工费用、交通费用、检验仪器仪表费用等。

（6）入库成本，包括物料运输所花费的成本。

（7）其他成本，如会计入账、支付款项等所花费的成本等。

2）存储成本

（1）资金成本。物料的品质维持需要资金的投入。该资金投入此处就使其他需要使用资金的地方丧失了使用这笔资金的机会，如果每年其他使用这笔资金的地方的投资报酬率为20%，即每年物料资金成本为这笔资金的20%。

（2）搬运成本。物料数量增加，则搬运和装卸的次数也增加，搬运工人与搬运设备同样增加，其搬运成本同样也增加。

（3）仓储成本。仓库的租金及仓库管理、盘点、维护设施的费用。

（4）折旧成本。物料容易发生品质变异、破损、报废、价值下跌、呆滞料的出现等情况，这些都会给企业造成一定的费用增加。

（5）其他。如物料的保险费用、其他管理费用等。

3）品质成本

品质成本是为了鉴定采购物料并促使其达到合同规定的品质要求所支付的费用，以及采购的物料未达到品质要求给企业造成的损失。品质成本不是会计中的成本概念。具有一定的隐含性。品质成本可分为以下三个部分：

（1）采购预防成本。评价供应商的品质保证能力，提出采购物料的品质要求，帮助供应商改进产品品质和完善品质体系等活动所发生的费用。

（2）采购鉴定成本。对采购物料进行检验鉴定所发生的费用。这种检验活动包括货源地核对和进厂检验。

（3）采购损失成本。由于采购物料未达到合同规定的品质要求给顾客造成的损失，而供应商又未能给予补偿。

二、采购成本管理的程序

采购成本管理的程序一般包括采购成本核算、采购成本分析和采购成本控制三个阶段。

（一）采购成本核算

采购成本核算是指将企业在采购过程中发生的各种耗费按照一定的对象进行分配和归集，以计算总成本和单位成本。它是采购成本管理的基础环节，为采购成本分析和控制提供信息基础，主要核算采购订货成本、采购维持成本和采购缺货成本。采购订货成本包括请购手续成本、往来沟通成本、采购人工成本、差旅费用、招待费用、保险费用等；采购维持成本包括资金成本、搬运成本、仓储成本、折旧及损耗成本、保险及其他管理费用；采购缺货成本包括安全存货成本、延期交货成本、顾客流失成本等。其基本的核算方法有品种法、分批法、分步法和作业成本法等，具体内容如表 5-1 所示。

表 5-1　采购成本核算方法及应用要点

核算方法	应用要点
品种法	以"产品品种"为对象编制采购成本明细账、采购成本计算单；采购成本计算期一般采用会计期间
分批法	以批次批号为对象编制采购成本明细账、采购成本计算单；采购成本计算期与产品的生产周期一致，与会计报告期不一致
分步法	以此为对象归集费用、计算成本；采购成本计算期一般采用会计期间
作业成本法	即 ABC 成本法，把直接成本和间接成本（包括期间费用）作为产品（服务）消耗作业的成本同等对待，拓宽了成本的计算范围

在具体实施采购成本核算时，应遵循以下原则：

（1）合法性原则。合法性是指计入成本的费用都必须符合法律、法规、制度等的规定。不符合规定的费用不能计入成本。

（2）可靠性原则。可靠性包括真实性和可核实性。真实性是指所提供的成本信息与客观的经济事项一致，不应掺假，不能人为地提高或降低成本。可核实性是指成本核算资料按一定的原则由不同的会计人员加以核算，都能得到相同的结果。真实性和可核实性都是为了保证成本核算信息的正确可靠。

（3）相关性原则。相关性包括成本信息的有用性和及时性。有用性是指成本核算要为管理当局提供有用的信息，为成本管理、预测、决策服务。及时性强调信息取得的时效性。及时的信息反馈有助于及时采取措施。

（4）分期核算原则。企业为了取得一定期间所采购产品的成本，必须将采购活动按一定阶段（如月、季、年）划分为各个时期，分别计算各期产品的成本。成本核算的分期必须与会计期间的分月、分季、分年相一致，这样便于利润的计算。

（5）一致性原则。成本核算所采用的方法，前后各期必须一致，以使各期的成本资料有统一的口径，前后连贯，互相可比。

（6）重要性原则。应将对于成本有重大影响的项目作为重点，力求精确。而对于那些琐碎项目，则可以从简处理。

（二）采购成本分析

采购成本分析是指利用采购成本核算及其他有关资料，分析采购成本水平与构成的变动情况，研究影响采购成本升降的各种因素及其变动原因，寻找降低采购成本途径的分析方法。具体实施步骤如下：

第一步，采购成本分析专员根据采购物资的实际情况编制采购成本分析表。采购成本分析表一般包括材料成本、所需设备工具、人工成本、制造费用、营销费用、税金、供应商利润等，交由采购部经理审核。

第二步，审核通过后将采购成本分析表发给供应商，要求供应商在规定时间内填写并交回。

第三步，回收采购成本分析表，对供应商所填写的物资特性、生产工艺、使用设备和工具进行分析，并根据实际情况向供应商提出优化意见。

第四步，采购成本分析专员根据分析和评估的结果估算采购物资的总成本，编制采购成本分析报告，作为采购过程中与供应商议价的基础。

（三）采购成本控制

采购成本控制是指企业根据一定时期预先建立的采购成本管理目标，在采购成本核算和采购成本分析的基础上，对各种影响采购成本的因素和条件采取一系列预防和调节措施，以降低采购成本的管理行为。在具体实施过程中，企业需要联系实际，选择合适有效的成本控制方法。调查发现，一般可采用以下操作方法。

1. ABC 分类管理法

采用 ABC 分类管理法把采购商品分为不同的类型，相应地采取不同的采购决策，能够有效降低采购成本。它以某一具体事项为对象，进行数量分析，以该对象各个组成部分与总体的比重为依据，按比重大小的顺序排列，并根据一定的比重或累计比重标准，将各组分为 A、B、C 三类。其中，A 类是管理的重点，B 类是次重点，对 C 类进行一般管理即可。应用 ABC 分类管理法对采购物品进行分类，具体操作步骤如下：

第一步，计算每一种材料的金额。

第二步，按照金额由大到小排序并列出表格。

第三步，计算每一种材料金额占采购总金额的比率。

第四步，计算累计比率。

第五步，分类。

累计比率在 0～60%（含）的，为最重要的 A 类材料；累计比率在 60%～85%（含）的，为次重要的 B 类材料；累计比率在 85%～100%（含）的为不重要的 C 类材料。ABC 分类管理法应用举例如表 5-2 所示。其中，A、B 类物资可以集中采购。

基于采购商品分类管理的成本控制方法，将采购部门的工作与生产部门的质量控制、仓储部门的库存管理、运输部门的车辆调度等紧密相连，有利于部门之间的顺畅交流和通力合作。同时，这种控制方法也成为选择供应商的基础。另外，采购活动一般始于采购需求和商品类型的确定。从这种意义上来看，基于采购商品类型的成本控制方法也是一种基础性的成本控制方法。

表 5-2　ABC 分类管理法应用举例

物资名称	采购金额/万元	累计采购金额/万元	累计百分比（%）	分类
001	80	80	40	A
002	40	120	60	
003	20	140	70	B
004	18	158	79	
005	12	170	85	
006	10	180	90	C
007	8	188	94	
008	7	195	97.5	
009	5	200	100	
合计	200			

2. 卡拉杰克模型

卡拉杰克模型（Kraljic Matrix）最早出现于彼得·卡拉杰克（Peter Kraljic）的《采购必须纳入供应管理》一文，这篇文章发表在 1983 年 9 月 10 日的《哈佛商业评论》上。作为资产投资管理工具，投资组合模型这一概念最初是由哈里·马科维茨（Harry Markowitz）于 20 世纪 50 年代提出的。

1983 年，卡拉杰克率先将此组合概念引入采购领域。卡拉杰克模型以采购所牵涉的两个重要方面作为其维度：收益影响（Profit impact）和供应风险（Supply risk）。收益影响代表采购物资在产品增值、原材料总成本以及产品收益等方面的战略影响；供应风险代表供应市场的复杂性、技术创新及原材料更替的步伐、市场进入门槛、物流成本及复杂性以及供给垄断或短缺等市场条件。

据此，卡拉杰克模型将采购项目分为四个类别：杠杆项目（Leverage items）、战略项目（Strategic items）、非关键性项目（Non-critical items）和瓶颈项目（Bottleneck items），并且对不同类别项目相应的采购策略进行了简要描述，如图 5-1 所示。

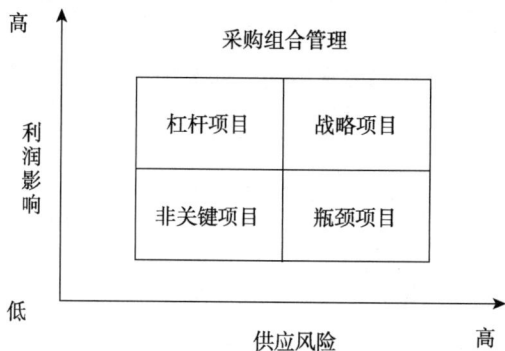

图 5-1　卡拉杰克模型

（1）杠杆项目（Leverage items）。杠杆项目是指可选供应商较多、能够为买家带来较高收益的采购项目。这类项目替换供应商较为容易，具有标准化的产品质量标准。

买卖双方地位：买方主动，相互依赖性一般。

采购战略推荐：采购招标，供应商选择，目标定价，与首选供应商达成一揽子协议，最后按正常供应程序执行、处理分订单（Call-off order）。

（2）战略项目（Strategic items）。战略项目是指对买方的产品或生产流程至关重要的采购项目。这类项目往往由于供给稀缺或运输困难而具有较高的供应风险。

买卖双方地位：力量均衡，相互依赖性较高。

采购战略推荐：战略联盟，紧密联系，供应商尽早介入，共同创造，并充分考虑垂直整合，关注长期价值。

（3）非关键项目（Non-critical items）。非关键项目是指供给丰富、采购容易、收益影响较小的采购项目。这类项目具有标准化的产品质量标准。

买卖双方地位：力量均衡，相互依赖性较低。

采购战略推荐：通过提高产品标准和改进生产流程，减少对此类项目的采购投入。

（4）瓶颈项目（Bottleneck items）。瓶颈项目是指只能由某一特定供应商提供、运输不便、收益影响较小的采购项目。

买卖双方地位：卖方主动，相互依赖性一般。

采购战略推荐：数量保险合同、供应商管理库存、确保额外库存、寻找潜在供应商。

卡拉杰克模型的分析步骤如下：

①采购组合分析准备；

②确定收益影响及供应风险的具体原则；

③决定采购组合分析的层次（分析深入至单体项目还是以组为单位进行，分析是以部门、事业单元或公司整体为单位进行的）；

④将掌握的数据信息输入卡拉杰克模型；

⑤对结果进行分析讨论；

⑥为矩阵各象限制定采购战略和执行措施；

⑦战略执行和监督。

三、控制采购成本的途径

控制采购成本对一个企业提升经营业绩至关重要。采购成本下降不仅体现在企业现金流出的减少上，而且直接体现在产品成本的下降、利润的增加，以及企业竞争力的增强中。

企业采购成本控制的范围包括采购申请、计划、询价、谈判、合同签订、采购订单、物资入库、货款结算等采购作业的全过程。控制采购成本的主要途径包括以下几个方面。

（一）改善采购环境

改善采购环境的控制方法是把企业自身、企业所处的环境及其相互关系作为采购成本控制的重要因素。采购环境是采购工作者组织采购活动的存在条件，包括企业内部环境和企业外部环境。企业内部环境的改善可以通过促使采购部门同其他部门进行有效沟通、增强业务的透明度、优化采购决策过程、设计更好的激励机制、降低运营成本和材料采购价格、减少废品数量、产生更优的决策。企业外部采购环境即采购和供应市场，日益动荡的全球供应市场越发凸显出对采购市场进行研究的重要性。通过采购市场研究，可以提前掌握采购方面的关键信息，规避供应市场风险所引发的采购成本增加的不利因素，并能抓住降低采购成本的机会，增强企业采购成本的控制能力，实现企业的采购目标。

（二）建立严格的采购制度

建立严格的采购制度，不仅能规范企业的采购活动、提高效率、杜绝部门之间的推诿和纠纷，而且能预防采购人员的不良行为。采购制度应细化规定物料采购的申请、授权人的批准权限、物料采购的流程、相关部门（特别是财务部门）的责任和关系、各种材料采购的规定和方式、报价和价格审批等，明确对不合理或违规采购活动的惩戒处置程序和方式。

（三）加强采购价格管理

采购价格管理的控制方法主要有 7 种，即目标价格法、成本价格法、谈判价格法、招标采购价格法、集中采购价格法、价值分析价格法和期货采购价格法。企业采购部门应综合运用一种或几种价格策略，为企业争取到一个公平的采购价格，提高企业控制采购成本的能力。

价格会经常随着季节、市场供求情况而变动，采购人员应注意价格变动的规律，把握好采购时机。

（四）确定合适的采购批量

采购部应该及时了解物资库存信息、已订购未到达物资信息，在制订采购计划时，应在充分分析现有存货量、货源情况、订货所需时间、物资需求量、货物运输到达时间等因素的基础上，结合各种货物的安全存货量等，确定最合适的订货量及订货时点。当企业参照经济订货批量来订货时，可实现订货费用、储存费用等费用之和的最小化。

（五）估算供应商的产品/服务成本

全面控制采购成本不仅要靠企业内部挖掘潜力，而且还应延伸到对供应商的成本进行分析，如通过参观供应商的设施、要求供应商提供有关资料、估算供应商的成本、与供应商一起寻求降低大宗材料成本的途径等。只有这样，才能与供应商构建双赢的局面，达到控制采购成本的目的。

采购部在实施物资采购时，要严格执行财务部核定的物资采购最高限价。当出现以下情形时，应对供应商成本价格进行分析：

（1）新材料无采购经验时。

（2）底价难以确认时。

（3）无法确认供应商报价的合理性时。

（4）供应商单一时。

（5）采购金额巨大时。

（6）为了提高议价效率。

第二节　采购成本分析

运用科学的采购方法，可以大大降低企业的生产成本，给企业带来利润。采购成本的下降不仅直接体现在产品成本的下降、利润的增加上，而且体现在企业现金流出的减少，以及企业竞争力的增强上。运用科学的采购理论方法进行采购分析，还可以提高决策的科学性、准确性。

一、采购成本结构分析

采购成本是指企业经营中因采购物料而发生的费用，也就是在采购物料过程中的购买、包装、装卸、运输、存储等环节所支出的人力、物力、财力的总和。

采购成本主要包括以下几个方面的内容：从事采购的工作人员的工资、奖金及各种补贴；采购过程中的各种物资损耗，如包装材料、电力的消耗、固定资产的磨损等；材料在运输、保管等过程中的合理损耗；再分配项目支出，如支付银行贷款的利息等；采购管理过程中发生的其他费用，如办公费用、差旅费等。根据成本分析的方法，可以将以上各项归纳为三种成本：材料成本、采购管理成本、存储成本。其计算公式为：

采购成本 = 材料成本 + 采购管理成本 + 存储成本

（一）材料成本

材料成本也就是材料的价格成本。其计算公式为：

材料的价格成本 = 单价 × 数量 + 运输费 + 相关手续费、税金等

在材料的价格成本中，材料的买价是最重要也是所占比重最大的。可以说，物资采购控制的核心是采购价格的控制，降低采购成本的关键也是控制采购价格。

（二）采购管理成本

采购管理成本是组织采购过程中发生的费用。其计算公式为：

采购管理成本 = 人力成本 + 办公费用 + 差旅费用 + 信息传递费用

要降低采购成本，关键是要加强对采购人员的管理，具体来说，就是要招聘在才能和品德方面都优秀的高素质采购人员。

（三）存储成本

存储成本是物资在存储过程中发生的费用，一般与库存量成正比关系，其计算公式为：

存储成本 = 贷款利息 + 仓储保管费用 + 存货损坏费用 + 其他费用

在存储成本中，仓储保管费用占了很大的比例。要对其进行控制，可采用存货管理的 ABC 分类法，即将货物分为 A、B、C 三类，通过合理安排企业的人、财、物，达到

节约、降低存储成本的目的。

（四）质量成本

质量成本是采购人员审核供应商成本结构、降低采购成本所应关注的一个方面。目前，质量成本尚无统一的定义，其基本含义是指工业企业针对某项产品或者某类产品，因产品质量、服务质量或工作质量不符合要求而导致的成本增加，其实质意义是不合格成本，主要包括退货成本、返工成本、停机成本、维修服务成本、延误成本、仓储报废成本等。

二、采购中的学习曲线

（一）学习曲线的含义

学习曲线（Learning curve）是分析采购成本、实施采购降价的一个重要工具和手段。学习曲线最早由美国航空航天工业协会提出，其基本概念是随着产品的累计产量增加，单位产品的成本会以一定的比例下降（如图 5-2 和图 5-3 所示）。单位产品成本的降低与规模效益并无任何关系，它是一种学习效益。这种学习效益是指某产品在投产初期由于经验不足，产品的质量保证、生产维护等需要较多的精力投入，以致带来较高的成本。随着累计产量的增加，管理渐趋成熟，所需的人力、财力、物力逐渐减少，工人越来越熟练，质量越来越稳定，前期生产学习期间的各种改进措施逐步见效，这时成本不断降低。主要表现如下：

（1）随着累计产量的增加，管理逐步进入成长、成熟期，生产经验不断丰富，所需的监管、培训及生产维护费用不断减少。

（2）随着累计产量的增加，工人日趋熟练，生产效率不断提高。

（3）生产过程中的报废率、返工率以及产品的缺陷率不断降低。

（4）生产批次不断优化，设备的设定、模具的更换时间不断缩短。

（5）随着累计产量的增加，原材料的采购成本不断降低。

（6）通过前期生产学习，设备的效率及利用率等不断得到改进。

（7）通过前期生产学习，物流不断畅通，原材料及半成品等库存控制日趋合理。

（8）通过改进过程控制，突发事件及故障不断减少。

（9）随着生产的进行，工程、工艺技术调整与变更越来越少。

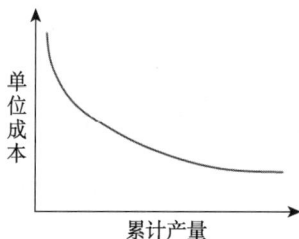

图 5-2　规模经济曲线　　　　　　图 5-3　学习曲线

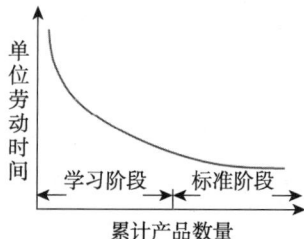

（二）学习曲线的基本模型

学习曲线反映累计产量的变化对单位成本的影响，累计产量的变化率与单位工时或成本的变化率之间保持一定的比例关系，如图 5-4 所示。

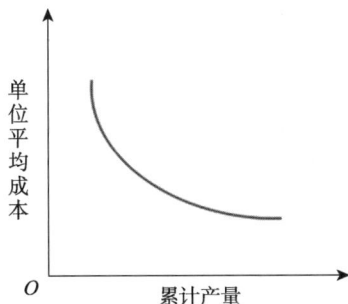

图 5-4　学习曲线：单位平均成本与累计产量

学习曲线的基本原理是，每当一个特定产品的累计产量翻倍时，生产该产品所需平均时间大约为最初所需时间的 $x\%$。例如，一个曲率为 80% 的曲线意味着当产品的累计产量翻倍时，生产一单位产品所需时间只需要最初时间的 80%，如表 5-3 所示。

表 5-3　某产品的学习曲线效益（80%学习曲线）

累计产量/件	单件产品所需时间/h
1000	20
2000	16
4000	12.8
8000	10.24
16000	8.2

（三）学习曲线的应用条件

学习曲线和其他管理方法一样，其应用是有条件的。它首先满足两个基本假定：一是生产过程中确实存在着学习曲线现象；二是学习曲线的可预测性，即学习现象是规律性的，因而学习曲线率是能够预测的。除此之外，学习曲线是否适用，还要考虑以下几个因素：

（1）它只适用于大批量生产企业的长期战略决策，对短期决策的作用不明显。

（2）它要求企业经营决策者精明强干、有远见、有魄力，充分了解企业内外的情况，敢于坚持降低成本的各项有效措施，重视经济效益。

（3）学习曲线与产品更新之间既有联系，又有矛盾，应处理好二者的关系，不可偏废一方。不能片面认为只要产量持续增长，成本就一定会下降，销售额和利润就一定会增加。如果企业忽略了资源市场、顾客爱好等方面的情况，就难免出现产品滞销、积压乃至停产的局面。

（4）劳动力保持稳定，不断革新生产技术和改进设备。

（5）学习曲线适用于企业的规模经济阶段，当企业规模过大，出现规模不经济时，学习曲线的规律就不再存在。

以上是学习曲线的应用条件，对于采购来说，学习曲线分析一般适合于以下情形：

（1）供应商按客户的特殊要求制造的零部件。

（2）涉及需大量投资或新添设备、设施的产品生产。

（3）需要使用的模具、夹具、检具或检测设施，无法同时向多家供应商采购。

（4）直接劳动力成本占价格成本比例较大。

三、整体采购成本

在采购过程中，原材料或零部件的采购价格固然是很重要的财务指标，但作为采购人员，不仅要看到采购价格本身，还要将采购价格与交货、运输、包装、服务、付款等相关因素结合起来考虑，衡量采购的实际成本。在实践中，采购价格与采购成本常常有很大的差距。

整体采购成本又称为战略采购成本，是除采购成本之外考虑到原材料或零部件在本企业产品的全部生命周期所发生的成本，它包括采购在市场调研、自制或采购决策、产品预开发与开发中供应商的参与、交货、库存、生产、出货测试、售后服务等整体供应链中各环节所产生的费用对成本的影响。采购人员的最终目的是降低整体采购成本。整体采购成本主要发生在以下过程或环节中。

（一）开发过程中因供应商介入或选择可能发生的成本

（1）因原材料或零部件影响产品的规格与技术水平而增加的成本。

（2）对供应商技术水平的审核产生的费用。

（3）原材料或零部件的认可过程产生的费用。

（4）原材料或零部件的开发周期影响本公司产品的开发周期而带来的损失或费用。

（5）原材料或零部件及其工装（如模具）等不合格影响本公司产品开发而带来的损失或费用。

（二）采购过程中可能发生的成本

（1）原材料或零部件采购费用。

（2）市场调研与供应商考察、审核费用。

（3）下单、跟单等行政费用。

（4）文件处理费用等。

（三）企划（包括生产）过程中与采购相关的成本

（1）收货、发货（至生产使用点）费用。

（2）安全库存仓储费、库存利息。

（3）生产过程中的原材料或零部件的库存费用。

（4）企划与生产过程中涉及原材料或零部件的行政费用等。

（四）质量体系中可能发生的采购成本

（1）供应商质量体系审核及质量水平确认产生的费用。

（2）检验成本。

（3）因原材料或零部件不合格而导致的对本公司的生产、交货方面造成的损失等。

（五）售后服务过程中因原材料或零部件而发生的成本

（1）零部件失效产生的维修成本。

（2）零部件维修服务不及时造成的损失。

（3）因零部件问题严重而影响本公司产品销售造成的损失等。

在实际采购过程中，整体采购成本分析通常要依据采购物品的分类模块，按二八原则选择主要的零部件进行分析，而不必应用到全部的物料采购中。

四、降低采购成本的途径

降低采购成本是采购部门的一项基本职责，应着眼于供应商和供应市场。企业可以从以下几个方面来考虑。

（一）优化整体供应商结构及供应配套体系来降低采购成本

优化整体供应商结构及供应配套体系主要包括：通过供应商市场调研等寻找更好的新供应商；通过市场竞争招标采购；与其他单位合作，实行集中采购；减少现有原材料及零部件的规格品种，进行大批量采购；与供应商建立伙伴型合作关系，取得优惠价格。

（二）通过对现有供应商的改进来降低采购成本

对现有供应商的改进主要包括促使供应商实施即时供应；改进供应商的产品质量，以降低质量成本；组织供应商参与本企业的产品开发及工艺开发，降低产品与工艺成本；与供应商实行专项共同改进项目，以节省费用并提高工作效率。

（三）通过 JIT 采购降低采购成本

JIT 采购是一种准时化采购模式，可以最大限度地减少浪费，降低库存，实现零库存。利用 JIT 采购可以在四个方面降低采购成本：降低库存，减少库存成本；提高质量水平，降低质量成本；减少采购环节，降低采购成本；降低采购价格，减少采购成本。

（四）通过网上采购降低采购成本

随着互联网技术的普及和网络优势的发挥，电子商务的优势可以帮助企业达到降低成本的目的，采购也不例外，企业可以通过网上采购来降低采购成本。如何利用网上采购来降低采购成本呢？具体有五种途径：统一订货，获得折扣；适时订购，降低库存；科学管理，减少损失；发布公开信息，获取最低价格；减少中间环节，降低交易成本。

第三节　采购成本控制的方法

一、价值分析法

价值分析（Value analysis，VA）是 1947 年美国通用电气公司采购部主任 L.D. Miles 提出的，最初用于解决防火材料 Asbestos 的问题。L.D. Miles 一直从事价值分析研究和技术训练推广工作，在价值科学的研究方面做出了巨大贡献，被誉为"价值分析之父"。1954 年，美国国防部引入通用电气公司的价值分析观念，命名为价值工程（Value engineering，VE）。日本则在 1955 年，即第二次世界大战后第一次经济大景气时，组团赴美考察得悉此项降低成本的工具，并在 1960 年前后将其正式引入日本。

价值分析是研究产品材料、劳务成本与功能，在不影响原有品质或效能的条件下，通过改进设计、改善制造方法、变更对供应商的要求条件等，达到降低成本的组织化与制度化的一种活动。价值分析已不是过去那种简单降低成本的方法，而是加强成本意识，减少那些不必要的成本，以提高其使用价值的方法。换句话说，价值分析以最必要的成本，来实现产品所必须保持的功能、品质及价值，并设法扩大产品现有的价值。价值分析就是用最低的成本发挥出产品的主要功能。

价值分析公式如下：

$$价值（V）＝功能（F）÷成本（C）$$

根据上面的公式，可通过以下方法提高产品的价值。

提高功能，降低成本，大幅度提高价值。

功能不变，降低成本，提高价值。

功能有所提高，成本不变，提高价值。

功能略有下降，成本大幅度降低，提高价值。

适当提高成本，大幅度提高功能，提高价值。

用户为什么要选择节能灯泡

用户需要 60 瓦亮度的灯泡，市场上可供选择的有名牌、杂牌和节能灯泡（12 瓦相当于 60 瓦的亮度）等各种灯泡，其单价分别是 2.5 元、1.8 元和 14 元；使用寿命分别是 800 小时、300 小时和 1800 小时。

初看时杂牌灯泡最便宜，如果经过采购的价值分析，我们还会不会买杂牌灯泡呢？

具体分析如下：

设电费为 0.4 元/千瓦时，以 1800 小时的照明时间计算各种灯泡的购买及使用成本。1800 小时需要杂牌灯泡 6 只（1800/300＝6 只），则

使用杂牌灯泡总支出＝购买成本＋使用成本＝6×1.8＋0.06×1800×0.4＝10.8＋43.2＝54（元）

同理，使用名牌灯泡总支出＝1800÷800×2.5＋0.06×1800×0.4＝48.825（元）

使用节能灯泡总支出＝14＋0.012×1800×0.4＝22.64（元）

从以上分析中可看出，使用节能灯泡的费用最低，应该选用节能灯泡。

初看时杂牌灯泡最便宜，但经过采购的价值分析，你就不会再购买杂牌灯泡了。为什么呢？

（一）价值分析法在采购中的应用

以往，企业面对经济萧条时，为了追求企业利润和降低成本，经常使用的方法是通过采购人员的强势谈判能力，尽量压低卖方的要价。近几年来，经济、社会的变化，不仅使企业经营成本大幅度提高，更导致企业经营管理的巨变，因此，只凭以往的强势行为，已无法达到降低采购价格与生产成本的目的。或许尚有采购人员抱着以往强势采购的观念，例如，卖方是靠买方企业生存的，只有杀价才能买到低价货物。企业中这种类型的采购人员，将是影响企业成长和发展的重要源头之一。目前国内外很多企业都在使用价值分析的策略。

价值分析对于解决物资采购中所遇到的问题具有重要的应用价值。正确选购物资是企业合理使用物资、降低产品成本的先决条件，要做到正确地选购物资，就必须对采购物资进行价值分析，以最低的成本费用获取所需物资，价值分析的目的就是尽力降低成本费用。我们知道，采购成本不论是直接成本还是间接成本，都是影响企业经营、参与市场竞争、谋求利润的一大因素。同时，采用价值分析也有助于降低物资的使用费用。购置费用容易引起人们的重视，而使用费用往往被人们忽视。例如，有的物资购置费用低，但使用费用却比较高，而价值分析则要求将物资整个寿命周期内的费用降到最低。

（二）价值分析法的实施步骤

1. 选择对象

进行价值分析时，首先要选定对象。一般来说，选择价值分析的对象要考虑生产经营的需要以及对象价值本身有无提高的潜力。例如，选择占成本比例大的原材料部分，如果能够通过价值分析降低成本提高价值，那么这次价值分析对降低产品总成本的影响将非常显著。就对象选择而言，是以能否实现较好的经济效益为基本原则，因此，所选择的对象通常是：①需求量大的产品；②正在研制、即将投入市场的新产品；③竞争激烈的产品；④用户意见大，急需改进的产品；⑤成本高、利润少的产品；⑥结构复杂、技术落后、工序繁多、原材料品种多、紧缺资源耗用量大的产品；⑦数量多、体积重量

大的零部件；⑧制造费用高的零部件；⑨用料多、耗费稀缺资源的零部件等。

2. 收集情报

选定分析对象后需要收集对象的相关情报，包括用户需求、销售市场、技术状况、经济分析以及本企业的实际能力等。价值分析中能够确定的方案多少以及实施成果的大小与情报的准确程度、及时程度、全面程度紧密相关。

3. 功能分析

这一阶段要进行功能的定义、分类、整理、评价等步骤。

4. 提出改进方案

经过分析和评估，分析人员可以提出多种方案。

5. 方案评价与选择

从多种备选方案中筛选出最优方案加以实施。通常从有效性、可行性、经济性、可靠性四个方面进行评价，并采取加权平均的方式进行筛选。

6. 试验

在决定实施方案后应制订具体的实施计划，提出工作的内容、进度、质量、标准、责任等方面的内容，确保方案的实施质量。

7. 提案审批和实施

为了掌握价值分析实施的成果，还要组织成果评价。成果鉴定一般以实施的经济效益、社会效益为主。

二、目标成本法

目标成本，是指企业在新产品开发设计过程中，为了实现目标利润而必须达到的成本目标值，即产品生命周期下的最大成本允许值。目标成本规划法的核心工作就是制定目标成本，并且通过各种方法不断地改进产品与工序设计，以最终使得产品的设计成本小于或等于其目标成本。这一工作需要由包括营销、开发与设计、采购、工程、财务与会计，甚至供应商与顾客在内的设计小组或工作团队来进行。

产品的目标成本确定后，可与公司目前的相关产品成本相比较，从而确定成本差距。而这一差距就是设计小组的成本降低目标，也是其所面临的成本压力。设计小组可把这一差距从不同的角度进行分解，如可分解为各成本要素（原材料和辅助设备的采购成本、人工成本等）或各部分功能的成本差距；也可按上述设计小组内的各部分（包括零部件供应商）来分解，以使成本压力得以分配和传递，并为实现成本降低目标指明具体途径。采购部门则要根据每种材料的目标成本去进行采购，以保证最终产品的成本能达到目标成本的要求。

所以，适时地利用帕累托分析等工具来找出关键成本是非常必要的。

三、ABC 分类控制法

　　企业所采购的物料有的品种不多但价值很大，而有的品种很多但价值不高。由于企业的资源有限，所以对所有采购品种均给予相同程度的重视和管理是不科学的，也是不切实际的。为了更充分地利用有限的人、财、物力等资源，应对采购物料进行分类，将成本控制的重点放在重要的物料上，即依据物料重要程度的不同，分别进行不同的成本控制，这就是 ABC 分类控制法。

　　ABC 分类控制法的标准是根据每种物料每年采购的金额大小，将年采购金额最高的划为 A 类，次高的划为 B 类，低的划为 C 类。对 A 类物料集中力量进行重点成本控制，对 B 类物料按常规进行成本控制，对 C 类物料进行一般成本控制。

（一）ABC 分类控制的准则

1. A 类物料

　　此类物料在品种数量上一般占 15%左右，但所占采购金额却相当大，应该千方百计降低它们的采购量（对于商业部门，则是增加它们的销售额）。对于采购人员，除了应该协助企业降低它们的采购量（或增加其销售额），还要在保障供给的条件下，尽量降低它们的库存量，从而减少资金占用，以提高资金周转率。A 类物料消耗金额高，提高其周转率能获得较大的经济效益。但是，A 类物料又恰恰是企业中的重要物料，当不能增加其库存量，相反还要降低时，就会增加缺货风险，进而增加影响生产与经营的风险。加强控制 A 类物料的目的，正是要靠管理的力量使库存量降低，同时又能保障供给。只要采用适当的策略，严密监视 A 类物料库存量的变化情况，在库存量降低到报警点时立即采取必要而积极的措施，就可以防止缺货。

　　采购人员可以从以下几个方面加强对 A 类物料的控制。

　　（1）勤采购，最好买了就用，用了再买。这样库存量自然会降低，资金周转率也相应会提高。当然，在绝大多数情况下，公司都是采购一批物料，以保证一段时间的供给，用完后再买。对 A 类物料来说，原则上应该尽可能降低一次采购的批量。

　　（2）勤发料，每次发料量应适当控制。减少发料批量，可以降低一级库的库存量，也可以避免以领代耗的情况出现。当然，每次发料的批量应满足工作上的需要。

　　（3）与需求部门勤联系，了解需求的动向。企业要对自己的物料需求量进行分析，弄清楚哪些是日常需要、哪些是集中消耗（如基建项目、技改专用项目等的用料量集中发生、批量很大，而且用料时间是可以预知的）。因为后者是大批量的冲击需求，所以应掌握其需求时间，需求时再进货，不要过早进料造成积压。要掌握生产或经营中的动态，了解需求量可能发生的变化，从而使库存量满足这种变化。要与需求部门协同研究物料代用的可能，尽量降低物料的单价。

　　（4）恰当选择安全系统，使安全库存量尽可能减少。恰当选择报警点，对库存量变化要严密监视，当库存量降低到报警点时，要立即行动，采取预先考虑好的措施，以免发生缺货。应与供应商联系，了解下一批供货什么时候可以到达、数量有多少；计算缺少的数量，通过各种渠道，如补充订货、互相调剂、求援、请上级公司帮助解决等措施解决缺额量。与供应商密切联系，要提前了解合同执行情况、运输可能等。要协商各种紧急供货的互惠方法，包括经济上的补贴办法。

2. C 类物料

C 类物料与 A 类物料相反，品种数目众多，而所占的金额却相对较少。品种如此之多，如果像 A 类物料那样加以控制，费力大、经济效益却不高，这是不划算的。C 类物料的成本控制原则与 A 类物料相反，不应投入过多的控制力量，宁可多储备一些，以便集中力量控制 A 类物料。由于其所占金额非常少，所以多储备并不会占用多少资金。

多年来已不采购的物料不属于 C 类物料，而应视作积压物料。这部分库存，除其中某些品种因其特殊作用仍必须保留的以外，其余都应该清仓处理，避免积压。

3. B 类物料

B 类物料的状况处于 A、C 类物料之间。因此，其控制方法也处于 A、C 类物料的控制方法之间，采用常规方法管理。

（二）ABC 分类控制的几个问题

采购人员在对 ABC 三类物料进行采购成本控制时，还必须注意几个问题，即单价的影响问题、物料的重要性问题以及其他一些追加的问题。

1. 单价的影响

ABC 分类标准一如前述，一般是以物料的年采购金额作为标准，即单价与年采购量的乘积。年采购金额相同的两个品种，其中一个可能年采购量大、单价小，另一个可能年采购量小、单价大。两者的成本控制策略应略有区别：一般单价高的物料在成本控制上要比单价较低的物料更严格，因为单价高，存量略增一点，占用金额便会急剧上升。凡单价高的品种，在成本控制时应有特殊要求，即与需求部门密切联系，详细了解使用方向、需求日期与数量，准时组织采购，控制库存量，力求减少积压，同时尽量少用高价物料。

2. 物料的重要性

进行 ABC 分类时只考虑采购金额的多少是不够的，还必须考虑物料的重要性。

物料的重要性体现在以下三个方面：

（1）缺货会造成停产或严重影响正常生产；

（2）缺货会危及安全；

（3）市场短缺物料，缺货后不易补充。

采购人员不应把 ABC 分类与物料的重要性混淆，它们具有不同的意义。

（1）A 类物料固然总是重要的，但其重要性首先在于它们的年采购金额相当高，部分 A 类物料同时具有缺货会影响生产、危及安全或不易补充等特点，但也有一部分 A 类物料不具备这些特点。而某些 B 类或 C 类物料虽然年采购金额并不高，但具有缺货会影响生产、危及安全、不易补充等特点。因此，B 类和 C 类物料也可能是重要物料。

（2）对于 A 类物料，采购人员的成本控制策略是降低安全系数，适当压缩存量，用加强管理的办法补救由此造成的风险。但对于重要物料，采购主管的策略则是增加安全系数、提高可靠性，辅以加强管理。

3. 其他问题

在采用 ABC 分类控制法将物料分成若干类别之前，还要考虑除财务因素以外的其他因素。这些因素可能会影响或改变物料的分类以及成本控制方式。这些因素有采购困难问题、预测困难问题（需求量变化大）、储存期限短、仓储容量需求大（体积太大）等。

客观题

1. 简述采购成本管理的概念。
2. 阐述采购成本管理的程序。
3. 简述降低采购成本的途径。
4. 采购成本结构分析包含什么？
5. 什么是价值分析法？

参考文献

[1]　梁军，张露，徐海峰. 采购管理[M]. 北京：电子工业出版社，2019.
[2]　何婵. 采购管理[M]. 南京：南京大学出版社，2017.
[3]　李恒兴，鲍钰. 采购管理[M]. 北京：北京理工大学出版社，2018.
[4]　卢园，杜艳，邓春姊. 采购管理[M]. 南京：南京大学出版社，2017.
[5]　李方峻，曹爱萍. 采购管理实务[M]. 北京：北京大学出版社，2019.
[6]　汪娟. 采购管理实务[M]. 成都：电子科技大学出版社，2018.
[7]　张文法. 采购管理实务[M]. 北京：电子工业出版社，2018.
[8]　张晓芹，黄金万. 采购管理实务[M]. 北京：人民邮电出版社，2015.
[9]　周蓉，于春艳. 采购管理实务[M]. 杭州：浙江大学出版社，2016.
[10]　涂高发. 采购管理从入门到精通[M]. 北京：化学工业出版社，2019.
[11]　辛童. 采购与供应链管理：苹果、华为等供应链实践者[M]. 北京：化学工业出版社，2018.
[12]　熊伟，王瑜. 采购与供应管理实务[M]. 北京：北京大学出版社，2018.
[13]　赵晓波，黄四民. 库存管理[M]. 北京：清华大学出版社，2018.
[14]　徐杰，卞文良. 采购与供应管理[M]. 北京：机械工业出版社，2019.
[15]　金燕波，陈宁. 采购管理[M]. 北京：清华大学出版社，2016.
[16]　宋玉卿，沈小静，杨丽. 采购管理[M]. 北京：中国财富出版社，2018.
[17]　王红，张支南. 现代物流采购管理[M]. 合肥：安徽大学出版社，2020.
[18]　杨丽. 采购供应管理案例[M]. 北京：中国财富出版社，2019.
[19]　高帆. 采购与供应管理[M]. 北京：北京理工大学出版社，2021.
[20]　朱岩，陈冲. 采购与供应管理[M]. 北京：北京理工大学出版社，2019.
[21]　臧玉洁. 供应链库存管理与控制[M]. 北京：北京理工大学出版社，2019.

案例讨论

扩展阅读：降低采购成本的九种方法

第六章

供应商管理

本章学习目标

1. 了解供应商管理的基本理论和内涵；
2. 掌握供应商选择的方法；
3. 熟悉供应商绩效考核的内容和程序；
4. 熟悉供应商关系管理。

导入案例

华为致信供应商：不会因美国的无理而改变与全球伙伴的合作

2018年12月6日，华为首席财务官孟晚舟在加拿大被捕事件引发全球市场关注。华为供应链股票随即全线下跌。6日晚间，为了平复市场担忧情绪，华为致信全球供应链合作商，公开信中强调，美国政府通过各种手段对一家商业公司施压，是背离自由经济和公平竞争精神的做法，但是华为不会因美国政府的无理而改变与全球供应链合作伙伴的关系，华为将与供应商伙伴一起，增加互信、共同促进全球ICT产业的持续健康发展。

致全球供应商伙伴的一封信

尊敬的供应商伙伴：

相信您已经注意到，最近一段时期美国对华为有很多指控。华为多次进行了澄清，公司在全球开展业务严格遵守所适用的法律法规。

近日，公司CFO孟晚舟女士在加拿大转机时，被加拿大当局以美国政府要求引渡孟晚舟女士在纽约东区接受未指明指控为由临时扣留。

华为公司在该指控方面获得的信息非常少，且并不知晓孟晚舟女士有任何不当行为，公司相信加拿大和美国司法体系最终将给出公正的结论。如果有进一步情况，会及时向大家通报。

我们认为，美国政府通过各种手段对一家商业公司施压，是背离自由经济和公平竞争精神的做法。但是，我们不会因为美国政府的无理，而改变我们与全球供应链伙伴的合作关系。

过去 30 年，华为坚持价值采购、阳光采购的原则，与全球范围 13000 多家企业通过互利、互信、互助的广泛合作，共同打造健康的 ICT 产业链。

在全球化技术合作和产业发展的浪潮下，产业链上下游企业之间互相依赖、荣辱与共，华为的发展成长与供应商伙伴的发展繁荣息息相关。我们将与供应商伙伴一起，增加互信，共同促进全球 ICT 产业的持续健康发展。

期望您一如既往地支持！

华为技术有限公司

2018 年 12 月 6 日

资料来源：新浪财经。

第一节　供应商管理概述

一、供应商管理的概念

（一）供应商的含义

供应商是指在一定时期能够向企业的生产和经营提供各种生产要素（原材料、机器设备、零部件、工具、技术和劳务服务等）的法人、组织或者自然人。供应商可以是生产企业，也可以是流通企业。

供应商作为企业外部环境的组成部分，必然间接或直接地对企业造成影响。因为任何供应商，不管是否与企业有直接关系，都是资源市场的组成部分。资源市场中物资的供应总量、供应价格、竞争态势、技术水平等，都是由资源市场的所有成员共同形成的。企业要维持正常生产，就必须有一批可靠的供应商为其提供各种各样的物资。因此，供应商对企业的物资供应起着非常重要的作用。采购就是直接和供应商打交道，从供应商处采购获得各种物资。采购与供应管理的一个重要工作就是搜寻合适的供应商并进行供应商管理。

（二）供应商管理的含义

供应商管理就是对供应商的了解、选择、开发、控制和使用等综合性管理工作的总称。其中对供应商的了解是基础，选择、开发、控制是手段，使用是目的。

供应商管理的目的就是要建立一个稳定可靠的供应商队伍，与这些供应商建立起合作伙伴关系，为企业生产提供可靠的物资。供应商管理的目的如表 6-1 所示。

表 6-1　供应商管理的目的

目的	企业数量百分比（%）	目的	企业数量百分比（%）
降低库存	76	减少纸面工作	46
控制成本	75	改进质量	43
保证供应	70	取得技术支持	23
缩短交货周期	67		

二、供应商管理的意义

供应商是一个与采购方相独立的利益主体，而且是以追求利益最大化为目的的利益主体。按传统的观念，供应商和采购方是利益互相对立的矛盾对立体，供应商希望从采购方手中多得一点儿，采购方希望向供应商少付一点儿，为此常常斤斤计较。其实如果找到了一个优秀的供应商，它的产品质量好、价格低，而且服务态度好、保证供应、按时交货，采购方就可以非常放心，不但可以获得稳定可靠、质优价廉的物资供应，而且可以获得融洽、互相支持、协调的关系，这对企业加强采购与供应管理、提升生产和成本效益都会有很多好处。

但是某些供应商在实际的供应过程中，不仅不能保证可靠的物资供应，其产品质量也没有保障，且物资价格太高，这些都直接影响采购方的生产和成本效益。例如某些供应商在物资商品的质量、数量上做文章，以劣充优、降低质量标准、减少数量，甚至制造假冒伪劣产品坑害采购方。采购方为了防止伪劣质次产品入库，需要花费很多人力、物力加强物资检验，大大增加了物资采购检验的成本。因此，供应商和采购方之间既互相依赖又互相对立，彼此之间总是一种充满警惕、高度戒备的紧张关系。这种紧张关系对双方都不利，直接影响采购方生产和成本效益。

为了创造一种战略性合作关系，应提倡一种双赢（Win-Win）的供应商关系局面，克服传统的供应商关系观念。企业的采购是从资源市场中获取物资，而供应商作为企业外部环境的组成部分，是资源市场的组成部分，必然会直接或间接地对企业造成影响。企业在采购过程中要想有效地实施采购策略，就必须充分发挥供应商的作用。

实践证明，积极做好供应商管理工作，对企业有着多方面的积极意义。

（1）能提升企业核心能力。随着企业越来越注重核心竞争能力的培养和核心业务的开拓，从外部获取供应资源，有助于企业集中精力来提升自身的核心竞争能力。

（2）能降低商品采购成本。原材料成本在产品总成本中占 60%～70%，该比例将随着企业核心竞争力的集中和业务外包的增加而增大。因此，采购商只有与供应商联合，形成长期稳定的合作关系，才有可能进一步降低商品采购成本。

（3）能提高原材料、零部件的质量。原材料的质量直接影响成品的质量。有数据表明，30%的产品质量问题来自供应商提供的原材料，因此，提高原材料、零部件的质量是提高产品质量的有效手段。

（4）能降低库存水平，加快资金周转。建立一支可靠的供应商队伍，为企业提供稳定可靠的物资供应，有利于企业降低库存水平，进而加快资金周转。

（5）利于新产品开发。随着全球经济、科技发展以及竞争加剧，在未来 5～10 年，新产品开发和上市时间将缩短 40%～60%。要达到这个目标，仅靠采购商的核心能力是远远不够的，让供应商尽早参与研发，可缩短产品开发周期。

（6）缩短供应商的供应周期，提高供应灵活性。统计资料表明，80%的延期交货源自供应商，因此，从供应商供应这个源头抓起，有利于缩短产品的交货期，提高供应灵活性。

（7）可以加强与供应商沟通，改善订单的处理过程，提高材料需求的准确度。

三、供应商管理的目标及内容

（一）供应商管理的目标

1. 供应商管理的总体目标

（1）设计一种能最大限度降低风险的合理的供应结构；

（2）采用一种能使采购总成本最低的采购方法；

（3）与供应商建立一种能促使供应商不断降低成本并提高质量的长期合作关系。

2. 供应商管理的具体目标

（1）获得符合采购方质量和数量要求的产品或服务；

（2）以较低的成本获得产品或服务；

（3）确保供应商提供优质的服务和及时送货；

（4）发展和维持良好的供应商关系；

（5）开发潜在的供应商。

（二）供应商管理的内容

供应商管理的基本环节与内容主要包括：

1. 供应商调查

供应商调查的目的，就是了解企业可能有哪些供应商，各个供应商的基本情况如何，为了解资源市场以及选择供应商做准备。

2. 资源市场调查

资源市场调查的目的，就是在供应商调查的基础上，进一步了解和掌握整个资源市场的基本情况和基本性质：是买方市场还是卖方市场；是竞争市场还是垄断市场；是成长市场还是没落市场；资源生产能力、技术水平以及价格水平如何等，为制定采购策略和选择供应商做准备。

3. 供应商开发

在供应商个体调查和资源市场调查的基础上，可能发现比较好的供应商，但它不一定完全合乎采购方要求。采购方还需要在现有的基础上对其加以改造提高，才能得到一个基本合乎采购方要求的供应商。

4. 供应商选择

在供应商评估与考核的基础上，选定合适的供应商。

5. 供应商绩效考核

供应商绩效考核是一项很重要的工作。在供应商开发过程中需要考核，在供应商选择阶段也需要考核，在供应商使用阶段更需要考核。不过每个阶段考核的内容和形式并不完全相同。

6. 供应商使用

与选定的供应商开展正常的业务合作活动。

7. 供应商激励与控制

在使用过程中激励和控制供应商，以建立一种理想的合作关系。

第二节　供应商管理策略

当今社会，企业之间的竞争逐渐转化为企业供应链之间的竞争。而供应商是整个供应链的"龙头"，供应商在交货、产品质量、提前准备周期、库存水平、产品设计等方面的表现影响着下游采购商的成功与否。因此，供应商管理不仅包括区分供应商级别，对物资供应渠道进行选择，以及从质量、价格、售后服务、交货期等方面对供应商进行综合的动态评估，还包括管理与供应商的关系。企业应在此基础上，进一步确定供应商管理的目标及战略。

供应商管理是企业保证物资供应、确保采购质量和节约采购资金的重要环节。做好供应商管理是做好采购工作的前提与保证，其运作得好坏直接体现出采购部门的水平。

供应商管理主要的三个内容是供应商选择、供应商绩效考核和供应商关系管理。

一、供应商选择

供应商选择是供应商管理的目标，是供应商管理中最重要的工作。供应商选择就是从众多的候选供应商中，选择出几家可以长期打交道的供应商，并与之建立长期的合作伙伴关系。选择一批好的供应商，不但对于企业的正常生产起着决定作用，而且对企业的良好发展也非常重要。

供应商选择是复杂的决策活动，因为企业自身情况各不相同，供应商也存在着多样性，产品市场环境中又常常存在着企业无法控制的约束因素，企业决策目标的差异往往也非常大。因此，企业在选择时要注意各方面的约束条件，结合企业实际计划，有步骤地周密进行。不管是一般选择还是特殊选择，其程序都如图6-1所示。

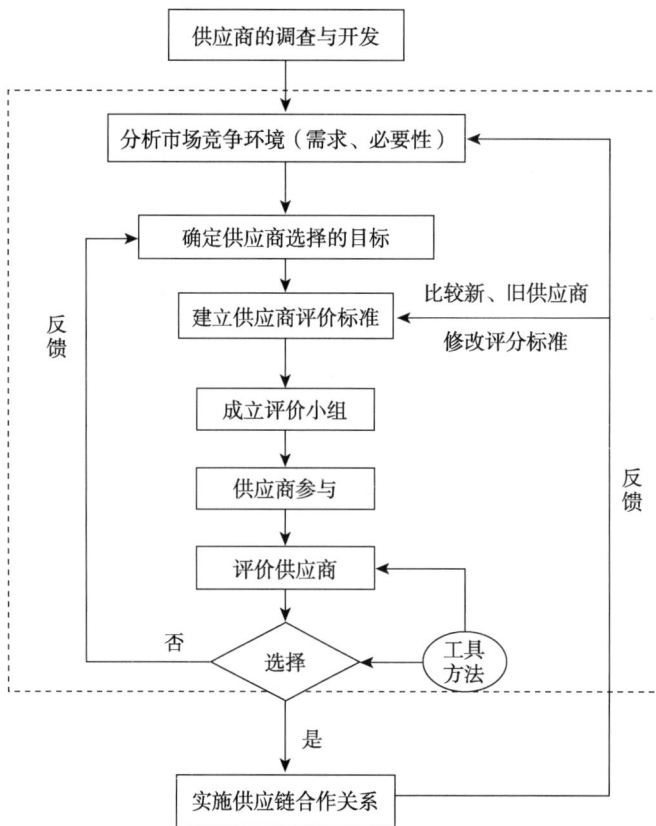

图 6-1　供应商选择的程序

（一）供应商选择的程序

1. 供应商的调查与开发

1）供应商调查

供应商选择的首要工作，就是要了解供应商和资源市场。只有了解供应商，才能从中选择适合自己的合作伙伴；只有了解资源市场，才能结合市场环境，制定选择供应商的条件。要了解供应商的情况，就必须进行供应商调查。

供应商调查是在不同的资源市场进行的，针对不同的企业需求，有不同的要求。其目的就是了解资源市场中有哪些可能的供应商，各个供应商的基本情况如何，为了解资源市场及选择本企业的正式供应商做好充足准备。供应商调查是供应商选择的基础和准备，是一项费力的工作，在不同的阶段有不同的要求，主要包括以下三方面的内容。

（1）初步供应商调查。初步供应商调查主要是对供应商的名称、地址、生产能力、产品、价格、质量、市场份额等基本情况进行调查。进行初步供应商调查，一是为选择正式的供应商做准备；二是通过大量的供应商调查，摸清资源市场的大致情况。

初步供应商调查具有两个特点：

一是调查的内容简单、项目少，仅限于供应商的基本情况；

二是调查面广，因为调查是粗线条进行，所以最好能对资源市场中的所有供应商都做简单了解。

供应商初步调查通常采用访问调查法，即通过访问有关市场主管人员、产品用户、相关的知情人士等建立供应商卡片（如表6-2所示）。在计算机日益普及和数据库管理系统广泛应用的今天，可将卡片上的信息录入到数据库中，利用数据库操作、维护和使用供应商信息。供应商卡片是采购管理的基础工具。我们在采购工作中，经常要选择供应商，就可以利用此卡片上的信息初步筛选供应商。当然，供应商卡片也要根据实际情况经常进行修改和变动。

表 6-2　供应商基本信息

日期：　　　　　　　　　　　　　　　　　　　　　　供应商编号：

公司基本情况	名称					
	地址					
	营业执照			注册资本		
	联系人			职位、部门		
	电话			传真		
	E-mail			信用度		
	所持证件及编号	□ 营业执照＿＿＿＿＿ □ 税务登记证＿＿＿＿＿ □ 检疫合格证＿＿＿＿＿		□ 卫生许可证＿＿＿＿＿ □ 生产许可证＿＿＿＿＿ □ 其他＿＿＿＿＿		
产品情况	产品名	规格	价格	质量	可供量	市场份额
运输方式		运输时间		运输费用		
备注						

在供应商初步调查的基础上，要利用供应商初步调查的资料进行供应商分析，比较各个供应商的优劣势，以便选择符合企业需求的供应商。分析内容如下：

①分析产品的品种、规格和质量水平是否符合企业需要，价格水平如何。只有产品的品种、规格和质量水平都适合企业，才算是企业的合格供应商，才有必要进行深入调查分析。

②分析企业的实力、规模如何，产品的生产能力、技术水平如何，企业的管理水平、信用度如何。

③分析产品是竞争性商品还是垄断性商品。如果是竞争性商品，则分析供应商的竞争态势如何；产品的销售情况如何；市场份额如何；产品的价格水平是否合适。

④分析供应商相对于本企业的地理交通状况，进行运输方式、运输时间和运输费用分析，看运输成本是否合适。

（2）资源市场调查。初步供应商调查是整个资源市场调查的一部分，因为资源市场的外延较供应商要大得多。除供应商调查外，资源市场调查还包括三个方面的内容。

其一，资源市场的规模、容量、性质。例如，资源市场到底有多大范围？市场容量有多大？市场结构如何？是新兴市场还是传统市场？

其二，资源市场的环境。例如，市场的管理制度、规范化程度、经济规模、发展前景等。

其三，资源市场各个供应商的情况，即前面进行的初步供应商调查所得到的情况。对众多供应商的调查资料进行分析就可以得出资源市场自身的基本情况，如资源市场的生产能力、技术水平、管理水平、可供资源量、质量水平、价格水平、需求状况以及竞争性质等。

在资源市场调查的基础上，还要进行资源市场分析，进而为企业制定采购策略、产品策略、生产策略提供决策支持。资源市场分析包含三个主要方面。

其一，要确定资源市场是紧缺型市场还是富裕型市场，是垄断型市场还是竞争型市场。对于垄断型市场，应当采用垄断型采购策略；对于竞争型市场，应当采用竞争型采购策略，如采用投标招标制、一商多角制等。

其二，要确定资源市场是成长型市场还是衰退型市场。如果是衰退型市场，则要趁早准备替换产品，不要等到产品被淘汰了才去开发新产品。

其三，要确定资源市场的总体水平，并根据整个市场水平来选择合适的供应商。通常要选择在资源市场中处于先进水平的供应商，选择产品质量优而价格低的供应商。

（3）深入供应商调查。深入供应商调查即实地考察，是指经过初步调查后，对有意向合作的企业进行更加深入仔细的考察活动。这种考察，是深入供应商企业，对现有的设备工艺、生产技术、组织管理等进行考察，经过对每一环节的考察，得出是否符合本企业要求的结论。有的甚至要根据所采购产品的生产要求进行资源重组和样品试制，试制成功以后，才算考察合格。只有通过这样深入的供应商调查，才能发现好的供应商，并与之建立起比较稳定的合作伙伴关系。

可以分三个阶段具体实施深入调查。

第一阶段：通知供应商生产样品，最好生产一批样品，从中随机抽样进行检验。如果抽检不合格，允许其改进，再生产一批，然后再检验一次。如果再次抽检仍不合格，则这个供应商就落选，不再进入第二阶段。

第二阶段：对于抽检合格的供应商，还要对供应商的生产和管理过程进行全面详细的考察，检查其生产能力、技术水平、质量保障体系、装卸搬运体系和管理制度等，看看有没有达不到要求的地方。如果符合要求，则深入调查可以到此结束，供应商中选；如果检查结果不符合要求，则进入第三阶段。

第三阶段：对于生产工艺、质量保障体系和规章制度等不符合要求的供应商，要协商提出改进措施，限期改进。愿意改进且限期改进合格者，可以成为中选的供应商；不愿意改进，或者愿意改进但限期改进不合格者则落选。深入调查到此结束。

2）供应商开发

开发供应商就是要从无到有地寻找新的供应商，建立起适合企业需要的供应商队伍。

供应商开发是一项很重要的工作，也是一个庞大复杂的系统工程，需要精心策划、认真组织。

（1）供应商信息来源。供应商信息越多，企业选择到合适供应商的机会就越大。供应商信息的主要来源有国内外采购指南；产品发布会；新闻传播媒体；产品展销会；行业协会会员名录、产品公报；各种厂商联谊会或同业协会；政府相关统计调查报告或刊物；其他各类出版物的厂商名录；整体性的媒体招商广告；同行试调，即采购人员可到同行业的供应商店内进行调查；厂商介绍，即对想要引进的商品向同行厂商询问，厂商提供相关信息；供应商自己上门介绍。

（2）供应商开发的操作流程。新供应商的开发工作应有计划地进行，并应在预定的日期之前完成。开发新供应商的一般步骤如下（见图 6-2）。

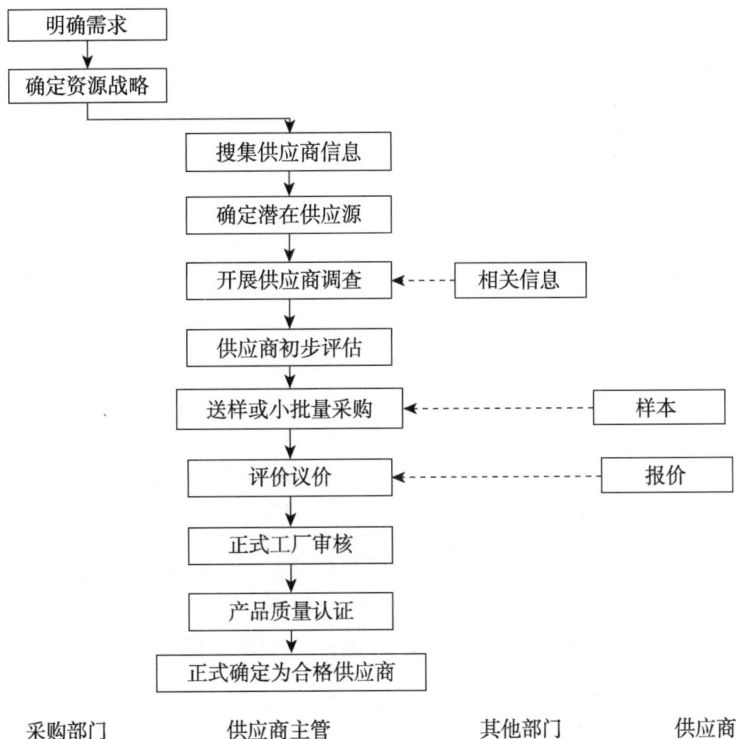

图 6-2　供应商开发的程序

①明确需求。这里所说的需求主要指：

需要何时开发成功；

需要何种原材料或零部件；

年、月需求量为多少；

要开发什么性质的企业作为供应商；

要求供应商有什么样的生产能力、品质水平；

要求是本地供应商还是远近皆可。

另外还可以对产品进行归类管理，将主生产物料和辅生产物料按照采购金额的比重及对自身产品的关系紧密程度和重要程度进行 ABC 分类，对于主要资材可以和供应商建立紧密的关系，对于辅助资材就没有必要与供应商建立很密切的关系，甚至不必建立固定的关系。明确以上问题后，寻找供应商时目标就会更加清晰。

②确定资源战略。没有任何一种单一的资源战略能够满足所有的采购需求。正因为此，某种特定项目或服务所需的采购战略都会影响到供应商开发和评估所采用的方法。当为了采购而评估采购需求时，有以下几种战略可供选择。

单点与多点的供应源；

短期的与长期的采购合同；

选择能提供产品设计支持的供应商与缺乏设计支持能力的供应商；

发展紧密工作联系的采购与传统的采购方式。

所选择的战略对供应商开发和评估步骤产生巨大的影响。

③搜集供应商信息。搜集供应商信息是具体开发工作的第一步。获得新供应商信息的方式有很多，如网络搜索、展会收集、他人介绍等。一般来说，通过各种方式可获得多家供应商的信息，然后要根据企业的要求进行初步筛选，选择 3～5 家供应商作为进一步接触的对象。

④确定潜在供应源。在确定潜在供应源时，买方会依赖各种各样的信息源。一般情况下，买方所寻找的供应商信息的深度是一个多变量的函数。图 6-3 概括了在各种条件下信息搜索的强度。

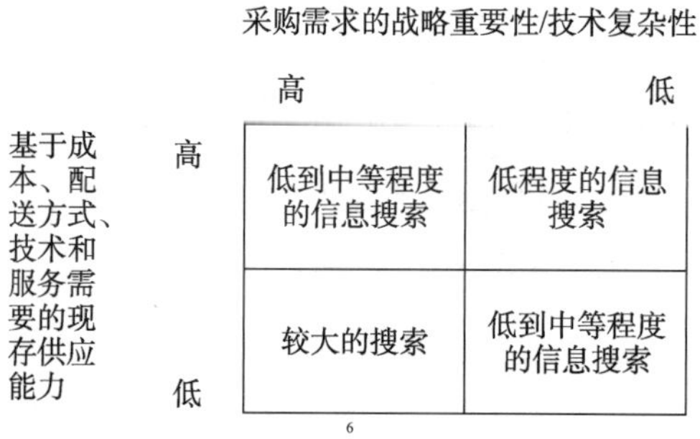

图 6-3　潜在供应源的信息搜索

在第一象限，已有的供应商有能力满足战略或非常规的采购需求。在这种情况下，采购人员必须寻求额外的信息去证实他（她）认为最有可能的供应源。因为采购人员拥有既定供应商和满足要求能力的供应商信息，信息搜索并不像第三象限那么集中。在第四象限，采购需求已经形成惯例或者战略性不强，但是采购人员没有现成的能够满足采购需求的供应商联系渠道。在这个象限，在采购性质给定的条件下，搜索需求低于第三象限但高于第一象限。

⑤开展供应商调查。

➤ 初步联系。一般来说，第一次应尽可能采用电话联系，和相关业务人员明确表达自己的目的、需求，并初步了解该供应商的产品。跟供应商电话联系取得初步的信息后，应根据供应商所在地的远近来采取不同的行动。可以要求距离较近的供应商来企业面谈，应让供应商带上企业简介、相关的样品，以增加会谈效果。面谈时不仅要尽可能多地从供应商那里得到信息，同时也要将企业对供应商的基本要求及对预购原材料的要求尽可能地向供应商表达清楚。如果是远距离供应商，则草率地让供应商千里迢迢赶来显然是不合适的。合适的做法是让供应商用快递将资料和样品寄一些过来，我们可以从供应商提供的资料和样品中了解它的企业实力和工艺水准。此外，我们可以登录供应商的网站去了解供应商的信息。一般来说，初步和供应商联系，最好让他们填写一份调查表，表 6-3 就是一份供应商调查表。

表 6-3 供应商调查表

供应商基本信息	公司名称		厂址	
	成立日期	占地面积		企业性质
	负责人		联系人	
	电话	传真		E-mail
	公司网址			
生产技术设备信息	主要生产设备及用途			
	检测仪器校对情况			
	主要生产线			
	设计开发能力			
	正常生产能力	/月	最大生产能力	/月
	正常交货周期			
	最短交货期及说明			
产品信息	主要产品及原材料			
	产品介绍			
	产品遵守标准	国际标准 国家标准	行业标准 企业标准	
	产品认证情况			
	产品销售区域			
人员信息	公司总体职工	人	管理人员	人
财务信息	固定资产净值	万元	营运资金	万元
	资产负债率	%	短期负债	万元
	银行信用等级			
调查时间	___年___月___日		调查人	

➤ 对供应商进行实地考察。接着，要安排对供应商的实地考察，这一步骤至关重要（见图 6-4）。必要时，在审核团队方面，可以邀请质量部门和工艺工程师一起参与，他们不仅会带来专业的知识与经验，共同审核的经历也有助于公司内部的沟通和协调。在实地考察中，应该使用统一的评分卡进行评估，并着重对其管理体系进行审核，如作业指导书、质量记录等，要求面面俱到，不能遗漏。比较重要的有以下项目：

合同的完备性和合理性，要求销售部门对每个合同进行评估，并确认是否可以按时完成；

建立客户明细单，要求建立合格供应商名录，并要有效地控制程序；

人力资源培训机制，对关键岗位人员有完善的培训考核制度，并有详细的记录；

设备的维护和保养，对设备的维护调整，有完善的控制制度，并有完整记录；

计量工具管理，仪器的计量要有完整的传递体系，这是非常重要的。

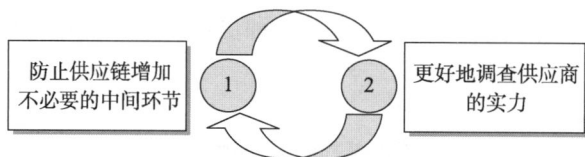

图 6-4 实地考察供应商的目的

在考察中要及时与团队成员沟通；在结束实地考察的会议中，要总结供应商的优点和不足之处，并听取供应商的解释。如果供应商有改进意向，可要求供应商提供改进措施报告，并进行进一步评估。

⑥要求供应商报价。在初步掌握供应商的一些基本情况后，采购人员很想知道的就是供应商能够以什么样的价位提供物料，此时再要求供应商报价就比较合适。报价一般需要包括图纸和规格、样品、数量、大致生产周期、可交付日期等细节，并需要在指定的日期内完成。采购人员在收到报价后，要对其条款仔细分析，对其中的疑问要彻底澄清，而且要求将所有交涉用书面方式留下记录，包括传真、电子邮件等。

⑦正式工厂审核。在与供应商议价后，采购方一般可获得基本满意的价格。如果购买的是关键物料，则除特殊情况外都要安排正式的工厂审核，以利于采购方更准确、更详细地掌握供应商的工程技术能力、品质保证能力、财务状况等。采购方的审核人员一般由采购人员、品管人员、工程技术人员等组成，各部门人员的侧重点是不一样的，采购人员侧重于生产能力、付款方式、交货方式等，品管人员则注重品质系统、检验人员、检测器具及计量检测部门的权威检测报告，而工程技术人员所关心的则是设备、加工精度及工程能力等。工厂审核既可以通过现场查看进行，又可以通过查阅相应的报表和记录进行，还可以通过现场提问的方式来进行。不管采取哪种方式，都应坚持实事求是的原则，既要严格把关又不能吹毛求疵。

⑧产品质量认证。供应商在提供样品的同时，还应根据产品类别提交下列全部或部

分资料：材质证明、安全证明、检验报告、符合证明书。采购人员收到供应商提供的样品后，一般须将供应商名称及样品的一些基本信息填入样品认证表中，并及时把样品在检测、装配过程中发现的问题反馈给供应商，以便让供应商对产品做进一步改进，有时甚至要把双方的工程技术人员召集在一起进行沟通，讨论改善方案。

⑨正式确定为合格供应商。确定满足考评的潜在供应商后，采购方可以进行最后的环节即报价和价格谈判，以最终确定合格供应商，并将其加入合格供应商清单中。供应商的报价中包含大量的信息，如果可能的话，要求供应商提供产品价格表及价格构成表，要求其列出原材料成本、人工、管理费用及其他费用等，并将利润率明示。

⑩订单转移。一般来说，开发新供应商有两个原因：现有供应商的综合服务水平不能满足企业的要求，需要开发新供应商来取代现有供应商或给现有供应商施加压力；企业不断开发新产品，现有供应商不能提供新产品所需的原材料或零部件，或者现有供应商的生产能力不够。

如果目前有供应商在供货，在新供应商开发成功后就要考虑订单如何分配的问题。一般来说，新供应商的订单以逐步增加为宜，以避免新供应商在磨合期中产生的问题影响企业的正常生产。当新供应商供货时间超过 3 个月时，就可将新老供应商在各方面的表现进行比较，综合服务水平高的供应商应得到较多或大部分订单。

2. 分析市场竞争环境（需求、必要性）

市场需求是企业一切活动的驱动源。建立基于信任、合作、开放性交流的供应链长期合作关系，必须首先分析市场竞争环境，其目的在于明确针对哪些产品市场开发供应链合作关系才有效，现在的产品需求是什么，产品的类型和特征是什么，以确认用户的需求，确认是否有建立供应链合作关系的必要。如果已建立供应链合作关系，则根据需求的变化确认供应链合作关系变化的必要性，从而确认供应商评价选择的必要性。同时，分析现有供应商的现状，分析、总结企业存在的问题。

3. 确定供应商选择的目标

企业必须确定供应商评价程序如何实施，信息流程如何运作，由哪些人负责，而且必须建立实质性的目标，其中降低成本是主要目标之一。供应商评价、选择不单单是一个简单的评价、选择过程，而且是企业自身和企业与企业之间的一次业务流程重构过程，实施得好，它本身就可带来一系列利益。

4. 建立供应商评价标准

供应商综合评价指标体系是企业对供应商进行综合评价的依据和标准，是反映企业本身和环境所构成的复杂系统不同属性的指标，是按隶属关系、层次结构有序组成的集合。不同行业、企业、产品需求及不同环境下的供应商评价是不一样的，但都涉及供应商的业绩、设备管理、人力资源开发、质量控制、成本控制、技术开发、用户满意度、交货协议等可能影响供应链合作关系的方面。

5. 成立评价小组

企业必须建立一个小组以控制和实施供应商评价。组员以来自采购、质量、生产、工程等与供应链合作关系密切的部门为主，并且必须有团队合作精神，具备一定的专业技能。评价小组必须同时得到制造商企业和供应商企业最高领导层的支持。

6. 供应商参与

一旦企业决定进行供应商评价，评价小组必须与初步选定的供应商取得联系，以确认他们是否愿意与企业建立供应链合作关系，是否有获得更高业绩水平的愿望。企业应尽可能早地让供应商参与到评价的设计过程中。然而，由于力量和资源有限，企业只能与少数关键的供应商保持紧密合作，所以参与的供应商不能太多。

7. 评价供应商

评价供应商的一个主要工作是调查、收集有关供应商的生产运作等全方位的信息。在收集供应商信息的基础上，就可以利用一定的工具和技术方法对供应商进行评价。

在评价过程后，要有一个决策点，采用一定的技术方法选择供应商。如果选择成功，则可开始实施供应链合作关系；如果没有合适的供应商可选，则返回图 6-1 中所示的"确定供应商选择的目标"重新开始评价选择。

8. 选择供应商

在综合考虑多方面的重要因素后，就可以给每一个供应商评分，采用一定的方法确定供应商。在成功选择供应商后，应与之建立供应链合作关系。

9. 实施供应链合作关系

在实施供应链合作关系的过程中，市场需求将不断变化，可以根据实际情况的需要及时修改供应商评价标准，或者重新开始供应商评价选择。在重新选择供应商之前，应给予原供应商一定的时间以适应变化。

（二）供应商的选择方法

供应商的选择方法有很多，主要分成 3 类：定性分析选择方法、定量分析选择方法、定性与定量相结合的分析选择方法。定性分析选择方法主要是根据以往的经验，凭借已有的关系选择供应商。为了实现选择供应商的客观性和科学性，应该研究选择供应商的定量分析选择方法及定性与定量相结合的分析选择方法。

在供应商的选择中，常用的方法有以下几种。

1. 直观判断法

直观判断法属于定性选择方法，是根据征询和调查所得的资料，结合采购人员的分析判断，对供应商进行评估的一种方法。它主要是通过倾听和采纳有经验的采购人员的意见，或者直接由采购人员凭借经验做出判断，常常用于选择企业非主要原材料的供应商。

2. 评分法

评分法是指依据选择供应商的有关标准列出各项指标，按供应商在各项指标中的表现，分别对各供应商进行评分，选择得分最高的供应商的方法。

例如，某采购商评估供应商有 10 个指标：①商品质量；②技术服务能力；③交付时间；④对采购商的需求反应速度；⑤企业信誉；⑥商品价格；⑦延期付款期限；⑧员工的工作态度；⑨财务状况；⑩内部组织与管理。每项指标分为 5 个档次：优秀、良好、较好、一般、较差。各档的分值为优秀 5 分、良好 4 分、较好 3 分、一般 2 分、较差 1 分，满分为 50 分。每个供应商用一张供应商评分表打分，并计算出所得的总分。比较各供应商所得的总分，得分最高的为中选的供应商。

3. 线性权重法

线性权重法是供应商定量选择中比较常用的方法。其基本原理是给每一个准则分配一个权重，每个供应商的定量选择结果为该供应商各项准则的得分与相应准则权重的乘积之和，通过对各候选供应商定量选择结果的比较，实现对供应商的选择。

例如，某采购商根据本企业的具体情况，对选择供应商的标准，规定不同加权的分数：商品质量 40 分，价格 35 分，合同完成率 25 分，3 项标准共计 100 分。根据供应商历史资料统计，从中选择合适的供应商。

4. 协商选择法

在可选择的供应商较多、采购单位难以抉择时，也可以采用协商选择法，即由采购单位选出供应条件较为优越的几个供应商，同它们分别进行协商，再确定合适的供应商。协商选择法因双方能充分协商，因而在商品质量、交货日期和售后服务等方面较有保证，但由于选择范围有限，不一定能得到最便宜、供应条件最优越的供应商。它适用于采购时间较为紧迫，投标单位少，供应商竞争不激烈，订购物资规格和技术条件比较复杂的情况。

5. 采购成本比较法

采购成本比较法是指在商品质量和交付时间等均能满足采购商要求的情况下，采购商选择供应商主要看采购成本高低。采购成本包括采购商品货款、采购费用和运输费等各项支出。计算出不同供应商的采购成本，其中采购成本最低的供应商为较合适的供应商。

例如，某采购商计划购进 A 商品 200 吨。甲、乙两家供应商都能供货，商品质量和交付时间两项均能满足采购商的要求。距离采购商比较近的甲供应商提供的商品，价格为 320 元/吨，运费为 5 元/吨，采购费用为 200 元；距离采购商比较远的乙供应商提供的商品，价格为 300 元/吨，运费为 30 元/吨，采购费用为 500 元。用采购成本比较法选择合适的供应商。

根据上面提供的数据资料，计算采购商从甲、乙两家供应商采购的成本。

从甲供应商处采购的采购成本为：

$$200 \text{ 吨} \times 320 \text{ 元/吨} + 200 \text{ 吨} \times 5 \text{ 元/吨} + 200 \text{ 元} = 65200 \text{ 元}$$

从乙供应商处采购的采购成本为：

$$200 \text{ 吨} \times 300 \text{ 元/吨} + 200 \text{ 吨} \times 30 \text{ 元/吨} + 500 \text{ 元} = 66500 \text{ 元}$$

从计算结果可以看出，甲供应商的采购成本比乙供应商低 1300 元，因此，甲供应商是合适的供应商。

6. 招标选择法

当采购商所采购的商品数量大，供应市场竞争激烈时，可采用招标选择法来选择供应商。招标选择法中由采购商提出招标文件，该文件是招标、投标双方的行动准则和指南。招投标进程中的每一步都要按照招标文件办事，受招标文件的约束。招标文件不仅规定了完整的招标程序，而且明确地阐述了招标商品的技术、经济、质量、进度要求和双方执行合同的责、权、利，以及投标工作的各项事宜。供应商只要应征投标或接受邀请，就意味着接受招标文件所提出的要求。供应商经过填写、承诺就能形成投标文件。因此，招标文件既是供应商投标的基础，又是双方签订合同的基础。参与投标的各供应商进行竞标，由采购商决标，并与最有利于采购商的供应商签订协议。

二、供应商绩效考核

供应商绩效考核是对正在与企业合作的供应商的表现进行监控和考核，评价结果一方面可以用来审核供应商执行合约的程度，如果出现偏差，企业可以及时进行调整，避免出现供货问题；另一方面也为企业后续选拔或者淘汰供应商提供依据。

供应商绩效考核是指在已经认可的、现有的供应商中进行实际表现的考核，考核的主要目的是了解供应商的表现，促进供应商改进，并为供应商奖励、供应商优化提供依据。

（一）供应商绩效考核的指标体系

供应商的考核体系是指对供应商各种要求所达到的状况进行计量评估的体系，同时也是综合考核供应商的品质与能力的体系。不同类型、不同规模的企业对供应商的考核体系也不同，同时，企业对不同行业的供应商的要求也不尽相同。因此，企业应根据不同供应商行业制定不同的评分要求，以便更好地管理和正确地评估供应商。

不同行业的供应商的评分体系不完全相同，但通常都有质量指标、交货期指标、价格指标、配合度指标四个主要指标。这四个指标加上其他评分项目，组成了供应商评分的总体架构。

1. 质量指标

产品质量是最重要的因素，采购物资的质量符合采购单位的要求是企业生产经营活动正常进行的必要条件，是采购单位进行商品采购时首要考虑的因素。在开始运作的一段时间内，企业要加强对供应商产品质量的检查。供应商质量指标是供应商考评的最基本指标，包括来料批次合格率、来料抽检缺陷率、来料在线报废率、供应商来料免检率等，其中，来料批次合格率是最为常用的质量考核指标。质量指标用公式表示如下：

$$来料批次合格率 = \frac{合格来料批次}{来料总批次} \times 100\%$$

$$来料抽检缺陷率 = \frac{抽检缺陷总数}{抽检样品总数} \times 100\%$$

$$来料在线报废率 = \frac{来料总报废数}{来料总数} \times 100\%$$

$$来料免检率 = \frac{来料免检的种类数}{该供应商供应的种类数} \times 100\%$$

2. 交货期指标

供应商能否按约定的交货期限交货，将直接影响到企业生产的连续性。因而，交货期也是一个很重要的考核指标。考察交货期主要是考察供应商的交货表现以及供应商管理水平，其中最主要的是准时交货率、交货周期、订单变化接收率等，交货周期是自订单开出之日到收货之时的时间长度，常以天为单位。交货期指标用公式表示如下：

$$准时交货率 = \frac{按时交货的实际批次数}{订单确认的交货总批次} \times 100\%$$

$$订单变化接受率 = \frac{订单变动的交货数量}{订单原定的交货数量} \times 100\%$$

订单变化接受率是衡量供应商对订单变化反应的一个指标，供应商能够接受的订单增加接受率与订单减少接受率往往不同，前者取决于供应商生产能力的弹性、生产计划的安排与反应快慢以及库存大小与状态，后者取决于供应量的大小以及减单可能带来损失的承受力。

3. 价格指标

考核供应商的价格水平，可以和市场同档次产品的平均价和最低价进行比较，分别用市场平均价格比率和市场最低价格比率来表示。

$$平均价格比率 = \frac{供应商的供货价格 - 市场平均价格}{市场平均价格} \times 100\%$$

$$最低价格比率 = \frac{供应商的供货价格 - 市场最低价格}{市场最低价格} \times 100\%$$

4. 配合度指标

配合度指标主要考核供应商的协调精神。在和供应商相处的过程中，采购方常常因为环境的变化或具体情况的变化，需要把工作任务进行调整变更，这种变更可能会导致供应商工作方式的变更，甚至要求供应商做出一点牺牲。这时可以考察供应商在这方面积极配合的程度。另外，如果工作出现了困难或者发生了问题，有时也需要供应商的配合才能解决。从这些情形中都可以看出供应商的配合程度。考核供应商的配合度，主要靠人们的主观评分，同时需要找出与供应商相处的有关人员，让他们根据这方面的体验为供应商评分。

上述供应商选择的评价标准可以通过表 6-4 的形式直观地表现出来。

表 6-4　某企业供应商选择评价表

编号：　　　　　　　　　　　　　　　　　　　　　　　　　　　日期：

供应商名称：				联系人：	
地址：				联系电话：	
项目	赋分	考核内容		最终得分	考核人
质量指标	30	来料不合格批次在总批次中所占比率，每增加一个百分点扣 0.3 分			
交货期指标	20	未按时交货批次在总交货批次中所占比率，每增加一个百分点扣 0.2 分，此外逾期 1 天加扣 1 分，造成严重影响者加扣 2 分			
价格指标	40	标准分为 20 分，每高出标准价格一个百分点扣 2 分，每低于标准价格一个百分点加 2 分			
配合度指标	10	工作出现问题配合度差的，每次扣 1 分；在公司会议上遭到正式批评的，每次扣 2 分；遭到客户抱怨或投诉的，每次扣 3 分			
合计得分					
备注	1. 得分在 85 分以上的供应商为 A 级，可加大采购量； 2. 得分在 70~84 分的供应商为 B 级，可维持正常采购量； 3. 得分在 60~69 分的供应商为 C 级，应减量采购或暂停采购； 4. 得分在 59 分以下的供应商为 D 级，应直接予以淘汰； 5. 单项得分低于 60% 的供应商，同样属于不合格供应商，应加以淘汰				

（二）供应商控制

企业的不断发展要求企业间要合作、联盟，采购方既要充分调动供应商的积极性、创造性，保证企业的生产顺利进行，又要防止供应商的不轨行为，预防不确定损失。

1. 供应商的控制

控制供应商的方法大致有以下两种。

1）完全竞争控制

在卖方市场环境下，企业可以通过完全竞争的方法对供应商进行控制。这种方法使供应商成为市场的接受者，使采购方拥有更多的讨价还价空间；同时供应商会为了获得采购方的信赖而进行竞争，不断提高产品质量，控制生产成本。由于供应商的激烈竞争，物料的价格和质量将逐渐趋向于合理，采购方将得到较为全面准确的价格和质量信息。

2）合约控制

合约控制是一种介于供应商正常交易管理和伙伴管理模式之间的供应商控制方法，是根据双方签署的框架协议而实施的控制方法。采购方利用自己的实力建立一个宽松的环境，通过合约控制得到非常优厚的条件，从而获得更多的利润。合约控制的关键是对双方的利益和关系进行积极的维护以实现真正有效的控制。

2. 防止供应商控制

许多企业对某些重要材料的采购过分依赖于一家供应商，使得供应商在合作中占据主导地位，控制采购价格，使企业无计可施。

1）供应商的独家供应

供应商的独家供应常在以下几种情况下发生：按客户要求专门制造的高科技、小批量产品；某些企业的产品及其零部件对工艺技术要求高，且由于保密的原因，不愿意让更多的供应商知道；工艺性外协，如电镀、表面处理等；产品的开发周期很短，必须有伙伴型供应商的全力、密切配合。当然，独家供应商除了客观上的条件局限外，也具有主观方面的优势，主要体现在：节省时间和精力；更容易实施双方在产品开发、质量控制、计划交货、降低成本等方面的改进并取得积极成效。

同时，独家供应商会造成供需双方的相互依赖，进而导致以下风险：供应商有了可靠顾客，但会失去竞争的动力及应变、革新的积极性；供应商可能会疏远市场，以致不能完全掌握市场的真正需求；采购方本身不容易更换供应商。

2）防止供应商控制的方法

许多企业过于依赖一家供应商，落入供应商垄断供货的控制之中。在这种情况下，企业仍可以找到防止供应商控制的措施。

（1）再找一家供应商。独家供应有两种情况：一种是供应商有多家，但只向其中一家采购；另一种是仅有一家供应商。对于前一种情况，企业只要多找几家供应商，由一家供应商供货变成多家供应商供货，迫使卖方竞争，这自然会限制供应商随意抬高价格的情况发生；对于后一种情况，企业可以通过开发新供应商扩大采购范围。

（2）增强相互依赖性。企业可以增加对一家供应商的采购量，增加其在供应商供应量中所占比重，提高供应商对采购方的依赖性。这样，该供应商为了维护自己的长期利益，就不会随意哄抬价格。

（3）更好地掌握信息。要清楚了解供应商对采购方的依赖程度，并对这些信息加以利用。

（4）注意业务经营总成本。当采购方只有一家供应商时，供应商可能会利用采购方对它的依赖而制定较高的价格，但采购方可以说服供应商在售后服务等其他非价格条件上做出让步。

（5）让最终客户参与。如果采购方能与最终客户合作并给予它们信息，向它们解释只有一家供货源的困难，并向最终客户解释它们所不了解的其他选择，它们往往可以让采购方采购到意料之外的原料，从而摆脱供应商垄断。

（6）协商长期合同。企业长期需要某种产品时，可以考虑订立长期合同，从而保证持续供应和对价格的控制。

（7）与其他企业联合采购。

3. 供应商激励

在对供应商的管理中运用激励机制，调动供应商配合本企业的采购工作显然属于有效控制。激励机制运用得当，不仅可以激发供应商对本企业工作的支持，更重要的是，将为建立供应链合作伙伴关系打下良好的基础。

1）价格激励

在现代供应链环境下，各个企业在战略上是相互合作的关系，供应链各企业间的利益分配主要体现在价格上。供应链优化所产生的额外收益或损失大多数时候是由相应企业承担的，但是在许多时候并不能辨别相应对象或者相应对象错位，因而必须对额外收益或损失进行均衡，这种均衡通过价格来反映。价格对企业的激励是显而易见的。高价格能增强企业的积极性，不合理的低价会挫伤企业的积极性。供应链利润的合理分配有利于供应链企业间合作的稳定和供应链的顺畅运行。

基于这种理解，在与供应商进行价格协商时，价格低并不意味着采购成本低，因为报价越低意味着违约的风险越高。因此，使用价格激励机制时要谨慎，不可一味强调低价策略。

2）订单激励

供应商获得更多的订单对它是一种极大的激励，在供应链内的企业也需要更多的订单激励。一般来说，一个制造商会拥有多个供应商。多个供应商竞争来自制造商的订单，较多的订单对供应商是一种激励。

3）商誉激励

商誉来自供应链内其他企业的评价和在公众中的声誉，反映企业的社会地位（包括经济地位、政治地位和文化地位）。在一定场合给予供应商一定范围的商誉宣传，毫无疑问将影响供应商参与供应的积极性。所以，在经济生活中，我们可以看到很多中小企业把为大公司供货作为一种荣耀。

4）信息激励

信息对供应链的激励实质上属于一种间接的激励模式，但是它的激励作用不可低估。如果供应商能够快速获取合作企业的需求信息，能够主动采取措施提供优质服务，必然使合作方的满意度大为提高。这对赢得合作方的信任有着非常重要的作用。很多企业在和供应商的合作中，就把信息管理系统共享作为一种重要政策应用于关键供应商。

5）淘汰激励

淘汰激励是负激励的一种。为了使供应链的整体竞争力保持在一个较高的水平，企业必须建立起对供应企业的淘汰机制。淘汰弱者是市场规律之一，保持淘汰对企业或整个供应链都是一种激励。淘汰激励是在供应链系统内形成一种危机激励机制，让所有合作企业都有一种危机感，可以从另一个角度激发企业发展。

6）组织激励

有些企业对待供应商的态度忽冷忽热，所需产品供过于求时和供不应求时对供应商的态度大不相同：产品供不应求时对供应商态度傲慢，供过于求时往往企图将损失转嫁给供应商，因此得不到供应商的信任。产生这种现象的根本原因，还是企业管理者的头脑中没有与供应商、经销商建立长期战略合作的意识，管理者追求短期业绩的心理较重。在一个较好的供应环境下，企业之间合作愉快，供应链的运作也通畅，少有争执。也就是说，一个良好组织的供应链对置身其中的企业都是一种激励。减少供应商的数量，并与主要的供应商保持长期稳定的合作关系是制造商采取组织激励的主要措施。

三、供应商关系管理

现代供应链管理理论认为供应商和采购企业之间的关系已经不是简单的供应和采购关系。采购商企业为完成核心业务而将外围业务外包给供应商，因此主要的供应商对于企业顺利完成核心业务具有重大影响，所以企业也越来越重视供应商关系的维护和发展。也只有通过较好地实施供应商关系管理，企业才能建立与上游企业的紧密合作关系，进而增强整个供应链的效率优势。

供应商关系管理（Supplier relationship management，SRM）是企业供应链上的一个基本环节，它建立在对企业的供方（包括原料供应商、设备及其他资源供应商、服务供应商等）及与供应相关信息完整有效的管理与运用的基础上，要求对供应商的现状、历史，提供的产品或服务，沟通、信息交流、合同、资金、合作关系、合作项目以及相关的业务决策等进行全面的管理与支持。

（一）供应商关系的演变

近十几年来，供应商关系逐渐在转变，随着 JIT、全面质量管理、供应链管理等观念的普及，采购商—供应商已逐渐由竞争对手关系转变为战略伙伴关系（如表 6-5 所示）。

表 6-5　供应商关系演变

时间	20 世纪 60—70 年代	20 世纪 80 年代	20 世纪 90 年代至今
发展阶段	传统模式阶段/压力模式阶段	溶解模式阶段	供应商伙伴关系与网络阶段
关系特征	交易性竞争关系	合作性适应关系	探索/全球平衡
市场特点	许多货源、大量存货，买卖双方是竞争对手	合作的货源，少量存货，买卖双方互为伙伴，实现双赢	市场国际化，不断调整双方合作伙伴关系，在全球经济中寻求平衡与发展
采购运作	以最低价买到所需产品	采购总成本降低；供应商关系管理；采购专业化；整体供应链管理；供应商参与产品开发	供应商策略管理；上游控制管理；共同开发与发展；供应商优化信息、网络化管理；全球共同采购

总的来看，采购商—供应商关系的发展历程可以分为下列 4 个阶段：

1. 传统模式（Traditional model）阶段

20 世纪 60 年代，采购商—供应商关系为传统模式。双方的关系被定义为竞争对手。采购商设定供应商的特殊契约，持续更换供应商以寻求价格的折扣，彼此间的信息很少流动，各自寻求交易中的最大利益。在此时期，双方只针对价格争论，较少涉及质量、设计和运输能力。它的特点是市场存在大量的存货式生产，大量的存货使双方的合作是一种竞争关系，采购商往往以最低的价格去购买所需要的原材料。

2. 压力模式（Stress model）阶段

20 世纪 70 年代以后，由于全球市场的衰退及激烈的竞争，供应商持续忍受采购商不断降价的要求，双方的竞争更为激烈。此时，质量控制的观念开始兴起，采购商开始对供应商的质量进行评定，也逐渐开始将供应商纳入新产品的开发过程。这时采购商—供应商关系符合波特的五力竞争模型，买卖双方都开始不断增强自身的议价能力。

3. 溶解模式（Resolved model）阶段

20 世纪 80 年代以后，由于价格已成为决定绩效的主要来源，质量和运输对绩效的重要性开始凸显。双方以合作的方式组织货源，为了减少库存压力、提高市场竞争力，它们的存货量往往较少，买卖双方互为合作伙伴关系，共同打造"双赢"的合作模式。这时，采购总成本仍较低，突出的是供应商关系管理尤其重要，企业生产有了供应链的管理理念，要求供应商参与产品的开发。

4. 供应商伙伴关系与网络（Supplier partnerships and networks）阶段

20 世纪 90 年代以来，市场国际化的步伐不断加快，企业认识到与供应商建立良好关系是其主要竞争优势来源，双方为了赢得市场要求不断深化合作伙伴关系，并把业务范围拓展到全球。企业也认识到对供应商的支持有助于零部件的质量保证与运送的可靠性，更加重视对上游企业的控制和管理，要求共同参与市场的开发和维护，信息化和网络化管理被陆续提上日程，企业实现了电子化的全球采购。买卖双方通过互动，打破了两个个体的边界，增加了彼此的竞争优势。这个时期强调的是伙伴及网络关系，强调彼此的互相帮助、信任及技术和信息的共享。

供应商与采购方之间，除了双赢关系外，还存在其他复杂的关系，因此需要对这种关系进行分类管理。产品和服务的跟进、运营的衔接以及共同的战略意图，所有这些构成了供应商和采购方之间相互关系的本质，并使这种关系保持稳定或进一步发展。理解与供应商的关系对评估供应商的绩效及促进企业发展具有十分重要的意义。企业需要了解自己在供应商那里所处的位置，以及将会承担怎样的角色，对不同的供应商采用不同的管理模式，以便加强与供应商的沟通和联系，适应市场动态变化。

（二）供应商关系的分类

供应商的细分要建立在供应市场细分的前提下，是指在供应市场上，采购方依据采购物品的金额、采购商品的重要性以及供应商对采购方的重视程度和信赖度等因素将供应商划分成若干个群体。供应商细分是供应商关系管理的先行环节，只有在供应商细分的基础上，采购方才有可能根据细分供应商的不同情况实施不同的供应商关系策略。

根据以下方法可以将供应商细分为不同类型。

1. 按 ABC 分类法划分

80/20 规则指 80%数量的采购物品占总采购物品价值的 20%，而其余 20%数量的物品则占总采购物品价值的 80%。根据采购的 80/20 规则，可以将供应商分为重点供应商和普通供应商，其基本思想是针对不同的采购物品采取不同的采购策略。同时，采购工作精力分配也应各有侧重，对于不同物品的供应商也应采取不同的策略。因此，可以将采购物品分为重点采购品（占采购价值 80%的那 20%的物品）和普通采购品（占采购价值 20%的那 80%的物品）。相应地，可以将供应商依据 80/20 规则进行分类，划分为重点供应商和普通供应商，即占 80%采购金额的 20%的供应商为重点供应商，而其余只占 20%采购金额的 80%的供应商为普通供应商。对于重点供应商应投入 80%的时间和精力进行管理与改进。这些供应商提供的物品为企业的战略物品或需集中采购的物品，如汽车厂需要采购的发动机和变速器，电视机厂需要采购的彩色显像管以及一些价值高但供应保障不力的物品。而对于普通供应商则只需要投入 20%的时间和精力跟进其交货。因为这类供应商所提供物品的运作对企业的成本质量和生产的影响较小，例如，办公用品、维修备件、标准件等物品。

2. 按供应商的规模和经营品种分类

按供应商的规模和经营品种进行分类，可将供应商分为以下 4 种。

1）"专家级"供应商

"专家级"供应商是指那些生产规模大、经验丰富、技术成熟，但经营品种相对较少的供应商。这些供应商的目标是占领广阔的市场。

2）"低产小规模"供应商

"低产小规模"供应商是指那些经营规模小、经营品种少的供应商。这些供应商的目标仅定位于本地市场。

3）"行业领袖"供应商

"行业领袖"供应商是指那些规模大、品种多的供应商。这些供应商的目标是立足于本地市场，并积极开拓国际市场。

4）"量小品种多"供应商

"量小品种多"的供应商是那些虽然规模不大但品种较多的供应商。这些供应商的财务状况通常不好，但其潜力可以培养。

3. 按照采供双方的合作关系分类

按照采供双方的合作关系由浅到深的次序，将供应商分为短期目标型、长期目标型、渗透型、联盟型和纵向集成型 5 类。

1）短期目标型

短期目标型是指采购商和供应商之间是交易关系，即一般的买卖关系。双方的交易仅停留在短期的交易合同上。

2）长期目标型

长期目标型是指采购方与供应商保持长期的关系，双方可能为了共同的利益来改进各自的工作，并以此为基础建立起超越买卖关系的合作。长期目标型的特点是建立了一种合作伙伴关系，合作的范围覆盖各公司内部的多个部门。

3）渗透型

渗透型是在长期目标型基础上发展起来的，其指导思想是把对方公司看成自己公司的一部分，与对方的关系较上面两种都大大深化了，常见的方式有相互投资、参股等，以及双方派员参与到对方的有关业务中。

4）联盟型

联盟型是从供应链的角度提出的，它的特点是从更长的纵向链条上管理成员之间的关系，难度提高了，要求也更高。由于成员增加，往往需要一个处于供应链上核心地位的企业出面协调成员之间的关系，该企业称为供应链上的核心企业。

5）纵向集成型

纵向集成型是最复杂的关系类型，即把供应链上的成员企业整合起来，像一个企业一样，但各成员企业仍然是完全独立的企业，决策权属于自己。在这种关系下，每个企业都要充分了解供应链的目标、要求，在充分掌握信息的条件下，自觉地做出有利于供应链整体利益的决策。

4. 按照供应商的重要性分类

依据供应商对本企业的重要性和本企业对供应商的重要性进行分析，供应商可以分成 4 类，如图 6-5 所示。

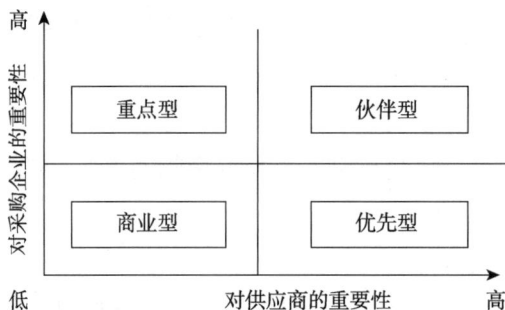

图 6-5　供应商分类模块

1）伙伴型供应商

这类供应商为企业提供生产制造所需要的重要部件或资源，同时，其自身也是同行业中的佼佼者，具有很强的产品研发与创新能力。它可以为企业提供新产品，从而推动企业的发展和创新，有助于提高企业的核心竞争力。供应商的采购业务对本企业来说很重要，而且本企业的采购业务对于供应商来说也很重要，那么这样的供应商就是"伙伴型供应商"。

2）重点型供应商

由于市场相对宽广，而企业的采购数量却不大，因此对于供应商来说企业的采购业务无关紧要，但对企业来说该采购业务却非常重要。在这种情况下，企业必须保持与供应商的长久关系，才能获得有利的市场地位，保持持久的竞争优势。这样的供应商就是需要注意改进关系的"重点型供应商"。

3）优先型供应商

这类供应商非常看重企业的采购业务，但由于市场上同类产品非常多，或者由于它所提供的产品对于企业而言不太重要，企业并不特别看重这项采购业务。这类供应商对企业具有强烈的信赖感。在这种情况下，该项采购业务对于企业无疑是非常有利的，这样的供应商就是企业的"优先型供应商"。

4）商业型供应商

企业和供应商对于相互之间的采购业务都不是非常看重，相互之间的交易具有偶然性和临时性的特点，这类供应商对于企业来说具有很强的变动性，双方都不存在信赖关系，因而企业可以很方便地选择与更换这类供应商，不需要花费太多的精力和时间来维护与它们的关系。与这些采购业务对应的供应商就是普通的"商业型供应商"。

（三）供应商关系管理流程与执行标准

1. 供应商关系的定位与构建

供应商和采购方之间的关系，除了各种明显的相互作用以外，还有其他的存在形式，例如，产品和服务的相互适应、运营衔接以及共同的战略意图等。企业与供应商的关系如何，将直接影响供应关系的后续发展。因此，企业必须明确自身与供应商之间的关系。

供应商关系的定位应该结合物资分类的实际情况而决定（见图6-6）。对于Ⅰ类物资，由于企业对该类关键物资的需求量较大，其质量好坏对企业会产生重大影响，因此，企业应该努力与相关供应商建立关键性的伙伴关系。Ⅱ类物资本身是企业需要量小的采购物品，但是该类物资对企业生产经营的影响很大，所以企业不得不耗费巨资在该类物品的采购上。在处理提供Ⅱ类物资的供应商关系时，企业应该努力寻找替代品或者替代厂家。Ⅲ类物资属于一般的通用件和标准件，企业对该类物品的采购量不大并且可选的供应商数量较多，企业对于与该类物资的供应商关系的处理十分简单，与其建立一般的契约关系即可。Ⅳ类物资为一般原材料，企业对其没有过高要求，在选择该类物资供应商时，应把价格放在首要的考虑地位，应选择那些提供合适价格的供应商，与其建立伙伴关系。

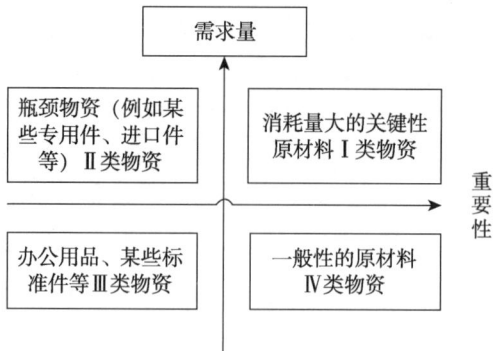

图 6-6　供应商关系图

2. 供应商关系的发展

与供应商建立合作关系仅仅是工作的开始，企业需要确定当前与供应商关系的发展阶段，在管理供应商的过程中维护、改进、发展伙伴关系，同时不断优化整体供应商结构和供应配套体系。从采购方与供应商关系的转变过程来看，供应商关系的发展会因双方合作关系的不断深入而经历五个阶段，如图 6-7 所示。

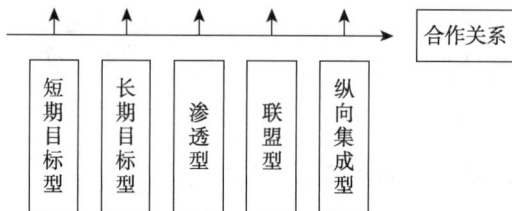

图 6-7　供应商关系发展图

3. 供应商关系的跟踪管理

公司与供应商建立了合作关系后，就应该对这种关系进行必要的跟踪管理。供应商关系的跟踪管理基本流程如图 6-8 所示。

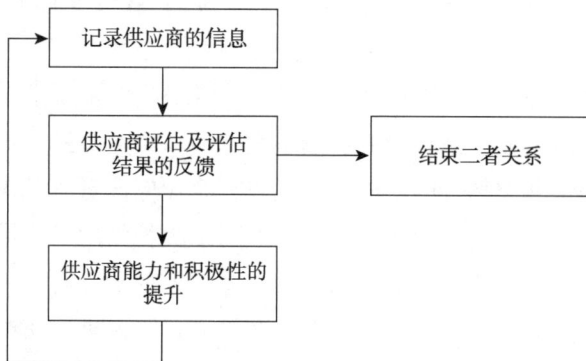

图 6-8　供应商关系跟踪管理流程图

1）记录供应商的信息

记录资料中应包含有关供应商的以下信息：

（1）供应商的相关文件，包括年报、宣传手册、产品目录、用户指南、维修手册等；

（2）公司能够收集到的有关供应商的公开信息，包括新闻报道、信用报告等；

（3）其他用户对于该供应商的反馈，包括用户满意度的调查信息；

（4）供应商在质量控制、成本控制以及技术开发方面所做的努力情况；

（5）供应商对问询的反应，以及为公司的供应商拜访和调查准备的报告；

（6）由供应商的证明人及其他有关联系人提供的信息；

（7）供应商询价反馈速度、退货条件信息；

（8）公司从邮寄调查问卷、评价反馈、咨询和后续工作中直接或间接获得的供应商信息，其他可能影响供应链合作关系的信息等。

2）供应商评估及评估结果反馈

一个企业必须具备一些考核、管理及发展供应商绩效的工具。考核系统在采购过程中是一个关键部分——主要以供应商工作成绩鉴定表为工具。供应商绩效考核不同于最初评估和选择供应商的程序，这是一个持续的过程而不是一次性事件。对于供应商的评价结果，公司应该及时反馈给所有被评估的供应商，不论其是否通过了评价。由于反馈是一个双向过程，公司也应该在这个时候努力获得有关供应商作为公司的潜在客户对公司的看法。这样，双方都可以采取措施克服劣势，并增加建立真正的业务合作关系的机会。

3）供应商能力的拓展与积极性提升

（1）供应商能力的拓展。如果候选供应商存在能力方面的问题，如某供应商在技术、资源或经验方面存在不足，这些不足会影响其完全按照公司的要求交货。在这种情况下，公司可能会发现必须采取一些措施以提高该供应商的能力。这些措施包括如下几点：

①为供应商提供产品/服务和有关专家技术方面的建议和帮助。所涉及的范围包括设计、生产计划和生产过程控制、质量管理、技术支持、配送与交货以及其他供应商存在缺陷的方面。

②提供生产资金，如通过提前支付设备的采购款，或者预先支付供应商采购原材料或零部件的费用等。

③帮助供应商整合其信息系统，使该系统与本公司的系统更具兼容性，以方便两家公司之间的沟通，便于双方联合制订计划等。

（2）供应商积极性的提升。要保持长期的供需双赢的合作伙伴关系，给予供应商激励是非常重要的。没有有效的激励机制，就不可能维持良好的供应关系。在激励机制的设计上，要体现公平、一致的原则。给予供应商价格折扣和柔性合同，以及采用赠送股权等方式，能使供应商和本企业共同分享成功，同时也能使供应商从合作中体会到供需合作双赢机制的好处。一般而言，有以下几种激励模式可供参考。

①价格激励。价格对企业的激励是显而易见的。高价格能增强企业的积极性，不合理的低价会挫伤企业的积极性。但是，价格激励本身也隐含着一定的风险，这就是逆向选择的问题。即采购企业在挑选供应商时，由于过分强调低价格，往往会选中报价较低的企业，而将一些整体水平较高的企业排除在外。因此，使用价格激励机制时要谨慎从事，不可以过度强调低价策略。

②订单激励。供应商获得更多的订单是一种极大的激励。一般来说，一个制造商拥有多个供应商。多个供应商竞争来自制造商的订单，多数量的订单对供应商来说是一种激励。

③商誉激励。委托—代理理论认为：在激烈的竞争市场上，代理人的代理量（决定其收入）取决于其过去的代理质量与合作水平。从长期来看，代理人必须对自己的行为负完全的责任。因此，即使没有显性激励合同，代理人也有积极性去努力工作，因为这样做可以改进自己在代理工作上的绩效。

④信息激励。信息激励属于一种间接的激励模式，但是它的激励作用不可低估。如果能够快捷地获得合作企业的需求信息，本企业就能够主动采取措施提供优质服务，必然能使合作方的满意度大为提高。信息激励机制的提出，也在某种程度上克服了由于信息不对称而使供需双方企业相互猜忌的弊端，消除了由此带来的风险。

⑤淘汰激励。淘汰激励是一种负激励，是一种危机激励机制，能让所有合作企业都有一种危机感。由此，企业为了能在获得群体优势的同时自己也获得发展，就必须承担一定的责任和义务，对自己承担的供货任务，在成本、质量、交货期等方面负有全方位的责任。

4）结束双方关系

当维系合作伙伴关系失败而决定终止合作时，双方常常会对对方进行讽刺乃至怀有敌意，因此公司在更换供应商时应尽量做到不损害客户满意度、公司的利润以及公司的名誉。

在供应商理解企业要求停止合作的基础上，企业需要与供应商共同确定公平的终止方案以便将双方损失降到最小。该方案需明确双方的责任，包括对已发生的费用如何结算、如何以最低的成本处理现有库存等。企业采购部根据供应商淘汰的原因将所淘汰的供应商级别从日常供货供应商降为准合格供应商、潜在供应商或永久删除。

第三节　供应商管理模式

根据双方博弈关系的特征，常见的供应商管理模式可归纳为零和博弈、双赢博弈和战略合作三种。此外，由于环境的变化性，企业必须以动态和发展的视角来管理供应商。供应商动态管理贯穿于企业整个供应商管理进程中，通过对供应商不断进行合理的优胜劣汰和优化组合，使供应商队伍始终满足企业发展的需要。

一、常见的供应商管理模式

在过去的几十年中，供应商管理和供应链管理作为企业取得竞争优势的手段，受到越来越多的重视。目前，供应商管理的模式主要有交易模式和伙伴模式。供应商管理的交易模式较为传统，主张把对供应商的依赖程度降到最低，把企业与供应商的讨价还价能力最大化。这种模式曾一度被美国企业看作是最有效的供应商管理模式，但后来在世界舞台叱咤风云的日本企业没有采用这种模式，却同样取得了巨大的成功，这就使得人们对该种交易模式进行了重新审视。日本企业获得成功的原因可归于其建立的亲密的供应商关系，即伙伴模式，并且各方面的研究表明，与交易模式相比，同供应商建立伙伴模式更能取得满意的绩效。

以我国特定的市场环境为视角进行研究发现，采购商与供应商都希望努力减少采购供应链运行成本、降低合作风险，很多买卖双方的关系也已经由对立竞争发展到了合作竞争，但是，双方的利益冲突关系没有改变。采购商仍想通过营造竞争氛围来降低采购价格、控制采购成本，而供应商则想提高销售价格、增加销售收益。根据双方的博弈关系的特征，可以将供应商管理模式归纳为零和博弈、双赢博弈和战略合作三种典型模式。

（一）零和博弈模式

在零和博弈模式下，采购商与供应商之间的关系是对立的，要经过一番讨价还价才能成交，采购商会试图把价格压到最低，而供应商则找出种种理由来抬高价格。在这种对立博弈模式下，通常只有一方能成为赢家。并且，采购商通常引入多个供应商参与竞争，并分别与供应商进行多轮反复谈判，以谈判结果最优、价格最低作为最终采购依据。采购商与供应商之间的关系以对立竞争为基本特征，如表 6-6 所示。

表 6-6　零和博弈模式下采购商与供应商的关系

采购商	供应商
降低采购价格	提高销售价格
减少供应库存	减少成品库存
争取批量优惠与折扣	引入多个购买者
准时的交货期	灵活的供货期
严格的质量要求	宽松的质量标准区间
赠送的附加服务	附加服务收费
延迟支付	需预付款

零和博弈模式具有以下几个基本特征：

（1）采购商重视货比多家，遵循竞价采购的基本原则，选择供应商数目多。

（2）采购商以订单分配权为基本工具控制供应商，并与其讨价还价，追求一方利益的最大化。一般情况下，采购商的行为带有主动进攻性，供应商的行为带有被动防卫性。

（3）采购商与供应商之间的交易关系短暂，一般以单笔买卖合同的有效期为限，供应商变动往往比较频繁。

（4）由于双方缺乏长期合作的打算，采购商通常以较高库存来防范可能出现的供应中断风险；供应商往往以较高的产品销售库存来应对随时可能到来的订货。

（5）需求、技术、资源、知识等方面的信息不相通。采购商在采购询价时往往只给出物资的具体规格、型号等参数，对供应商尽量封锁详细的需求信息；供应商则只能按照采购商给出的既定参数进行生产加工，并对采购商封锁自身的生产技术信息。

（二）双赢博弈模式

采购商的工作目标是保证生产建设所需的物资供应、降低采购成本和控制风险，而供应商的营销目标是在满足用户需求的基础上占领市场和提高业绩。尽管双方各自追求的目标有冲突，但客观上双方目标存在一个最大的共同之处，即有效满足物资需求。这是双方合作的基础，也增大了采购商与供应商求得双赢的可能性。

双赢博弈模式是一种竞争与合作并存的关系，它强调在保持一定竞争氛围的前提下，双方保持相对稳定的供需合作关系。双方之间经过竞争博弈，通过较多的信息交换和协调行为，达到双方利益的均衡点，并在均衡点上维持一定时间的合作关系，以取得双方都比较满意的结果。双赢博弈模式的基本特征主要表现在以下方面：

（1）采购商强调努力联合降低成本，摒弃了单方面要求供应商降低价格的思想，愿意帮助供应商降低生产运营成本、改进产品质量和加快产品开发速度，并从降低采购供应链总成本中分享好处。

（2）不局限于价格的采购决策，采购商综合考虑价格、性能、物流运输、储备资金占用、售后服务、维护成本等多个方面，既追求降低当期交易的直接成本，又追求降低未来管理的间接成本。

（3）双方在一定时期的信任和合作替代了一次性合同，采购商与供应商的关系相对和谐稳定。

（4）采购商与供应商相互比较了解，合作比较主动和默契，双方之间存在较多的信息交流与共享。

（三）战略合作模式

经过供应商选择的竞争与淘汰之后，与业绩优秀的主要供应商建立战略伙伴关系，成为采购商的一种重要策略。随着战略合作关系的建立，越来越多的采购供应链成本会在合作过程中降下来，采购商与供应商之间的竞争博弈将逐步被供需之间的合作和不同采购供应链之间的竞争所替代。

战略合作模式是指采购商与供应商之间建立战略合作伙伴关系，在一定时期内相互做出承诺并履行，以互惠互利的原则协同工作，共担风险、共享利润。

战略合作模式是指在长期的采购实践过程中，经过大浪淘沙和大量的合作考验，供需双方建立了相互信任，双方都有进一步强化紧密合作的愿望，进而结成伙伴关系。这种模式要求采购商与供应商通过紧密协作和积极互动，实现长期的双赢和竞争优势。战略合作具有以下主要特征：

（1）采购商与供应商关系紧密，联合降低营销费用和采购费用，减少双方总库存水平，共同降低供应链运行总成本。

（2）战略伙伴关系维系的时间较长，比双赢博弈模式更稳定。

（3）供需双方在物资资源、信息资源等方面深度合作，双方倾向于共同解决合作过程中出现的各种问题，可能有反市场的倾向，带有一定的垄断特征。

（4）双方的合作范围可能进一步扩大，不仅限于资源合作，而且可能在技术、信息、储备等方面深入合作，形成利益共享、风险共担的经济联盟。

（5）双方都追求积极建设高度信任和互助机制。

二、动态的供应商管理模式

（一）供应商动态管理的含义

事物在不断变化和发展，供应商也在变化和发展，同时，企业所处的环境也在不断变化和发展。所以，对供应商的管理方法和策略也不可能一成不变，企业必须以动态和发展的视角来管理供应商。供应商动态管理贯穿企业整个供应商管理的进程，通过对供应商不断进行合理的优胜劣汰、优化组合并协调发展，使供应商队伍不断满足企业发展的需要。供应商的动态管理包括以下两层含义：

1. 供应商主动引入和退出

企业根据自身的发展战略，结合采购策略、采购物品的特征、供应商的现状等制订供应商开发计划，并根据开发计划进行供应商开发，引入和储备一定数量的新供应商，营造供应环境的竞争氛围，以提高供应水平。同时，对已合作的供应商开展日常和定期考核工作，并将考核中发现的问题及时反馈给供应商，督促供应商加以改进。对无法满足战略合作要求的供应商予以降级；对符合供应商退出标准的供应商，企业可以在不影响供货的情况下果断让其退出，以实现供应商的成长同企业发展的动态匹配。

2. 动态调整供应商管理办法

企业的供应商管理办法也需要进行检查和动态调整，以适应企业的不断发展和内外部环境变化所导致的需要。例如，供应商准入评价标准、供应商日常考核标准、供应商定期考核标准、供应商退出标准、战略合作供应商评定标准等。

（二）供应商动态管理的实施

供应商动态管理需要做好以下工作：

1. 密切追踪供应商的发展变化

只有在充分了解供应商变化发展趋势的基础上，才能对它们进行有效的管理。通过定期的高层会面和对供应商进行问卷调查，与他们进行频繁的沟通和信息交流，尤其是对合作双方的现状和未来发展方向进行针对性的交流探讨，以及及时更新供应商档案，记录供应商的发展态势，能密切追踪到供应商的发展变化。

2. 密切关注供应链环境的发展变化

采购人员需要具有高度的市场警觉性和敏感度，追踪市场的发展趋势，可以通过一些有公信力的市场标准来进行分析。同时，也要关注某些突发事件（如极端天气、自然灾害）对供求关系的影响，需要充分利用互联网建立一个有效的信息渠道，与市场保持畅通的信息交流。

3. 动态调整管理策略

无论是供应商的改变，还是市场环境的变化，发展到一定程度都会导致管理策略的改变和调整。企业可能已经失去了与一些供应商合作的前提和条件，此时，原有供应商的级别发生变化，对应的管理策略也需要随之进行相应的调整。同样，市场环境的变化也会导致管理策略的改变，所不同的是市场变化更加复杂，更需要企业保持高度的敏感度。这可能会导致原有的市场竞价的合作方式转变为战略联盟的合作方式。

客观题

1. 简述供应商管理的内容。
2. 阐述供应商选择的程序及方法。
3. 什么是供应商绩效考核？
4. 供应商关系的分类包含哪些？
5. 简述供应商管理模式。

参考文献

[1] 梁军，张露，徐海峰. 采购管理[M]. 北京：电子工业出版社，2019.
[2] 何婵. 采购管理[M]. 南京：南京大学出版社，2017.
[3] 李恒兴，鲍钰. 采购管理[M]. 北京：北京理工大学出版社，2018.
[4] 卢园，杜艳，邓春姊. 采购管理[M]. 南京：南京大学出版社，2017.
[5] 李方峻，曹爱萍. 采购管理实务[M]. 北京：北京大学出版社，2019.
[6] 汪娟，光昭. 采购管理实务[M]. 成都：电子科技大学出版社，2018.
[7] 张文法. 采购管理实务[M]. 北京：电子工业出版社，2018.
[8] 张晓芹，黄金万. 采购管理实务[M]. 北京：人民邮电出版社，2015.
[9] 周蓉，于春艳. 采购管理实务[M]. 杭州：浙江大学出版社，2016.
[10] 涂高发. 采购管理从入门到精通[M]. 北京：化学工业出版社，2019.
[11] 辛童. 采购与供应链管理：苹果、华为等供应链实践者[M]. 北京：化学工业出版社，2018.
[12] 熊伟，王瑜. 采购与供应管理实务[M]. 北京：北京大学出版社，2018.
[13] 赵晓波，黄四民. 库存管理[M]. 北京：清华大学出版社，2018.
[14] 徐杰，卞文良. 采购与供应管理[M]. 北京：机械工业出版社，2019.
[15] 金燕波，陈宁. 采购管理[M]. 北京：清华大学出版社，2016.
[16] 宋玉卿，沈小静，杨丽. 采购管理[M]. 北京：中国财富出版社，2018.
[17] 王红，张支南. 现代物流采购管理[M]. 合肥：安徽大学出版社，2020.

[18]　杨丽. 采购供应管理案例[M]. 北京：中国财富出版社，2019.

[19]　高帆. 采购与供应管理[M]. 北京：北京理工大学出版社，2021.

[20]　朱岩，陈冲. 采购管理[M]. 北京：北京理工大学出版社，2019.

[21]　臧玉洁. 供应链库存管理与控制[M]. 北京：北京理工大学出版社，2019.

[22]　朱岩，陈冲. 采购管理[M]. 北京：光明日报出版社，2020.

案例讨论

第七章

供应过程管理

1. 掌握采购计划编制的依据；
2. 了解采购计划编制的流程；
3. 掌握采购订单的计算方法；
4. 了解订单管理的基本程序；
5. 理解采购质量管理的内容。

导入案例

一个电饭煲的数据交换之旅

每月中旬，京东家电采购部的员工小李会把下个月的电饭煲采购计划通过系统发送给美的。这个采购计划是小李在京东对电饭煲销量的预测数据基础上，根据经验调整而来的。收到采购计划后，美的业务部门的工作人员会参考美的电饭煲产能、物料储备情况进行调整，进而达成一个协同的电饭煲销售计划。

接下来，美的会按照这个销售计划做周排产，排产计划下发到各地的电饭煲工厂。京东采购部的小李能通过系统实时了解电饭煲的生产进程。

电饭煲源源不断地从美的生产线下线，运送到美的全国各地的仓库。这些库存信息也自动共享，进入京东的智能补货系统。补货系统会根据美的、京东仓库之间已建立的相互支援关系，美的的实际库存，京东未来 0 到两周内的销量数据等自动算出京东向美的各个仓库的电饭煲下单量。两家企业的工作人员还会对这个下单量做调整。

调整后的电饭煲补货建议自动进入京东采购系统。京东采销人员只要在系统中点击"审核"和"确认"就可下单。接到订单后，美的的工作人员在系统中进行发货预约。他们预约的送货时间需要尽量避开京东各个仓库的繁忙时段。之后便是送货和收货后的回告。

这样，一个电饭煲在美的和京东两家企业间就完成了一次协同之旅。双方通过电子数据交换（Electronic data interchange，EDI），完成从销售计划到订单预测以及订单补货的深度对接。

最近几年，一大批传统大中型企业的业绩从过去每年两位数的高增长，逐渐演变为缓慢增长甚至出现负增长；与此同时，互联网对各行业的渗透给所有企业都带来了危机感，企业管理者不得不对未来发展进行重新思考——靠拼命扩张实现增长的时代已经过去了，未来，系统运营效率变得越来越重要。一些企业主动求变，逐步将粗放式管理模式转向精细化、注重过程的管理模式。

美的也是其中之一。过去，为了快速响应市场需求，美的要进行备货，而备货量并不精准，给公司带来不小的库存和资金压力。与京东的供应链协同，最直接的效益就是降低库存和资金占用，实现开源节流。

"这个创新的核心是以用户需求驱动库存优化，未来实现真正的零库存销售。"京东营销研发部零售平台高级总监说。京东与大多数电商平台不同，本身也是零售商，它要采购供应商的商品。在这种情况下，看似供货商和零售商两个企业，实际上要对同一个商品、同一个销售负责，两家企业要当作一家企业运作，整个协同效益上去了，两家企业才能运营得更好。

这个创新在行业中的影响深远。在德国提出的"工业4.0"计划中，提到了"智能工厂"的愿景。它描绘"智能工厂"不仅拥有常规的工厂大门，更具备一个标准接口，连接上下游工厂、实验室、渠道、用户、仓库等。"智能工厂"能快速灵活处理客户的各种定制化设计要求，把产品按需送到用户手中；同时，产业链上下游和用户能在任意时间、任意地点对产品进行监控和操作。

现在，京东与美的正走在实现"智能产业链"愿景的路上。

双方在2014年年底达成战略合作关系。2014年1月，双方系统直连项目上线，实现基础订单数据及销量库存数据的共享。2015年7月底，京东与美的"协同计划、预测及补货"项目上线。现在，服务的协同也已经开发完毕，它将实现家电销售后的及时上门安装，消费者也可以更直观地监测到整个服务进度。

京东营销研发零售平台EDI项目负责人说，下一阶段，系统将完成自动对账，满足这个业务团队的迫切需求。实际上，很多年前，产业链上就存在EDI系统，它是一个沟通产业链上下游的接口。不过，过去的EDI一般是销量、库存等信息的传输，而京东、美的的EDI协同，把销售预测、生产计划、库存、服务、财务甚至送货预约等各个层面的信息都联通在一起，是一个全方位的协同。能实现这样的协同，在于双方在战略上达成了高度一致和互信。

京东还有一个数据罗盘产品，也将在未来向美的开放。它包括产品品类分析、行业指标、美的在京东销售商品的区域分布、用户喜好等20多个主题。"我们希望能够通过京东拉近美的和用户的距离，实现C2B。"京东营销研发部零售平台高级总监说，"其实所谓用户的驱动，真正落到实处就是数据驱动，下一步我们会开展数据协同。"

"这个项目只是一个开始。"美的集团流程IT营销系统部长说，"作为一家传统制造企业，美的正转型互联网，我相信接下来不只是流程协同、数据协同，会有很多合作，比如未来的订单怎么直接发货到消费者手上等。而美的希望成为在京东首个突破百亿元销售额的企业。"

资料来源：《IT经理世界》。

第一节　采购供应计划

一、采购计划

采购计划是企业管理人员在了解市场供求情况、认识企业生产经营活动过程及掌握物品消耗规律的基础上，对计划期内的物品采购活动所做的预见性安排和部署。其中，在何时、何处取得合适数量的原材料是采购计划的重点所在。采购计划作为采购管理的第一步，起到指导采购部门的实际工作、保证产销活动的正常进行和提高企业经济效益的作用。

（一）编制采购计划的目的

采购计划的编制应达到如下目的：

（1）预计采购物料所需的时间和数量，防止供应中断，影响产销活动。

（2）避免物料储存过多、积压资金以及占用存储空间。

（3）配合企业生产计划与资金调度。

（4）使采购部门事先准备，选择有利时机购入物料。

（5）确定物料耗用标准，以便管理物料采购数量与成本。

（二）编制采购计划的作用

（1）能有效规避风险，减少损失。

（2）为企业组织采购提供依据。

（3）有利于资源的合理配置，以取得最佳的经济效益。

二、编制采购计划的基础资料

由于影响采购计划的因素很多，所以采购部门在拟订好采购计划以后，还必须与生产部门经常保持联系，并根据实际情况的变化做出必要的调整与修订，以保证维持企业正常的产销活动，协助财务部门妥善规划资金收支。通常，采购部门在编制采购计划之前应掌握企业的销售计划、主生产计划、物料清单、库存管制卡、物料标准成本的设定及生产效率等。

（一）销售计划

销售计划是各项计划的基础，年度销售计划是在参考上年度本身和竞争对手的销售实绩的基础上，列出的销售量及平均单价的计划，即表明各种产品在不同时间的预期销售数量和单价。制订一个准确的采购计划，有赖于对销售因素的准确预测以及销售计划的准确制订。

（二）主生产计划

主生产计划（Master production schedule，MPS）是确定每一具体的最终产品在每一具体时间段内的生产计划。这里的最终产品是指对于企业来说最终完成、要出厂的完成品，它要具体到产品的品种、型号。主生产计划是生产的起点。企业的 MRP（Material requirement planning，物料需求计划）、车间作业计划、采购计划等均来源于主生产计划，即先由主生产计划驱动物料需求计划，再由物料需求计划生成车间计划与采购计划，所以，主生产计划起着承上启下、从宏观计划向微观计划过渡的作用，是联系客户与企业销售部门的桥梁，更决定了后续的所有计划及制造行为。

（三）物料清单

主生产计划只列出产品数量，而无法知道某一产品所用的物料种类以及数量多少，因此确定采购数量还要借助于物料清单（Bill of material，BOM）。物料清单是由产品设计部门或研发部门制定的，根据物料清单可以精确地计算出每一种产品的物料需求数量。

物料清单的编制需注意如下两点。

（1）物料清单表明了产品、部件、组件、原材料之间的结构关系，以及每个组装件所包含的下属部件的数量或提前期。

（2）"物料"一词有着广泛的含义，它是所有产品，包括半成品、在制品、原材料、毛坯、配套件、协作件和易耗品等与生产有关的物料的统称。

（四）存量管制卡

若产品有存货，那么生产数量一般不等于销售数量，物料采购数量也不等于物料清单所计算的物料需要量。存量管制卡用来记录物料目前的库存情况，采购部门需要根据库存、物料需求量、采购提前期、安全库存水平，计算出正确的采购数量。存量管制卡要说明物料是否与账目一致、存货是否为合格品。

三、采购计划的编制程序

编制采购计划是整个采购运作的第一步，应根据市场需求、企业生产能力和所需的采购量来确定。完整的采购计划包括采购认证计划和采购订单计划两部分。这两部分必须综合平衡，才能保证物料的采购成功。

采购认证，是指企业采购人员对采购环境进行考察并建立采购环境的过程。对于需要与供应商合作开发项目的采购方来说，有必要进行采购认证。采购认证应根据项目的大小、期限的长短等采取不同的认证方法。

采购订单是指企业采购部门向原材料、燃料、零部件、办公用品等的供应者发出的订货单，表示对供应商进行采购业务的正式和最终的确认。

（一）采购认证阶段

1. 准备认证计划

1）熟悉认证的物料项目

采购人员在拟订采购计划、与供应商接触之前，要熟悉认证的物料项目，清楚采购项目属于哪个专业范围并熟悉该领域专业知识。

2）熟悉采购批量需求

必须熟知物料需求计划，物料需求计划确定了采购的规模、范围和时间。同时须熟悉采购环境，目前物料采购环境有两种：一种是在目前采购环境中可以找到的货源供应，另一种是新货源，这种新货源是原来的采购环境无法提供的，需要寻找新的供应商，或者与供应商一起研究新货源提供或生产的可行性。

3）掌握余量需求

随着市场需求的增加，旧的采购环境容量不足以支持货源需求；或者随着采购环境呈下降趋势，该货源的采购环境容量在缩小，满足不了需求。以上两种情况产生余量需求，从而要求对采购环境进行扩容。采购人员就要在市场调查的基础上选择新的采购环境。采购环境容量的信息可以由认证人员和订单人员提供。

4）准备认证环境资料

采购环境的内容包括认证环境和订单环境两个部分。认证过程是供应商样件及小批量试制过程，需要有强大的技术力量支持，有时需要与供应商一起开发。订单过程是供应商的规模化生产过程，一般表现为自动化机器流水作业及稳定的生产，技术工艺已经固化在生产流程中。

5）制订认证计划说明书

制订认证计划说明书就是准备好认证计划所需要的资料，主要内容为认证计划说明书（物料名称、需求数量、认证周期等），并附有需求计划、余量需求计划、认证环境资料等。

2. 评估认证需求

1）分析需求

进行物料开发批量需求的分析，不仅要分析数量上的需求，而且要掌握物料的技术特征等信息。计划人员应对开发物料需求做详细分析，必要时与开发人员、认证人员一起研究开发物料的技术特征，按照已有的采购环境及认证计划经验进行分类。

2）分析余量需求

余量认证的产生来源有两种：一种是市场销售量的扩大；另一种是采购环境订单容量的萎缩。这两种情况都导致了目前采购环境的订单容量难以满足用户的需求，因此需要增加采购环境容量。如果是市场需求的原因造成的，可以通过市场需求计划了解各种货源的需求量及时间；而如果是供应商萎缩原因造成的，可以通过分析现实采购环境的总体订单容量与原定容量之间的差别得到相关需求及需求时间。两种情况的余量相加即可得到总需求余量。

3）确定认证需求

根据开发需求及余量需求的分析结果，确定认证需求。认证需求是指通过认证手段，获得具有一定订单容量的采购环境。

3. 计算认证容量

1）分析项目认证资料

企业需要采购的物料是多种多样的，如机械、电子、软件、设备、生活日用品等项目，加工过程各种各样，非常复杂。作为采购主体的企业，需要认证的物料项目是上千种物料中的几种时，熟练分析几种物料的认证资料是可能的；但如果认证工作规模较大，需要分析上千种甚至上万种物料，难度要大得多。企业的物料采购计划人员要尽可能熟悉物料采购项目的认证资料。

2）计算总体认证容量

在采购环境中，供应商的订单容量与认证容量是两个概念，有时可以相互借用，但不是等量的。一般在认证供应商时，要求供应商只做认证项目。在供应商认证合同中，应说明认证容量与订单容量的比例，防止供应商只做批量订单，不愿意做样品认证。将采购环境中所有供应商的认证容量汇总，即可得到采购环境中所有供应商的总体认证容量。

3）计算承接认证量

计算承接认证量即供应商正在履行认证的合同量。承接认证量的计算也是一个复杂的过程。各种物品项目认证周期不同，一般是计算要求的某一时间段的承接认证量。

4）确定剩余认证容量

将某一物料所有供应商群体的剩余认证容量进行汇总，得到该物料的剩余认证容量。

物料的剩余认证容量 = 物料供应商群体总认证量 − 承接认证量

实例：某电器厂去年生产的某型号电器销量达到 10 万台，根据市场反应状况，预计今年的销量会比去年增长 30%。生产 10 万台电器，公司需采购某种零件 40 万件。公司供应此种零件的供应商主要有两家，A 的年产能力是 50 万件，已有 25 万件的订单，B 的年产能力是 40 万件，已有 20 万件的订单，求出认证过程。

解：第一步：分析认证需求

今年销售预测：10×（1 + 30%）= 13（万件）

该种零件的需求量：13×4 = 52 万件

第二步：计算认证容量

A 与 B 的供应量是：（50 − 25）+（40 − 20）= 45（万件）

52 − 45 = 7（万件）

公司再采购 7 万件才能满足需求。

4. 制订认证计划

1）对比需求与容量

认证需求与供应商对应认证容量之间一般都会存在差异，如果需求小于容量，则无需进行综合平衡，直接按照认证需求制订认证计划；如果供应商对应容量小于认证需求量，则需进行认证综合平衡，对于剩余认证需求需要制订采购环境之外的认证计划。

2）综合平衡

从全局出发，综合考虑市场、消费者需求、认证容量、商品生命周期等要素，判断认证需求的可行性，通过调节认证计划来尽可能地满足认证需求，并计算认证容量不能满足的剩余认证需求。

3）确定余量认证计划

对于采购环境不能满足的剩余认证需求，应提交采购认证人员分析并提出对策，与之共同确认采购环境之外的供应商认证计划。

4）制订认证计划

认证物料数量及开始认证时间的确定方法如下：

认证物料数量 = 开发样件需求数量 + 检验测试需求数量 + 样品数量 + 机动数量

开始认证时间 = 要求认证结束时间 – 认证周期 – 缓冲时间

（二）采购订单计划

采购订单是指企业采购部门在选定供应商之后，向供应商发出的订货单据。采购订单是采购双方订立采购合同的重要依据，包括采购所需的重要信息，如采购数量、商品规格、质量要求、采购价格、交货日期、交货地点等。

采购订单计划是采购计划的执行计划，是物料在采购业务中流动的起点，是详细记录企业物流轨迹、制订企业管理决策的关键环节。通过采购订单计划可以直接向供应商订货并查询收货及订单执行情况，使采购业务过程一目了然。

1. 准备订单计划

1）预测企业的市场需求

市场需求是采购的基础，要想制订较为准确的订单计划，首先必须熟知市场需求计划或销售计划。进一步分解市场需求可得到采购需求计划。企业的年度销售计划在上一年末制订，并报送至各个相关部门，下发至销售部门、计划部门、采购部门，以便指导全年的供应链运作。可根据年度计划制订季度、月度的市场销售需求计划。

2）确定企业的生产需求

企业的生产需求对采购来说可以称为生产物料需求。生产物料需求的时间是根据生产计划确定的，通常生产物料需求计划是订单计划的主要来源。为了利于理解生产物料需求，采购计划人员需要熟知生产计划及工艺常识。在 MRP 系统中，物料需求计划是主生产计划的细化，它主要来源于主生产计划、物料清单和库存文件；编制物料需求计划的主要步骤包括确定毛需求、确定净需求、对订单下达日期及订单数量进行计划。

3）准备订单环境资料

在订单商品的认证计划执行完毕之后，便形成了该项商品的采购环境（也可称为订单环境），订单环境资料包括订单商品的供应商信息；订单比例信息（对多家供应商的物料来说，每一个供应商分摊的下单比例称为订单比例，该比例由认证人员确定并给予维护）；最小包装信息；订单周期。订单环境一般使用信息系统管理，订单人员根据市场需求的商品清单，从信息系统中查询了解该商品的采购环境参数及描述。

4）制订订单计划说明书

制订订单计划说明书就是准备好订单计划所需要的资料，主要是订单计划说明书（商品名称、需求数量、到货日期等），附有市场需求计划、采购需求计划、订单环境资料等。

2. 评估订单需求

1）分析市场需求

订单计划不仅仅来源于生产计划。订单计划除了考虑生产需求之外，还要兼顾市场战略、潜在需求等，要对市场需求有一个全面的了解，使远期发展与近期切实需求相结合。

2）分析生产需求

分析生产需求，首先需要研究生产需求的产生过程，其次分析生产需求量和要货时间。因为每周都有不同的毛需求量和到货量，这样就产生了不同的生产需求，所以对企业不同时期产生的生产需求进行分析是很有必要的。

3）确定订单需求

根据市场需求、销售生产需求的分析结果，确定订单需求。订单需求的内容是：通过订单操作手段，在未来指定的时间里，将指定数量的合格商品采购入库。

3. 计算订单容量

1）分析供应资料

认证人员倾注大量时间和精力得到的物品供应资料应牢记在计划人员的头脑中，以便下达订单计划时参照。

2）计算总体订单容量

供应商的总体订单容量包括两方面内容：一个是可供给的数量，另一个是可供给的到货时间。例如，甲供应商在1月15日之前可供应4万个零件（A型1万个，B型2万个，C型1万个），乙供应商在1月15日之前可供应5万个零件（A型1.5万个，B型1.5万个，C型2万个），那么在1月15日之前ABC三种零件的总体订单容量为9万个，其中A型2.5万个，B型3.5万个，C型3万个。

3）计算承接订单量

供应商在指定时间内已经签下的订单量，称为承接订单量。仍以上一个例子来说明，若甲供应商在1月15日之前承接A型8000个，B型1.5万个，C型9000个；乙供应商在1月15日之前承接A型1.3万个，B型1.2万个，C型2万个，那么在1月15日之前ABC三种零件的总体承接订单量为7.7万个，其中A型2.1万个，B型2.7万个，C型2.9万个。

4）确定剩余订单容量

某商品所有供应商群体的剩余订单容量的总和，称为该物料的剩余订单容量。

在上例中，根据公式：物料剩余订单容量 = 物料供应商群体总体订单容量 − 已承接订单量，可得出：

零件剩余订单容量 = 9 − 7.7 = 1.3 万个。

4. 制订订单计划

1）对比需求与容量

需求小于容量的情况下，依据需求制订订单计划；供应商容量小于需求量的情况下，对于剩余物料需求需要制订认证计划。

2）综合平衡

综合考虑市场、销售、订单容量等要素，分析物料订单需求的可行性，必要时调整订单计划，计算容量不能满足的剩余订单需求。

3）确定余量认证计划

对于剩余需求，要提交认证计划制订者处理，并确认能否按照需求规定的时间及数量交货，为了保证货源及时供应，此时可简化认证程序，由具有丰富经验的认证计划人员操作。

4）制订订单计划

订单计划做好后就可以按照计划进行采购了。采购订单计划里，有两个关键指标：下单数量和下单时间。

$$下单数量 = 生产需求量 − 计划入库量 − 现有库存量 + 安全库存量$$
$$下单时间 = 要求到货时间 − 认证周期 − 订单周期 − 缓冲时间$$

制订订单计划是开展采购工作的基础，是采购工作得以及时、有序进行的有力保证，因此企业应当充分重视。

第二节　订单管理

采购订单伴随着订单和物料的流动，贯穿了整个采购过程。订单的目的是实施订单计划，从采购环境中购买物品，为生产过程输送合格的原材料和配件，同时对供应商群体绩效表现进行评价和反馈。

一、订单准备阶段

采购需求往往是以请购单的形式提出。通常请购单由使用部门人员提出，以书面的方式由使用部门或统筹管理的部门填写。使用部门应准确描述物料名称、规格、数量、需要日期、特殊要求等信息。

二、订单签订阶段

采购人员确认请购单后，还需进行采购前期准备工作：熟悉物料项目、确认价格、质量标准、物料需求量。

完成准备工作后，要查询采购环境，寻找适合本次物品供应的供应商。认证环节结束后会形成物料项目的采购环境，用于订单操作。对于小规模的采购，采购环境可能记录在认证报告文档中；对于大规模的采购，采购环境则使用信息系统来管理。

采购人员在权衡利弊（既考虑原定的订单分配比例，又要考虑现实容量情况）后可以确定意向供应商，向意向供应商发放相关技术资料。供应商在接到技术资料并对其进行分析后，会向采购人员做出"接单"还是"不接单"的回复。确定本次订单计划的供应商后，必要时需报上级审批。

（一）签订订单

在选定供应商之后，要签订正式的采购订单。

对于拥有采购信息管理系统的企业，可直接在信息系统中生成订单；在其他情况下，则需要订单制作者自行编排打印。

企业通常都有固定标准的订单格式，而且这种格式是供应商认可的，通常有订单号、下单日期，供应商名称、地址，交货日期、地点，运输要求，商品代码、商品名称、规格、单位、单价，等等。除此之外，还要有一些附加条款：如交货方式、验收方式、延迟交货或品质不符的罚则、履约保证等。

（二）审批订单

审批订单是订单操作的重要环节，一般由专职人员负责。这一环节主要审查合同与采购环境的物品描述是否相符、合同与订单计划是否相符、所选供应商是否均为采购环境之内的合格供应商、价格是否在允许的范围内、到货日期是否符合订单计划的到货要求等。

经过审批的订单，即可传至供应商确认并盖章签字。

三、订单执行阶段

在完成订单签订之后，即转入订单的执行阶段。加工型供应商要进行备料、加工、组装、调试等过程；存货型供应商只需从库房中调集相关产品并做适当处理，即可送往采购方。

（一）交期管理

实现按时交付是标准的采购目标。如果延迟交付货物或材料，或者未能按期完成工作，就可能导致销售失败、生产停滞或客户满意度下降等。

另外，一旦收到订单，大多数企业就会组织货物进行交付，按支付方式产生应收账款或预收账款。如果无法按时供货，就可能会出现现金循环减缓或索赔，从而降低企业的效率或利润率。

当有需求、希望进行采购时，必须清楚地知道所需要的时间。因此需要明确前置期的概念。

前置期（Lead time）常用于代替交付时间或与交付时间并用，通常会涉及三个方面的概念。

1. 内部前置期

内部前置期是指从确定产品或服务需求到发出完整的采购订单（Purchase order）所占用的时间。这包括准备规格、识别合适的供应商、询价/报价、最终选择供应商及签订合同所需时间。

2. 外部前置期

外部前置期是指从供应商收到采购订单到完成采购订单（通常是指交付产品或服务）所占用的时间。它通常也被称为供应商交付时间。

3. 总前置期

总前置期是指从确定产品或服务需求到供应商完成采购订单所占用的时间。因此，它是上述内部前置期和外部前置期的总和，再加上从采购方发出采购订单到供应商收到订单之间的时滞。

如果采购方没有向供应商提供充足或正确的信息，供应商的前置期可能会延长。例如，供应商可能要停下来等待采购方的部分技术资料或更准确、详细的需求信息；采购方在供应商设施所在地实施检验可能会增加总前置期；漫长的进货程序可能会增加总前置期。

供应商处理订单的过程若烦琐而复杂，则会增加前置期。供应商处理订单的系统，例如 ERP 系统，会极大地提高订单处理速度，减少前置期。货物的运输方式会影响到总前置期。不同的运输方式运输时间差别很大，在计算总前置期时必须考虑。

采购方与供应商对于前置期的期望不同，采购方应该确切地知道供应商同意了规定的交付日期，并在采购订单文件中清楚写明。

（二）跟单与催单

采购订单发给供应商之后，采购商会对订单进行跟踪和催单。订单发出的同时会确定相应的跟踪跟进日期。具体的工作内容如下：

1. 跟踪供应商工艺文件的准备

工艺文件是进行加工生产的第一步。对任何需要供应商加工的物料的采购，订单人员都应对供应商的工艺文件进行跟踪，如果发现供应商没有相关工艺文件，或工艺文件有质量、货期问题，应及时提醒供应商修改，并提醒供应商如果不能保质、保量、准时到货，则要按照合同条款进行赔偿。

2. 确认原材料的准备

备齐原材料是供应商执行工艺流程的第一步。有时有经验的订单人员会发现供应商有说谎的可能性，如有可能，最好进行实地考察。

3. 跟踪加工过程进展状态

不同物料的加工过程是不同的。为了保证货期、质量，订单人员需要对加工进行监控。如针对有些物料的采购，加工过程的监工小组要有订单人员参与，如一次性、大额支出的项目采购、设备采购和建筑采购等。

4. 跟踪组装调试检测过程的进展状态

组装调试是产品生产的重要环节，这一环节的完成表明订单人员对货期有一个结论性的答案。订单人员需要有较好的专业背景和行业工作经验，否则，即使跟踪也难以达到效果。

5. 确认包装入库

此环节是整个跟踪环节的结束点。订单人员可以向供应商了解物料最终完成的包装入库情况。

催单可以通过电话、信函或者拜访供应商等形式完成。采购部门应该建立一整套的催货系统和催货机制，以保证催货工作有条不紊地进行。

选择需要催货的订单。因为并非所有的订单都需要催货，因此为了便于催货，可以将订单进行分类，如非常重要的、值得进行供应商访问的订单；需要通过电话或电子邮件提醒供应商的订单；只有当供应商不能按合同要求及时发运时才进行催促的订单和只有当有特殊要求时才进行跟踪的订单。然后还要确定催货时间，并确定采取适当的催货行动。

（三）收货和验货

采购收货作业，是指对所购物品进行质量、数量的检查或试验，确认均合格后接收的过程。货物接收时要确保以前发出的订单所采购的货物已经实际到达；检查到达的货物完好无损；确保收到所订购货物的数量正确；确保与接收手续有关的文件都已进行登记并送交有关人员。

采购与验收各司其职，通常企业会规定，直接采购人员不得主持验收，以免徇私舞弊发生。一般所购物品用料品质与性能检查由验收者负责，其形状、数量检查则由收货人员负责。

采购人员在验货环节，主要工作是确定检验日期、通知检验人员处理检验出现的问题，要求供应商换货或监督供应商处理。

（四）验收和付款

验收合格后的物资要经过查询物料入库信息、准备付款申请单据、付款审批、资金平衡等环节后，再执行向供应商付款的流程。

第三节 质 量 管 理

一、采购质量管理

采购质量管理通常是指企业对采购质量进行控制所采取的计划、组织、控制及协调工作。企业常通过对供应商质量进行评估与认证，与供应商合作改进并提高产品质量，建立采购质量保证体系，保证企业的物料供应。

（一）采购质量问题来源

采购的质量问题主要来自两个方面：原材料质量问题和供应商质量问题。

原材料质量问题主要体现在产品的品质和交货上。原材料的品质问题表现在两个方面：一是采购的原材料本身品质低劣，某些性能指标不能达到采购方的规格要求；二是由于客户或采购方变更采购要求，现有的元器件无法满足新的质量标准。在产品交货方面，质量问题主要表现在运输过程造成的产品损坏、包装破损、标识破损或缺失、货物错发和来料混装上。

供应商质量问题主要包括以下三个方面：一是供应商运作不良导致供应品质及交货期不稳定；二是供应商的投资方或合作方改变投资方向，导致其转产或退出采购方所需原材料的生产；三是供应商财务状况不良导致破产。这些问题一旦发生，采购方必须立即采取行动进行处理和补救，由此产生的各项费用，如不合格产品的分析检验费用、退换货的运输成本、改用其他替代产品或替代供应商导致的支出增加、与供应商联系磋商或派人到供应商生产现场调查监督的费用，以及质量不良造成停产的损失费等都属于质量成本。

（二）采购质量管理的意义

采购质量管理的意义主要体现在以下几点：

（1）提高企业产品质量。高质量的原材料是优质产品的生产基础。

（2）保证企业生产有节奏、持续地进行。只有在适当的时间，得到适当的数量、适当的质量，生产才能有条不紊地按计划持续进行。

（3）保证企业产品生产和使用环节的安全。优质原材料的购入，可以大幅度降低生产风险。

（4）保证全面质量管理的成功实施。

（5）保证高质量服务于下游客户，从而提高企业声誉，增强市场竞争力。

（三）采购质量管理的基本内容

1. 采购质量全过程管理

产品的生产质量影响着企业生产活动的全过程，产品的质量管理必须从产品采购的开始阶段进行控制，且在此后产品到达主现场进行安装、调试并投入使用的全过程均应进行严格的质量管理。整个采购流程包括制订采购计划、选择合适的采购方式、选择供应商、签署合同、进度控制、质量控制、包装检验、出厂检验等过程。在采购执行过程中，采购部门应与企业的技术部、控制部、质检部、项目经理部等部门及时沟通，加强各部门之间的协调沟通，定期召开设备采购协调沟通例会，及时发现采购过程中的设备制造问题，并提出整改落实方案，对采购执行的各环节进行及时有效的控制，使质量管理落到实处，真正实现企业对质量管理的程序化控制。

2. 全员采购质量管理

目前，ISO 9000 标准广泛应用于企业质量管理，使得企业的质量管理理念也发生了质的变化。随着生产实践活动中逐渐融入新的质量管理理念，企业的质量管理水平不断提高。企业在员工培训中，应强化员工采购质量管理的理念，培养其先进的质量管理意识。企业在制定规章制度时，就应要求采购管理人员及质检人员在设备采购与设备质量管理过程中，不断提高质量管理的前瞻性和增强采购质量管理的意识，建立并强化质量第一、不断创新、诚信经营、协作进取的企业文化，这样企业才能持久地发展，形成全员的采购质量管理体系。

3. 全面采购质量管理

美国通用电气公司的费根堡姆博士在其所著的《全面质量管理》一书中指出："全面质量管理是为了能够在最经济的水平上以及考虑到充分满足用户需求的条件下进行市场研究、设计、生产和服务，把企业各部门的研制质量、维持质量和提高质量的活动构成一体的有效体系。"他首次提出了质量体系的问题，提出质量管理的主要任务就是建立质量管理体系。

全面采购质量管理通常是调动全部门人员的主动性，让他们积极参与到提高产品质量、改善服务态度并使之持续改善的综合管理过程中。提高全面采购质量管理，对企业的发展起着重要的作用，只有提高采购人员的综合管理能力和专业采购能力，建立合理的采购质量制度和高效的质量保证审核体系，才能全面地提高采购质量并有效地对采购质量进行控制。

二、产品质量检验

（一）产品检验的含义及作用

检验是对产品或服务的一种或多种特征进行测量、检查、试验、度量，并将这些特征与对它们的要求进行全面比较以确定其是否符合要求的一项活动。产品检验是指根据商品标准和合同条款规定的质量指标，确定产品质量高低和产品等级的工作。产品的质量检验是产品检验的中心内容，狭义的产品检验就是指产品的质量检验。质量检验及验收的作用如下：

（1）保证。通过正确鉴别产品质量状况，并对不合格品进行处置，防止它们被接收、进入下一过程，从而在产品生产全过程实现层层把关。这是产品质量检验最基本的职能和作用。

（2）监督。物料验收到产品实现过程中所获取的各类质量信息，应以记录或其他形式报告给相关责任部门及人员，以便他们在对这些信息进行分析的基础上采取措施，达到对全过程的监督和控制。

（3）预防。某些验收活动具有一定的预防不合格产品出现的作用，如与制造业批量生产中的首件检验、巡检以及纠正措施有关的验收活动。应注意到物料验收的预防作用是比较弱的，必须与其他活动结合才能真正起到预防不合格产品出现的作用。

（二）产品质量检验的方式

1. 按检验的数量特性划分，分为全数检验和抽样检验

全数检验就是对待检产品100%逐一进行检验，又称100%检验或全面检验。

全数检验常用于下列范围：对后续工序影响较大的项目；精度要求较高的产品或零部件；质量不太稳定的工序；需要对不合格交验批进行100%重检的产品。

但全数检验存在一定局限性：检验工作量大，周期长，成本高，占用的检验人员和设备较多；由于受检个体太多，所以每个受检个体检验标准降低，或检验项目减少；由于错误检验和遗漏检验的客观存在，检验结果并不一定可靠；不适用于破坏性检验或检验费用昂贵的项目产品；对批量大，但出现不合格无严重后果的产品批，在经济上得不偿失。

抽样检验是按照数理统计原理预先设计的抽样方案，从待检总体中抽取一批随机样本，对样本中每一个体逐一进行检验，获得质量特性值的样本统计值，并和相应的标准进行比较，从而对总体做出接收或拒绝的判断。抽样检验也具有一定缺陷：首先，在被判为合格的总体中会混杂一些不合格品，或存在相反情况；其次，抽样检验的结论是对批产品而言的，因此错判（将合格批判为不合格批而拒收，或将不合格批判为合格批而接收）会造成很大的经济损失。一般地，抽样检验适用于全数检验不必要、不经济或无法实施的场合，应用非常广泛。

2. 按检验的质量特性值的特征划分，分为计数检验和计量检验

计数检验适用于以计点值和计件值为特征值的场合；计量检验适用于以计量值为特征的场合。

3. 按检验方法的特征划分，分为感官检验和理化检验

感官检验主要依靠人的感觉器官进行检查和评价，其结果往往依赖检验人员的经验。由于目前理化检验的技术发展的局限性以及质量检验的全面性和多样性，感官检验在某些场合仍是一种合理的选择和补充，如对产品的形状、颜色、气味、污损、锈蚀和老化程度等的检验，不易用数值表达，均适用感官检验。

理化检验是指运用物理或化学的方法，依靠仪器及设备装置等对受检产品进行检验。理化检验的结果精度高、误差小，是目前主要的检验方式。随着科学技术的进步，理化

检验的技术和装备会得到不断改进和发展，如过去的破坏性试验有些已用无损检测手段代替，钢材化学成分的快速分析由于光谱分析技术的发展而得以实现等。

4. 按检验对象检验后的状态特征划分，分为破坏性检验和非破坏性检验

破坏性检验后，受检物的完整性遭到破坏，不再具有原来的使用功能。如寿命试验、强度试验以及爆炸试验都是破坏性检验。随着检验技术的发展，破坏性检验逐渐减少，而非破坏性检验的使用范围在不断扩大。出于经济上的考虑，破坏性检验只能采用抽样检验的方式进行。

5. 按检验目的的特征划分，分为验收检验和监控检验

验收检验的目的是判断受检对象是否合格，从而做出接收或拒收的决策。验收检验可应用于生产的全过程，如原材料、外购件、外协件及相关配套件的进货检验，半成品的入库检验以及产成品的出库检验等场合。监控检验的目的是对生产过程是否处于受控状态进行检验，也称为过程检验。监控检验在预防因系统性质量问题而导致的大量不合格产品出现方面，发挥的作用尤为重要。

三、质量认证

（一）质量认证的有关知识

质量认证的原动力在于采购方对所购产品质量信任的客观需要。在现代认证产生之前，供方为了推销其产品，通常采用"产品合格声明"的方式，来获取买方对其生产产品质量的信任。所谓"产品合格声明"即由供方在产品说明书、产品标记或其他文件中声明所提供的产品各方面性能符合买方需要并做出保证。随着科学技术的不断发展，产品的性能、结构日益复杂，仅依靠买方有限的知识或简单的测试手段，已难以判断产品质量是否符合规定标准或实际使用需要。为此，由公正、客观的第三方来证实产品质量的现代认证制度就随之产生和发展起来。

质量认证也称合格认证。1991年国际标准化组织对"合格认证"做出如下定义："第三方依照程序对产品、过程或服务符合规定的要求给予书面保证合格证书。"根据国际标准化组织的定义，人们理解的质量认证的内容包含四层含义：

（1）质量认证是由认证机构进行的一种合格评定活动。

（2）质量认证的对象是产品、服务和管理体系。

（3）质量认证的依据是技术规范、相关技术规范的强制性要求或者标准。

（4）质量认证的结果通过认证机构颁发"认证证书"和"认证标志"予以表示。

按照认证对象来划分，质量认证通常分为体系认证、产品认证和实验室认证。

1）体系认证

体系认证包括质量体系认证、环境管理体系认证和安全体系认证。

（1）质量体系认证。质量体系认证是指对供方的质量体系实施第三方评定和注册的活动。评定合格者由第三方机构颁发质量体系认证证书，并予以注册。其目的在于通过评定和事后监督来证明供方质量体系符合并满足需方对该体系规定的要求，对供方的质量管理能力予以独立的证实。国际标准化组织规定了一整套通行全世界的普遍标准 ISO 9000 质量认证体系。2000 年 12 月，ISO 宣布对 ISO 9000 系列进行修订，产生了 ISO 9000：2000。这个质量认证体系是由 ISO 9001、ISO 9002、ISO 9003 三者整合在一起而形成的。它更加关注高层管理与消费者满意度，强调机构组织过程，引进持续发展的观念。

（2）环境管理体系认证。环境管理体系认证是指由第三方公证机构依据公开发布的环境管理标准，对供方的环境管理体系实施评定的活动。它用来证明供方具有按既定环境保护标准和法规要求提供环境保护产品的能力。

（3）安全体系认证。这是指由第三方公证机构依据公开发布的安全体系标准，对供方的安全保证体系实施评定，证明供方具有按既定安全标准要求提供具有安全保证产品的能力。

2）产品认证

产品认证可以分为强制性产品认证和自愿性产品认证。强制性产品认证是为保护国家安全、防止欺诈行为、保护人体健康或者安全、保护动植物生命或者健康、保护环境等而设立的，实施强制性产品认证的产品必须经过国家认监委指定认证机构的认证，在标注认证标志以后，才能出厂、销售、进口或者在其他经营活动中使用。目前世界上主要国家多数实施了强制性产品认证制度，我国的认证、欧盟的认证、美国的认证等都属于强制性认证的范围。自愿性产品认证的范围比较宽泛，国内已经开展的自愿性产品认证包括环境标志认证、绿色食品认证、无公害农产品认证、有机产品认证、饮料认证和方圆标志认证等。目前自愿性产品认证没有强制性产品认证和管理体系认证开展得普遍，据不完全统计，国内共颁发各类自愿性产品认证证书 1 万多张。

3）实验室认证

实验室认证是指依据认可准则和一定的技术标准，由专家组对实验室的组织管理能力和技术能力进行审查评定的活动。实验室认证也称为实验室认可，主要包括检测实验室认可、检验人员认可和评审人员认可。

（二）质量认证的基本内容

1. 质量认证基本要素

质量认证基本要素包括型式试验、质量体系检查、监督检验和定期复查四个方面。前两项是取得认证资格的基本条件，后两项则是认证后的监督措施。

型式试验是整个质量认证制度的基础，是指为证明产品质量符合产品标准的全部要求，对产品所进行的抽样检验。

质量体系检查是对产品生产企业的质量保证能力进行检查和评定，检查的目的是证实企业具备持续、稳定地生产符合标准要求的产品的能力。

监督检验是对获准认证后的产品进行监督的措施。它是从生产企业的最终产品中，或从市场上抽取样品，由认可的检验机构进行检验。如果检验结果证明产品符合标准的要求，则允许其继续使用认证标志；如果不符合，则需要根据具体情况采取必要的措施，防止不符合标准的产品使用认证标志。监督检验的周期一般为每年2~4次。

定期复查是对已经取得认证资格的生产企业的质量保证能力进行定期检查，是保证认证产品质量能持续符合标准的根本性监督措施。定期复查的事项要比首次检查少一些，重点是查看首次检查中发现的不足之处是否得到有效改正，质量体系的修改是否能确保达到质量要求。

2. 实施质量认证的机构

实施质量认证制度必须由一定的质量认证机构来承担，质量认证机构由认证管理机构（认可机构）、认证检验机构（实验室和检查机构）、认证审核机构（产品和体系认证机构）构成。

3. 产品质量认证的实施内容

产品质量认证的具体实施内容主要包括产品的功能审核、外观质量审核、包装质量审核以及质量稳定性审核。

产品的功能审核是产品质量认证最重要的审核内容。其主要审核产品的性能、安全性、可靠性、寿命、可维修性、销售竞争上的特色、接口特性和配套完整性等。

产品的外观质量审核主要包括产品的外观尺寸、形状的一致性；产品的外观有无碰伤、压伤、划伤；产品的标签或印字有无错误或模糊；产品有无影响使用的微粒、粉末等多余物情况。

产品的包装质量审核是对产品包装质量和合规性进行的一系列审查和评估，主要审核产品包装材料、设计、工艺和成品等，以确保包装能够满足保护产品、方便储存与运输、促进销售的要求。

产品的质量稳定性审核是指一系列在产品生产、储存、运输和正常使用过程中进行的、确保其质量在有效期内保持一致性和可靠性的检查和评估。它关系着产品的性能、质量及用户体验。

四、质量控制

采购过程中的质量成本是指在原材料供应过程中由于质量不良而造成的成本损失。目前行业采购中的质量成本内涵已远不止这些，还包括采购过程中出现的所有风险（如交货风险、财务风险）所造成的相关损失，以及为避免这些风险所进行的前期投入。如何降低质量成本已成为越来越多采购方在采购管理中面临的重要问题。

在实际操作过程中，质量与成本之间存在矛盾：一方面，采购方希望在满足质量要求的前提下，尽可能降低采购价格。然而采购成本的一味降低会导致供应商选用质量较差的原材料，质量问题频繁发生，成本增加。另一方面，当采购方要求提高产品质量时，会面临供应商提价的要求。在采购中平衡成本与质量的关系、有效管理采购中的质量成本成为采购经理们需要面临的挑战。

（一）预防质量问题

质量不良造成的损失是惊人的。问题发生之后，采购方需要投入很大精力和很高成本进行问题的解决和补救。预防问题的发生，将更有利于平衡质量与成本二者之间的关系。

1. 建立分工明确的组织机构

目前，越来越多的采购方把供应商开发和供应商管理职能从采购管理中分开，分别成立独立的资源开发与资源管理部门，并设置专人对供应商质量进行管理。供应商质量管理包括与供应商绩效相关的原材料品质、成本、交货期及服务等各项指标的管理，明确的分工带来明确的职责。供应商质量工程师会在生产过程中运用各种系统工具对供应商的质量绩效进行有效的管理和定期的评估。这样的管理结构有效地控制和预防了采购物品的包装质量审核问题，包括包装标志不规范、合格凭证不符合要求、装箱产品与装箱单不符等风险。

2. 执行清晰的供应商认证程序

对潜在的供应商进行认真的审核与认证是全面了解供应商能力的最好手段。通过供应商的现场审核，采购方可以全面了解供应商的生产运营状况、技术水平、研发能力、管理体系及信息化程度，这为避免采购风险的发生奠定了基础。审核的对象包括质量认证体系、设备与工艺能力、研发能力、生产流程及过程控制、生产能力及生产饱和度、财务状况、订单管理、客户管理及客户服务、原材料管理、员工素质和环保措施等。

3. 定期评估供应商的绩效

对供应商进行定期评估可以使采购方及时了解和把握供应商各方面的情况变化，以便随时对其技术能力、管理能力、供应能力及各种风险做出科学的推断。

主要评估的指标包括供应能力、国际化与本土化能力、研发与创新能力、主动性与灵活性、信息化能力、品质绩效、运输绩效、仓储优势、服务绩效、价格方法、财务优势、利润与库存周转率及潜在风险。

4. 制定明确的质量标准，并及时传达给供应商

清晰明确的需求是与供应商沟通的关键。在很多时候，标准不清楚是导致产品质量出现问题的主要原因，造成了修改、更新费用的增加及交货期延迟。

5. 协助供应商改善产品质量

在很多情况下，采购方派出质量控制或技术人员与供应商共同探讨改善产品质量的途径，能有效提高质量改进的效率。虽然这种做法表面上增加了一些成本，但它却加快了产品质量的改善速度，使企业的整体质量成本得以下降。

6. 提高采购人员的素质

高素质的采购团队能使供应管理具有高效率，并能在追求成本降低的同时，科学地判断和预防采购风险。沟通能力、对原材料市场的熟悉程度及市场敏感度决定了采购人员能否有效控制风险的发生。有些采购人员为达到降低成本的目的，没有针对现有成本进行认真分析，而采取打压供应商价格的方法，迫使供应商选择未达标准的廉价材料进行生产，或降低生产过程中的质量控制标准，结果导致质量事故频繁发生，这使采购方用来处理质量问题的成本远远超过了原材料降价带来的成本节约，得不偿失。因此，培养和提高采购人员的素质，组建高效率的采购团队是非常重要的一环。

（二）平衡质量与成本

质量改善与成本降低是否能够达到平衡呢？四象限分析法是一个有效的工具。可将供应商的产品根据质量与成本两类因素划分为四种类型，针对不同类型的供应商采取相应的措施。

（1）产品质量好，但成本高。这类供应商往往掌握某些核心技术或在市场上处于领先地位。采购方若想得到好的价格，必须认真分析其成本构成，采取谈判的方式争取成本的降低。在这种情况下，谈判前的准备工作非常重要，它能帮助采购方在谈判中掌握主动权。

（2）产品质量好，且成本也令人满意。这是采购方需要极力去维护的供应商，与其进行定期的交流与评估，并可适当采取一些激励措施或与其建立长期的战略伙伴关系来保持良好的绩效。

（3）产品质量不好，但成本令人满意。采购方必须对这一类供应商进行分析，如果产品质量问题是由可以改善的因素（如工艺流程不合理、质量记录不完善等）造成的，采购方可以与供应商一起攻关，在尽量不增加成本的前提下找到改善的最佳途径。如果经过努力仍无法改善或属于无法改善的因素造成的品质低劣，采购方应着手更换供应商。

（4）产品质量不好，且成本高。采购方必须立即着手寻找替代供应商，否则企业将被迫支付大量的额外成本。

利用四象限分析法和量化分析法能有效地帮助采购方追本溯源，找到平衡质量和成本的最佳对策。但是，质量成本的量化并不是一件容易的工作，如何科学地将质量成本的管理投入进行量化分析，仍然是采购质量控制过程中的难点。

客观题

1. 简述编制采购计划的目的和作用。
2. 请列举编制采购计划所需基础资料。
3. 请列举编制订单计划所需订单环境资料。
4. 简述内部前置期、外部前置期和总前置期的区别。
5. 简述采购质量管理的内容。

参考文献

[1] 高阳，张强. 数字化供应链管理[M]. 北京：电子工业出版社，2020.

[2] 柳荣. 采购与供应链管理[M]. 北京：人民邮电出版社，2022.

[3] 张晓林. 供应链管理：概念、技术与实践[M]. 上海：复旦大学出版社，2021.

[4] 李翔. 供应链设计与管理：战略、模型和案例研究[M]. 北京：清华大学出版社，2020.

[5] [英]肯尼斯·莱桑斯，布莱恩·法林顿. 采购与供应链管理（第 9 版）[M]. 胡海清，译. 北京：机械工业出版社，2018.

案例讨论

第八章

采购与供应风险管理

本章学习目标

1. 了解风险的内涵与特性；
2. 了解采购风险的类型；
3. 理解采购与供应中的风险管理；
4. 理解采购过程中不确定性因素的来源；
5. 掌握采购与供应风险的识别原则；
6. 掌握采购与供应风险的应对策略。

导入案例

沃尔玛的国际供应链风险管理案例

由于沃尔玛的供应链是典型的大型零售业主导型供应链，整个链条以沃尔玛零售企业为核心，这种组织形式使沃尔玛在预防供应链固有风险方面具有得天独厚的优势。

在进入中国市场之初，沃尔玛的对外扩张一直保持少有的谨慎，除了实施"采购中国"发展战略以促进与政府、商界的关系外，还向沃尔玛商店所在地的福利机构捐款，甚至还建立过一所学校。沃尔玛在中国市场的成功登陆，充分说明了在开拓市场时与政府部门建立良好的关系对于企业规避外部环境风险的重要性。

沃尔玛霸主的地位使沃尔玛在与供应商的交往中占据明显的优势，它要求每个企业以最低价格保证标准质量，使用新技术与沃尔玛保持信息的同步，及时更新自己的能力而不被淘汰等。通过要求各个供应商遵循自己制定的标准和要求，将自己的价值观等潜移默化地移植到供应商的企业中，增加了供应链上各企业的文化共性，逐步减少了因企业间文化差异而产生的摩擦和风险。

供应链是一种动态的联盟形式，若没有足够的利润空间和合理的利润分配方案，很难使各企业紧密团结。沃尔玛针对这一点，一方面尽最大努力降低成本，获取较大的利润空间；另一方面公平、透明、合理地分配各企业应得的供应链利润，化解了因利益分配问题导致供应链分崩离析的风险。零售业是距离最终顾客最近的流通环节，一方面几乎所有产品都必须流经这一环节，使沃尔玛根本不存在供应商选择风险。另一方面顾客需求信息的变化随时通过企业调查反馈到沃尔玛，其间没有任何环节的失真，因此能够有效克服牛鞭效应的影响，使信息处理过程产生的风险减小到最低程度。

对信息技术和信息系统建设的高度重视，既是沃尔玛成就零售王国的重要保障，也是其控制供应链风险的有效手段。通过对信息管理系统的大力投资和对信息技术的广泛应用，沃尔玛的物流配送目前已经成为世界上顶级的配送系统之一。

一方面沃尔玛与供货企业保持和睦的关系，亲自帮助供货企业降低生产成本，通过采用先进的通信技术，与供应商共享信息，并为关键供应商提供超市中自由布置的空间、为供应商提供信息管理系统的软件支持等，与供应商建立合作伙伴关系；另一方面沃尔玛通过制定严格的标准和要求，约束各供应商的行为，恩威并施、双管齐下的供应商管理措施大大降低了供应链面临的道德风险。

资料来源：申凤平，范建磊. 沃尔玛供应链管理对供应链风险防范的启示[J]. 商业经济，2007(15)：15-16.

第一节　采购与供应风险的含义

一、风险的内涵

风险是大众非常熟悉的概念。我们在银行或交易所时常能见到"股市有风险，投资需谨慎"的标语，小到堵车能造成迟到的风险，大到国家主权行为可能引起国家风险，风险似乎与人类活动如影随形。风险随着人类的发展而发展，随科学技术的进步而变化，管理风险、应对风险已成为个人、企业、国家的一项极其重要的内容。在采购与供应管理中，如何管控好风险关系到业务是否能够顺利完成、企业是否能够健康发展，如对一些重大风险认识不清、措施不力、处理不好，可能会使企业毁灭，切不可粗心大意。

（一）风险的定义

"风险"一词的由来，最为普遍认同的一种观点来源于渔民对平安的期盼。远古时期，以打鱼捕捞为生的渔民们每次出海前都要祈祷，祈求神灵保佑自己能够平安归来，其中主要的祈祷内容就是让神灵保佑自己在出海时能够风平浪静、满载而归。在长期的捕捞作业中，"风"给渔民带来的危险无法预测，也就是说，"风"即意味着"险"，因此有了"风险"一词。《说文解字》对"险"的解释："险，阻难也。"《新华字典》对"险"的解释包括"可能遭受的灾难""可能发生灾难的""要隘，不易通过的地方""存心狠毒"及"几乎，差一点"等。可以看到，"险"往往意味着负面的、不利的事情。"风险"是一个与不确定性密切相关、对实现目标不"吉利"的事件。

另一种观点认为"风险（Risk）"一词是舶来品，多位学者曾论证过"风险"一词的来源，即"源出说"。有人认为"风险"来自阿拉伯语、西班牙语或拉丁语，比较权威的说法是来源于意大利语的"Risico"一词。在早期的运用中，也是被理解为客观的危险，体现为自然现象或者航海遇到礁石、风暴等事件。大约到了 19 世纪，在英文的使用中，"风险"一词常常用法文拼写，主要是用于与保险有关的事情中。

现代意义上的"风险"一词，已经大大超越了"遇到危险"的狭义含义，而是"遇到破坏或损失的机会或危险"，"风险"一词越来越被概念化，并随着人类活动的复杂性和深刻性而逐步深化，并被赋予了从哲学、经济学、社会学到统计学甚至文化艺术领域的更广泛、更深层次的含义。管理经济学中的风险，则是根据概率和概率分布的概念来定义的，指一种特定的决策所带来的结果与期望的结果之间变动性的大小。系统工程学中的风险，用于度量在技术性能、成本进度方面达到某种目的的不确定性。在指挥决策学中，风险则被理解为在不确定性的决策过程中，所面临的无法保证决策方案实施后一定能达到所期望效果的危险。风险还包括医疗风险、安全风险、质量风险、战争风险、被盗风险、地震风险等。长期以来，人们通常将可能出现的、影响目标实现的"威胁"等不利事件统称为"风险"，是一种未来可能发生的不确定性事件对目标产生的影响，即"可能发生的事件对预期目标的影响"，影响程度越大，风险也就越大，反之风险就越小。

2009 年 11 月 15 日，国际标准化组织（ISO）召开会议，130 余个国家代表参加，对经过四年多讨论、四易其稿的"风险"概念进行投票表决，并正式发布了 ISO 31000—2009 标准《风险管理——原则与指南》等文件，明确指出"风险"是"不确定性对目标的影响"，是对风险主体目标的影响。该定义是人类对"风险"这一古老概念的最新认识和理解的总结与概括。

无论如何定义"风险"一词的由来，其基本的核心含义是"未来结果的不确定性或损失"，也有人进一步将其定义为"个人和群体在未来遇到伤害的可能性以及对这种可能性的判断与认知"。如果采取适当的措施使破坏或损失的概率不会出现，或者拥有智慧的认知、理性的判断、及时而有效的防范措施，那么风险可能转化为机会，带来无法预期的收益。有时风险越大，回报越高、机会越大。

（二）风险的特征

风险具有不确定性、普遍性、潜在性、客观性、信息性、两面性和可变性等基本特征。

1. 不确定性

风险从产生到结束都是无法具体预知的，其不确定性主要体现在以下四个方面：

（1）风险是否发生具有不确定性。风险作为一种随机现象，其是否发生具有偶然性。

（2）风险的发生时间具有不确定性。尽管有些风险是必然要发生的，但发生的时间是不确定的。

（3）风险发生的地点具有不确定性。风险具体会发生在哪个国家、哪些地区是无法确定的。

（4）事件发生后造成的风险后果（损失或收益）是不确定的，损益程度也具有不确定性，人们很难准确估计风险事件发生后给人们带来的是福还是祸，以及损益程度。

在采购与供应管理中，风险的不确定性主要体现在供应的不确定性、需求的不确定性、采购成本的不确定性以及外界环境的不确定性四个方面。

2. 普遍性

风险随时随地都可能产生，贯穿人类活动的始终。过去人类的风险往往来源于自然灾害、疾病、伤残、死亡、战争等。随着经济社会的发展和科学技术的进步，新的风险应运而生，风险事故造成的损失也越来越大。采购过程中的每个环节都存在风险，供应商的选择可能产生风险；交货时间的选择也可能产生风险，产品的价格、数量、品质的管控过程也可能伴随着风险。

3. 潜在性

风险是潜在的，在风险没有充分暴露出来时，对它难以肯定与否定，人们要准确地识别和评估风险是十分困难的。风险导致的偶发事件称为潜在事件，主要来源包括自然现象、社会政治及经济变动、意外事故，风险因素在一定条件下引发或增加潜在事件，从而导致一定的后果。风险因素的变化过程有时能够被观测到，有时则具有隐蔽性。风险因素增加到一定程度或者遇到某种特殊情况时才会引发潜在事件，而潜在事件一旦发生就会产生有益或有害的结果，如图 8-1 所示。风险的潜在性说明，人们要准确地识别和评估风险是十分困难的。

图 8-1　风险的潜在性表述

4. 客观性

风险是一种不以人的意志为转移、独立于人的意识之外的客观存在。因为无论是自然界的物质运动，还是社会发展，都是由事物的内部因素决定的，都是由人们主观意识之外所存在的客观规律所决定。人们只能在一定的时间和空间内改变风险存在和发生的条件，降低风险发生的频率和损失程度，但是从总体上说，风险是不可能彻底消除的，也是无法完全避免的。

5. 信息性

不确定性的核心是信息的缺乏。依据信息理论，信息量越大，不确定性就越小；信息量越小，不确定性就越大。也就是说，信息量的大小与风险呈负相关关系，即信息量越大，越充分，风险就越小。决策者对风险事件及其后果或可能性信息了解得越少或不全面，他面临的不确定性就越大，风险也越大。在目前的环境和信息技术条件下，信息缺乏使得我们对风险发生的后果和可能性无法有百分之百的把握，这给决策造成了困难。甚至可以说，就是因为我们今天对未来可能发生的事件缺乏足够的信息才存在风险。

6. 两面性

风险对目标的影响具有两面性，即与预期目标的偏差既可以是正面的也可能是负面的，或两者兼而有之，并且可以锁定、创造机遇或导致威胁。以往人们提到风险的影响更多关注的是负面影响，如 ISO 2004 年版风险管理术语对风险的定义提到：风险通常仅应用于有可能产生负面结果的情况，而 2009 年之后对风险定义下的注 1 则是：影响是指偏离预期，可以是正面的和/或负面的。这一注释将风险中性化，使风险内涵具有了两重性——机会和威胁，彻底纠正了以往皆为负面的风险内涵，与当前流行的全面风险管理的目标——创造价值高度契合。

7. 可变性

风险并不是一成不变的，人类社会自身的进步和发展也创造和发展了风险，使得风险的数量和内容都发生了变化。一方面，高科技的发展与应用衍生出新的风险，使得风险内容不断扩大，例如，发射卫星把风险拓展到外层空间，建立核电站则产生了核污染风险等。另一方面，经济社会的发展也使得风险的数量增加，例如，随着社会的进步、法制的健全和完善，人们面临的信用风险和责任风险也逐步加大。

二、风险管理的概念

第二次世界大战后的美国经济迅猛发展，产业规模迅速扩大，市场竞争加剧，社会政治与法律结构存在极大的不确定性，各种不确定性因素联系错综复杂，因此组织面临的风险日益增多。为了避免不确定性因素导致的不良后果、减少意外事件造成的各种损失、降低风险成本，组织管理者开始借助管理学的原理和方法来规避风险，风险管理便应运而生。

1931 年，美国管理协会（American Management Association，AMA）成立保险部，开始倡导风险管理。1953 年，通用汽车公司的一场火灾震动了美国企业界和学术界，这场火灾成为风险管理科学发展的契机。1956 年，美国学者加拉格尔在《哈佛商业评论》上发表论文《风险管理：成本控制的新阶段》中最早使用了"风险管理"一词。20 世纪60 年代初，学界和业界对风险管理的意识开始觉醒，开始了"定义风险管理"的过程。此后，对风险管理的研究逐步趋向于系统化、专门化，使风险管理成为企业管理领域的一门独立学科。

美国学者沃恩这样定义风险管理："风险管理是一种通过预先识别潜在损失的科学方法，通过设计和实施各种措施来减少损失发生的概率，从而减少相应的财务损失。"企业风险管理是指企业在充分认识所面临的风险的基础上，采用适当的手段和方法，对其予以防范、控制和处理，以最小成本确保企业经营目标实现的管理过程。事实上，对于风险管理的概念，在经济学家、统计学家、决策理论家和保险学者中还没有一个公认的定义。

采购风险出现在企业的各个供应环节，受到企业内外部因素影响，给企业带来了成本和利润方面的不确定性。采购与供应风险主要是指来自企业内部的风险、企业所在供应链上的供应风险，以及由外部宏观环境变动引起的外部环境风险。采购与供应风险普遍存在于各类企业的采购活动中，是需要企业在内部经营和外部合作的过程中谨慎对待的重要节点。

（一）风险管理的主体

风险管理的主体是风险管理单位，其可以是个人、家庭、组织（包括营利性组织和非营利性组织）、政府，还可以是跨国集团或国际联合组织等。不论风险管理单位的所有制性质、组织结构有何不同，风险管理所依据的管理理念、管理技术和管理方法等却是相同的，都是寻求以最小的成本来获得最佳的处理风险事故的方案。但是，不容忽视的是，风险管理的主体不同，风险管理的侧重点也会有所不同。例如，按照主体的不同，风险管理可以分为个人家庭风险管理、企业风险管理和公共风险管理。个人家庭风险管理是对人身风险、家庭财产风险和责任风险的管理；企业风险管理则是对企业生产风险、销售风险、财务风险、技术风险、信用风险和人事风险的管理；公共风险管理主要是指政府的风险管理，以维护政府机构业务活动和人民生活安定为出发点，是对整个社会生命、财产和责任的风险管理。

（二）风险管理应遵循的原则

企业需要针对不同来源的采购风险制定不同的防范措施，例如，对内可以加强采购人员的风险防范意识，健全供应商管理制度；对外注重招投标过程的风险防范，加强合同管理。在合作双赢的供应链思想的时代，企业需要与上游供应商密切配合，共同发挥各自的核心竞争力，创造更大的价值。与此同时，通过上游企业间的信息共享、协同发展，企业可以实现在供应链基础上的风险共担和风险规避，把采购风险的概率降到最低，保证整条供应链实现利益的最大化。

三、采购与供应中的风险管理

（一）采购与供应风险管理概述

随着第二次世界大战结束，世界经济进入大发展时期，而各类组织不得不面对工业原材料短缺和价格增长率远高于正常值的问题。20 世纪 90 年代初，企业高层管理者开始清晰地认识到，想在国际市场上的竞争中获得成功就必须有一个高效的供应职能部门，能否从供应商处以合适的价格获取所需商品是企业成功与失败的关键，因此这些形势的发展使得供应成为关注焦点。

每一个商业决策都存在风险，采购与供应也不例外。随着供应全球化的发展，供应网络越来越复杂，风险越来越难以识别。企业需要针对不同来源的采购与供应风险制定不同的防范措施。在合作共赢的供应链思想时代，企业需要与供应链上下游各个合作伙伴密切配合，共同发挥各自的核心竞争力创造更大的价值。与此同时，全供应链的信息共享、协同发展可以实现风险共担和风险规避，实现整条供应链的利益最大化。

供应链已经日益全球化，各行各业的供应链涉及范围逐渐扩大，因此保证供应链的稳定高效是供应链各个环节的企业都需要考虑的问题。采购与供应风险可能来源于供应中断的风险、金融和汇率波动、交货时间的可变性、知识产权的安全与保护等，也可能因单源采购与精益全球供应链的发展趋势而产生。因此采购与供应管理人员需要不断评估供应链中的风险，并在制定供应决策时平衡风险/回报。

新冠疫情暴发以来，全球供应链出现更多不确定性，曾经稳固的供应链瞬间变得脆弱。多国普遍采取收紧防疫措施，实行入境限制，各港口、码头、机场、车站为防疫加码，同时用工不足等问题逐步凸显，采购与供应中的风险日益扩大。本地化是跨国企业应对供应链中断风险最直接的办法，将生产环节直接转移到消费国。越来越多的国家意识到新冠疫情对本土产业链供应链的长远影响，为对国家经济安全至关重要的商品和技术建立本土供应链。据麦肯锡预测，未来 5 年内全球商品贸易的 15%～25% 会转移到不同的国家。所以，要想成功应对此次风险，企业需要积极参与全球供应链重塑，同所在国建立紧密的联系，并与当地企业协同分工、紧密合作，在全球范围内实现生产转移与协作，在平等互利的基础上，实现产业链供应链融合发展。

（二）采购与供应风险的影响因素

采购与供应风险客观存在于采购工作的各个环节，其对组织的生产经营活动产生重大影响。在采购与供应管理工作中，只有充分了解采购风险产生的原因，才能采取针对性措施，防范和化解采购风险。因此，对采购与供应风险的成因及其防范进行研究，以期降低风险、提高效益，具有十分重要的意义。产生采购风险的原因很多，不同的采购风险形成的具体原因也不尽相同。

1. 微观因素

微观因素包括组织架构设计、采购与供应管理模式、企业的重视程度及专业人员的职业素养四个方面的内容，主要从企业的内部分析风险的来源与起因。

（1）组织架构设计。采购与供应部门是采取"管办分离"的两部分相互协作监督，还是"管办合一"的集中管理组织设计，将会直接影响采购活动所承担的风险。

（2）采购与供应管理模式。企业的采购工作是实行按照项目进行管理还是根据流程进行管理，同样会对采购与供应风险产生影响。

（3）企业的重视程度。企业对采购与供应工作的重视程度，体现在专业人才的配备及对采购部门工作的支持和监督上。企业的重视程度会直接影响采购风险的大小。

（4）专业人员的职业素养。采购人员和供应人员是引导和实施采购实践活动的直接参与者，其专业水准与道德修养会直接影响到采购活动的成败。

2. 供应链因素

供应链因素主要是指企业与企业所在供应链的上游供应商之间可能导致采购风险的影响因素，主要包括信息因素、合同因素和供应商的信用因素。

（1）信息因素。企业与供应商之间的有效、及时、准确的信息传递是采购任务能顺利完成的重要基础。因此，能否实现两者之间的信息沟通对采购风险具有直接影响。

（2）合同因素。采购方和供应方在制定合同、履行合同、管理合同的过程中出现的失误或意外都可能导致日后采购风险的出现。

（3）供应商的信用因素。诚信是一切商务活动的基础。供应商的信用等级高低是需要慎重考虑的因素，会影响到全部采购活动。

3. 宏观因素

影响企业采购风险的宏观因素主要有政治因素、经济因素、社会因素、科技因素、自然因素。

（1）政治因素：政治环境是否稳定，国家政策是否会改变，不可预测的政治变化可能会对企业及供应市场造成巨大的影响，从而给企业的采购活动造成风险。

（2）经济因素：国际和国内经济发展的形势，以及经济活动中突发的一些变化都会对供应市场造成一定的影响，从而对采购活动造成重大影响。

（3）社会因素：社会的道德风尚、价值观念、法律意识、消费心理及生活方式的变化等软约束都会普遍影响与采购活动相关的人的行为，从而影响采购活动。

（4）科技因素：科技的变革可能会直接影响产品成本的降低或产品的更新换代，这将会对企业已做出或将要做出的采购决策造成持续的影响，从而带来一定的采购风险。

（5）自然因素：因自然力的不规则变化产生的现象导致的危害经济活动、物质生产或生命安全的风险，如地震、水灾、火灾、风灾、雹灾，以及各种瘟疫等自然现象。

第二节　采购不确定性的类型

风险是可能发生的事件对预期目标的影响，其不确定性是最重要的特性，对于未来的收益和损失等经济状况的分布范围和状态无法确定。采购与供应管理中的不确定性往往来源于供应、需求、采购成本与外界环境四个方面，准确把握不确定性中的确定因素并准确应对可以减少风险损失。

一、供应的不确定性

供应风险是任一组织所面临的各种风险之一，供应的不确定性导致了供应风险的产生，而供应的战略选择导致了供应的不确定性，如图 8-2 所示。由于市场要求、环境变化，组织在不同情景下的供应战略选择各不相同，主要围绕"是什么""质量""有多少""谁""什么时候""什么价格""在哪里""如何做"及"为什么"九个方面的问题展开（见表 8-1）。

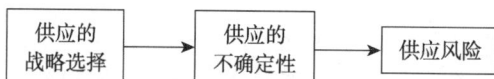

图 8-2　供应风险的来源

表 8-1　供应的战略选择

考虑问题	选择策略	考虑问题	选择策略	考虑问题	选择策略
是什么	自制/购买 标准件/特殊品	质量	质量/成本 供应商参与	有多少	大量/小批量 （库存）
谁	集中/分散 员工位置 高管参与	什么 时候	现在/以后 提前采购	什么 价格	溢价/标准/较低 基于成本/市场
在哪里	当地/区域性 国内/国际 规模大小 单源/多源采购 供应商流动率 供应商关系 供应商认证 供应商所有权	如何做	系统/程序 电子商务 协商 竞争性招投标 一揽子订单/开放订单 系统合约 道德规范 价值分析	为什么	目标一致性 市场原因 内部原因

（1）是什么：强大的采购优势将更有利于制定采购战略。选择自制或采购、内包或外包、标准件或特殊品都能够应对某种特定情境下的危机。

（2）质量：制造出更加稳定的终端产品对于市场份额的维持或增长是必不可少的。供应商必须持续提供品质如一的材料、零部件，这也会明显降低生产成本和内部质量控制管理成本。因此，供应商可能提出截然不同的质量保证计划，从而满足不同的质量要求。

（3）有多少：供应战略中另一个主要组成部分是采购总量与单次交付产品数量的问题。在理想的情况下，买家和供应商努力识别和消除供应链中的不确定性因素，减少系统中的库存持有量。理想的情况是，采购与供应双方都应当努力消除系统中的库存。买方仓库中的部分产品库存可由供应商直接进行管理。而实际情况往往难以精准预测，蝴蝶效应可能导致最终库存天差地别。

（4）谁：如何组织供应职能人员？供应职能应当集中化还是分散化，员工应当在哪些位置？高层管理部门与其他职能部门在何种程度上参与采购过程？团队作用需要发挥到何种程度？

（5）什么时候：什么时候采购和采购多少两个问题是同时出现的。显而易见的问题是：是现在采购还是以后采购？关键在于提前采购与库存策略。在产品方面，提前采购就有机会进入期货市场套期保值。有组织的产品交易所提供了一个抵消现货市场与未来市场上的交易差额的机会，从而避免了一些价格较大波动的风险。

（6）什么价格：任何一个组织都会采取某些特定的价格战略。组织需要权衡的关键问题是：是否打算为获取供应商的额外服务与其他承诺而支付高价。基于市场的战略与基于成本的战略需要使用不同的分析选择工具，导致最终的战略选择也截然不同。

（7）在哪里：从哪里采购需要权衡的问题包括从本地、区域、国内还是国际采购，从小型供应商还是大型供应商处购买，单源采购还是多源采购，选择营业额较低的供应商还是营业额较高的供应商，以及供应商认证与供应商所有权问题。最后，通过反向营销或供应商培育，采购方可以创建而不是选择供应商。

（8）如何做：在"如何购买"这一问题上存在大量的选择。其包括但绝不限于：供应链管理集成系统和程序，技术选择，电子商务应用，选用各种类型的团队，利用谈判、拍卖、竞标、合并式采购，以及订单系统、系统承包、团购、长期合作、采购伦理，积极或被动购买，使用采购调研与价值分析、质量保证计划，减少供应商。

（9）为什么：每一个供应战略都可能影响企业前景和潜在机遇。通常，制定供应战略是为了使供应目标与整体的组织目标在运营与战略层面保持一致。

二、需求的不确定性

在过去的几十年里，采购与供应管理变得越来越复杂，影响需求不确定性的因素除了传统的质量、数量、交付、价值及服务以外，还增加了财务、信誉、创新、法规遵从性与透明度、社会和政治因素等，进而增加了对采购的商品或服务进行合理的价值定位的难度。其中传统的因素对需求与供应的不确定性影响较为相似，而新加入考量的因素对需求的不确定性影响更为明显。

（1）财务：除了价格以外，财务标准还包括公司财务报表，即资产负债表和利润表的改善，以满足增加投资界的关注度、增加资产或投资的回报、提高股票价格或提升公司财务评级等需要。

（2）信誉：采购方法或供应商的行为可能对企业信誉产生不利影响，从而影响企业的生存、竞争力与盈利。

（3）创新：要追求持续的改善，采购与供应组织应该持续提出提升企业价值、减少总成本的建议，改进供应链中的设计、交流、操作、预先通知、排程，以及其他任何可以改进的方面。企业需要不断思考：我们怎样才能做得更好？如何使顾客更加满意？

（4）法规遵从性与透明度：买卖双方达成的所有协议必须符合相关的法律法规。违反法律法规将损害当事双方的名誉，并导致罚款甚至传讯。法律监管体系影响着贸易活动，而法律监管体系本身处于不断完善的状态。此外，潜在的财务丑闻和新的会计准则增加了对公司所有财务往来透明化的要求。

（5）社会和政治因素：在过去的10年中，企业社会责任变得越来越重要。公司应当具有良好的企业公民行为，并认识到对其所在国家负有社会责任。因此，与具有社会责任感的供应商合作，可以提高采购组织开发具有弹性与可持续性的供应链的能力，并能够改善采购组织的形象与声誉。增加弱势、少数与小型供应商的投标与获得公司订单的机会是被社会称颂的行为，如在高失业率地区建造配备先进环保设备的工厂，在相对贫困地区建立有针对性的产业链。

三、采购成本的不确定性

采购是企业管理中"最有价值"的部分，采购成本是企业成本管理的主体和核心部分。在工业企业的产品成本构成中，采购的物料成本占企业总成本的比例因行业而异。为了降低经营成本，取得竞争优势，企业都在千方百计地控制采购成本。采购成本包括物料成本、订购成本、维持成本、缺料成本等，采购成本的不确定性往往影响着企业的采购与供应管理结果，对于管理水平和绩效评价有着非常重要的作用。

（1）物料成本：指购买原材料的支出。物料成本取决于采购数量、单价、运输费用以及相关的手续费用与税金等。在物料成本中首先需要控制的是物料的价格，因为价格的波动直接影响生产经营的利润率与效率，价格的不确定性对采购成本的管控有极大影响。

（2）订购成本：指供应商发出合约订单的成本费用，也就是企业为完成一次采购而进行的各种活动的费用支出。订购成本的不确定性来源于采购申请、供应商选择、采购单的填写与发出、资金结算与付款、库存水平等。

（3）维持成本：指保持物料在一定数量而产生的成本，可分为变动成本和固定成本。变动成本与持有数量有关，固定成本与存货数量无关。维持成本往往占据企业采购成本的很大一部分，因此其不确定性的管控往往对采购与供应管理的风险有着直接影响。

（4）缺料成本：指由于物料供应中断而造成的损失，包括延期交货及其成本、保险存货及其成本、失销成本和失去顾客的成本。如若造成顾客流失，可能会对企业造成长期损失。

四、招标过程的不确定性

随着开放型市场的逐步深入，招标投标作为一种竞争性的采购方式越来越被广泛采用。把控招标过程中的不确定因素，尽可能排查未知的影响，不仅能够节省资金、提高质量、促进良性竞争，而且能够防止腐败，促进公平公正。招标过程的不确定性体现在信息不对称，围标、串标，招标文件编制，投标报价过低及评标等方面。

（1）信息不对称。在进行招标采购前，招标方需要对所采购物品及其供应市场的发展状况有清晰的认识，因此需要进行大量的调查研究。由于招标方在信息技术和专业水平等方面与供应商还是有较大的差距，对市场信息的掌握也不如供应商全面，这种限制容易导致招标方在采购过程中处于明显的信息劣势，无法顺利达成有利于招标方的谈判。在具体的操作过程中，这种信息劣势还会导致招标方无法及时发现供应商虚报价格、以次充好等问题。

（2）围标、串标。招标法律法规的监督力度目前还不够，而围标、串标具有隐匿性，在实际招标采购过程中，招标人或者评标委员会很难发现投标过程中的围标、串标行为。一旦此类行为没有被发现，那么经评标委员会评审后确定的中标人，将可能不会是择优选择出来的投标人。

（3）招标文件编制。招标文件是投标人编制投标文件的主要依据，招标文件和中标人的投标文件是招标人和中标人签订合同的主要依据，因此，招标文件对双方签订的合同有一定的影响。招标人在编制招标文件时，如果没有考虑到合同在履行过程中对当事人之间的权利义务关系的决定作用，以及在合同履约过程中对承包商的制约因素，将导致投标人在编写投标文件时，对于双方权利义务的认识不够透彻，后续在招标项目实施过程中，不能按照招标人的真实想法完成项目，因此达不到招标人建设项目的目的。

（4）投标报价过低。相关法律规定，投标人的投标报价不能低于项目的成本。但若投标人的投标报价低于项目的成本，同时可以给评标委员会一个可以接受的合理解释，那么这个投标报价就是合理的。但在实际招标采购过程中，由于某种原因，评标委员会没有及时发现这一问题，或者评标委员会在投标人没有给出合理解释的情况下，接受了投标人低于成本的报价，此时确定的中标人将可能不能满足招标人的要求。

（5）评标。评标是招标投标的关键阶段，评标阶段的工作主要由评标委员会完成。评标结束后，评标委员会推荐1~3名投标人作为中标候选人，招标人从这1~3名中标候选人中选择一个作为中标人。因此，如果评标委员会成员在评标过程中接受了个别投标人的贿赂，或者评标委员会成员的专业水平不高，势必会产生一个缺乏客观、公平和公正的评标结果，评标委员会评选出的中标候选人不是最优的，这将对招标人预期目的产生不良影响，甚至导致招标人最终选择一个完全不合格的投标人作为中标人。

第三节　采购风险的类型及管理流程

一、采购风险的类型

采购活动是企业生产运作的起点，是企业降低成本、增加利润的重要环节。受到内外部环境不确定性因素的影响，采购活动各个环节中都存在不同程度的风险。如果不对这些风险加以深入研究和控制，就非常容易滋生暗箱操作、以权谋私、弄虚作假、舍贱求贵、以次充好、收受回扣等腐败现象，同时也容易出现积压浪费的问题，甚至还可能出现质量问题、交付不及时、增加成本、上当受骗等情况。因此，采购风险防范是企业经营管理的重中之重。采购风险的分类方法是多样的，从不同的角度我们可以对采购风险进行不同的归纳总结。

（一）从采购的关键绩效指标角度分类

从评价采购关键指标的角度进行分类，是目前使用较为普遍的分类方法，该分类法对质量、价格、交货期、创新方面的风险进行总结。

（1）质量风险：主要是指企业所采购的物品在质量方面存在安全隐患或不能达到预期的使用效果而给企业带来的风险。质量风险可能是供应商未能按照合同提供符合企业质量需求的物品而造成的；也可能是采购人员主观或客观上未能在验收环节检测出质量方面的问题造成的。

（2）价格风险：主要是指在企业招投标环节，以及在合同签订后，供应市场价格出现下滑给企业带来的风险。一方面，在企业采购活动的招投标环节，供应商可能会操纵投标环节，投标前暗自商议以抬高价格；另一方面，企业对供应市场的动向把握不准，以至于大量购进物品后供应市场出现价格下滑，也会带来风险。

（3）交货期风险：主要是指供应商未能按照合同条款规定，定时定量地把货物送至企业指定的地点，而给企业带来的风险。要预防交货期风险，一方面要考虑到供应商的生产能力和库存能力，另一方面要考虑供应商的运输配送能力。

（4）创新风险：主要是指企业已采购的物品因科技创新、更新换代而给企业造成的风险。创新风险对于需要进行大量储存的企业影响重大，一旦供应市场出现科技创新产品，尤其是在质量和价格上都具备优势的产品，企业已采购物品的价值会大打折扣，甚至会被淘汰。

（二）从风险的来源分类

将采购风险按其形成的来源进行分类，可以分为企业内部风险、供应链风险和外部环境风险。企业内部风险是企业内部在需求计划、准备合同、进场验收、库存管理等方面管理不善造成的风险。供应链风险在这里主要是指企业在与上下游企业合作过程中可能产生的关系及绩效上的风险。外部风险主要是外部宏观环境，如国家政策、法律规定、经济形势、科技进步和自然环境的变动对产品供应市场造成的各种风险。

1. 企业内部风险

（1）组织风险：由于组织设计不够合理，使得采购部门的权力过于集中，并且缺少其他部门的共同参与及监督，可能造成采购活动中存在计划不科学、腐败舞弊等不良现象。

（2）制度风险：企业的管理制度不够完善可能会使得采购活动缺乏足够的监督，采购活动的流程无法受到精细化的控制和检验，从而可能导致采购任务的失败。

（3）技术风险：采购人员的专业程度和技术水平会直接影响采购活动的结果，一支缺乏专业素养及先进采购理念的团队会影响采购活动的正常开展。

（4）道德风险：采购人员如果在工作中不遵守职业道德，弄虚作假，收受回扣，必定会使得采购活动存在质量、成本、交期等多方面的隐患。

2. 供应链风险

（1）信息传递风险：供应链实质上是一种松散的企业联盟，当供应链规模日益扩大，结构日趋复杂时，供应链上发生信息错误的机会也随之增多。信息传递延迟将导致上下游企业之间沟通不充分，对产品的生产及客户的需求在理解上出现分歧，不能真正满足市场的需要，同时会引发牛鞭效应，导致过量的库存。

（2）合同风险：合同风险的形式多种多样，常见的有以虚假的合同主体身份与他人订立合同，以伪造、假冒、作废的票据或其他虚假的产权证明作为合同担保；接受对方当事人给付的货款、预付款，担保财产后逃之夭夭；签订空头合同，而供货方本身是"皮包公司"，将骗来的合同转手倒卖，从中牟利，而所需的物资则无法保证；供应商设置了合同陷阱，可能无故终止合同、违反合同规定等，造成损失。

（3）供应商信用风险：评估与初选供应商是采购部门的重要工作，而供应商的信用等级更是评估指标的重中之重。供应商存在信用风险会使采购物品的品质、数量、交货期等环节存在隐患，从而使采购活动的各个环节隐藏风险。

3. 外部环境风险

（1）经济风险：国际和国内经济形势的变动，以及这些变动给企业所在产业带来的不利影响都会对企业的采购活动造成重大影响。

（2）政治风险：国家政治局势的稳定与否，国家新政策的出台及国与国之间的政治交往活动的友好与否都会对企业及供应市场造成巨大影响，从而给企业的采购活动带来风险。

（3）技术进步风险：科技的进步和产品的创新导致企业已采购的原材料或零部件贬值，甚至需要被淘汰，带来采购风险。

（4）法律风险：我国目前制定了《政府采购法》《招标投标法》等法律法规，如果企业在采购过程中违规操作，就会给企业带来法律方面的风险。

（5）自然灾害风险：自然灾害如台风、暴雪、地震、洪水等不可预测的突发事件可能对企业的采购活动造成巨大影响。

二、采购风险管理的流程分析

采购风险管理程序一般分为以下 5 个步骤。

（一）风险识别

风险识别是对企业或供应链可能遭受的供应风险进行预测分析，找出风险所在及引起风险的主要因素，并对其后果做出定性评估的过程。风险识别是风险管理的首要任务和基础工作，主要回答以下三个方面的问题：一是有哪些风险应当考虑，二是引起这些风险的主要因素是什么，三是这些风险所引起的后果的严重程度如何。风险识别是一个反复进行的过程，应尽可能全面识别企业可能面临的风险。对风险进行分类和归纳是风险识别中常用的方法。风险分类应反映企业所属行业或应用领域内常见的风险来源。检查表是风险识别中非常有效的工具。根据几类风险数据和信息，特别是企业在风险管理过程中形成的数据集合风险管理知识库，可以较为完整地开发和编制企业风险检查表，从而提高企业风险识别的能力。

（二）风险评估

风险评估是对已分析识别出来的风险进行定量测算，确定某一风险事故发生的后果及其概率。客观事物的复杂性,使我们在供应工作中经常不可能得到所需要的足够信息,但由于决策的需要又要对企业供应风险做出评价。为此,风险评估就有了客观估计和主观估计方法。由大量调查数据计算而获得的风险概率和后果估计的组合便形成了客观估计,但这种客观估计毕竟仍属于预测范畴,并不等于现实。由决策者或专家对事件概率做出的主观估计及对事件后果做出的主观估计的组合便形成了主观估计。主观估计常用德尔菲法得出,首先根据合理的判断、搜集到的信息和长期的经验做出估计,再运用科学的加工整理方法,使之准确性进一步增强。这种方法适用于调查资料较少和事件紧迫的情况。在对企业供应风险进行评估时,也可采取客观估计与主观估计相结合的方法,既可弥补数据资料的不足,又可减少因主观评估造成的偏差。

(三)选择风险管理技术

根据风险评价的结果,为实现风险管理目标,选择与实施最佳风险管理技术是风险管理的第三步。实际中,通常采用几种管理技术优化组合,使风险管理达到最佳状态。

风险管理技术分为两大类:一类为控制型技术(Control method),另一类为财务型技术(Financing method)。前者是为了避免、消除和减少意外事故发生的机会,采取限制已发生损失继续扩大的一切措施,重点在于改变引起意外事故和扩大损失的各种条件。后者则是在实施控制技术后,对无法控制的风险所做的财务安排。此技术的核心是将消除和减少风险的成本均匀地分布在一定时期内,以便减少因随机性的巨大损失发生而引起的财务上的波动,通过财务处理,可以把风险成本降到最低限度。

(四)风险管理效果的评价

风险管理效果评价是指对风险管理技术适用性及其收益性情况的分析、检查、修正与评估。风险管理效益的大小取决于是否能以最小的风险成本取得最大的安全保障。成本的大小等于为采取某项管理技术所支付的各项费用与机会成本之和。而保障程度的高低取决于采取了该项管理技术后减少的风险直接损失和间接损失之和,若前者大于后者,说明该项管理技术是不可取的;若后者大于前者,说明该项技术是可取的,但不一定是最佳的。从经济效益来讲,最佳技术是指各项可供选择的技术中,下述比值最大的风险管理技术:

效益比值=采取某项技术后减少的风险(直接损失和间接损失之和)/采取某项技术所付各项费用和机会成本之和

(五)风险管理周期

风险管理周期是指风险管理的五个阶段,即风险识别与评估、风险预防与控制、风险评价、风险管理技术选择和风险效果评价循环往复的过程。风险管理是一个动态反馈的过程,在这一过程中需要对决策进行定期的评价和修正。随着时间的推移和情况发生变化,风险管理的内容会有所变化,管理这些风险的方法亦要随之而变。

第四节　供应风险防范

一、供应流程中的风险识别

　　无论是对于政府、组织还是个人来说，风险识别在整个风险管理的过程中都占有举足轻重的地位。对于一个企业来说，风险识别工作是风险管理中最重要也是最困难的部分。首先，如果不能识别企业所面临的所有风险，就谈不上设计应对风险的方法。如果某一种风险没有被识别出来，尤其是重大风险被忽略，那么一旦这类风险事件发生，企业可能措手不及，进而造成不可估量的损失，甚至可能导致企业的破产和倒闭。其次，企业及其运作的环境随时都在变化，例如，企业本身可能进入新的商业渠道，或从某个渠道中撤出，发生企业收购或者企业破产等；又如，企业卷入法律纠纷，政府的法令和行政管理条例变化等。所以，面对不断变化的风险，如果不搞清楚这些问题，就不可能制定出恰当的风险管理决策。风险识别的方法有很多，实践中大多是几种方法配合使用，扬长避短。

（一）风险识别概述

　　风险识别，是指通过运用各种知识与方法，系统、连续、全面地认识风险单位所面临的各种风险，判断、分析并确定出风险事故发生可能导致损失的潜在原因或影响因素。风险识别是风险管理过程中最重要的一步，只有在正确地识别出自身所面临风险的基础上，才能够主动选择适当有效的方法对风险进行管理。风险识别过程包含感知风险和分析风险两个环节。

　　（1）感知风险，即了解客观存在的各种风险，是风险识别的基础。只有通过感知风险，才能进一步在此基础上进行分析，寻找导致风险事故发生的条件因素，为拟定风险处理方案进行风险管理决策服务。

　　（2）分析风险，即分析引起风险事故的各种因素，这是风险识别的关键。

　　对于上述风险识别的含义，我们可以进一步做如下深入理解：

　　（1）风险识别是用感知、判断或归类的方式对现实的和潜在的风险性质进行鉴别的过程。

　　（2）存在于人们周围的风险是多样的，既有当前的也有潜在的，既有内部的也有外部的，既有静态的也有动态的，等等。风险识别的任务就是要从错综复杂的环境中找出经济主体所面临的主要风险。

　　（3）风险识别一方面可以通过感性认识和历史经验来判断，另一方面也可通过对各种客观的资料和风险事故的记录以及必要的专家访问来分析、归纳和整理，最终找出各种现实和潜在的风险及其损失规律。因为风险具有可变性，所以风险识别是一项持续性和系统性的工作，要求风险管理者密切注意原有风险的变化，并随时发现新的风险。

（二）风险识别原则

经济主体的每个环节、每一项业务都可能带来一种或多种风险。有的风险容易识别，有的则不容易被察觉，对其中任何一个环节的忽视都可能导致风险管理的失败。除了对经济主体经济活动的每一环节、每项业务进行独立分析外，还应特别注意各个环节、各项业务之间的紧密联系。经济主体面临的整体金融风险可能大于也可能小于其单个金融风险的总和。风险管理部门应根据实际情况及时调整资产结构，以充分分散风险，将整体风险控制在可接受的范围之内。

风险辨识是风险管理的第一步，也是风险管理的基础。在工作中，只有充分识别风险，才能有效地控制风险；只有正确识别出自身所面临的风险，才能够主动选择适当有效的方法进行处理。对风险辨识工作的实施要求做到及时、客观、准确、全面，在分析中不可漏列和误列。风险辨识工作具有系统性、动态性、全员性、信息性和综合性的特点。在具体工作中应遵循以下原则：

1. 全面周详的原则

为了对风险进行识别，应该全面系统地考察、了解各种风险事件存在和可能发生的概率以及损失的严重程度，风险因素及因风险的出现而导致的其他问题。损失发生的概率及其后果的严重程度，将直接影响人们对损失危害的衡量，最终决定风险政策措施的选择和管理效果的优劣。因此，必须全面了解各种风险的存在和发生及其将引起的损失后果的详细情况，以便及时而清楚地为决策者提供比较完备的决策信息。

2. 综合考察的原则

风险是一个复杂的系统，其中包括不同类型、不同性质、不同损失程度的各种风险。复杂风险系统的存在，使得某一种独立的分析方法难以对全部风险奏效，因此必须综合使用多种分析方法。根据风险清单列举可知，风险损失一般分为三类：

一是直接损失。识别直接财产损失的方法很多，例如，询问经验丰富的生产经营人员和资金借贷经营人员、查看财务报表等。

二是间接损失。它是指企业受损之后，在修复前因无法进行生产而造成的经济损失，或是指资金借贷与经营者受损之后，在追加投资前因无法继续经营和借贷而影响金融资产增值和获取收益所带来的经济损失。间接损失有时候在量上要大于直接损失。间接损失可以用投入产出、分解分析等方法来识别。

三是责任损失。它是因受害方对过失方的胜诉而产生的。只有既具备了熟练的业务知识，又具备了充分的法律知识，才能识别和衡量责任损失。另外，企业或单位各部门关键人员的意外伤亡或伤残所造成的损失，一般是用特殊的检测方法来进行识别的。

3. 量力而行的原则

风险识别的目的就在于为风险管理提供前提和决策依据，以保证企业、单位和个人以最小的支出来获得最大的安全保障，减少风险损失。因此，在经费限制的条件下，企业必须根据实际情况和自身的财务承受能力，来选择效果最佳、经费最省的识别方法。

企业或单位在风险识别和衡量的同时，应将该项活动所引起的成本列入财务报表，进行综合的考察分析，以保证用较小的支出，换取较大的收益。

4. 科学计算的原则

对风险进行识别的过程，同时也是对企业生产经营状况及其所处环境进行量化核算的具体过程。风险的识别和衡量要以严格的数学理论作为分析工具，在普遍估计的基础上，进行统计和计算，以得出比较科学合理的分析结果。

5. 系统化、制度化、经常化的原则

风险的识别是风险管理的前提和基础，识别的准确与否在很大程度上决定风险管理效果的好坏。为了保证最初分析的准确程度，就应该进行全面系统的调查分析，将风险进行综合归类，揭示其性质、类型及后果。如果没有科学系统的方法来识别和衡量，就不可能对风险有一个总体的综合认识，就难以确定哪种风险是可能发生的，也不可能较合理地选择控制和处置的方法。这就是风险的系统化原则。此外，由于风险随时存在于单位的生产经营（包括资金的借贷与经营）活动之中，所以，风险的识别和衡量也必须是一个连续不断的、制度化的过程。这就是风险识别的制度化、经常化原则。

二、降低供应风险的关键

采购风险的防范和控制首先要从企业内部开始，企业通常会从以下五个方面进行规范管理：集中管理、职能分离；明确需求和规划供应；加强合同管理；加强风险防范意识；风险分散。

（一）集中管理、职能分离

采取集中管理、职能分离的方法可有效控制采购风险。将隐蔽的权力公开化、集中的权力分散化，是企业内部控制采购风险应遵循的指导思想。令企业采购部门集中管理采购，并将采购人员过于集中的权力按职能分散，可以形成相互制约的监督机制。

1. 建立集中统一的采购管理体制

集中统一的采购管理体制是以集中统一、专业化采购与专业化管理有机结合为主要特征，以"归口管理、集中采购、统一储备、统一结算"为主要内容的采购管理体制。

（1）归口管理。企业从总部到各直属企业均有领导分管物资采购工作，各个部门归口负责采购管理工作，主要包括规章制度建设、体制机制建设、计划管理、质量管理、储备管理、供应商管理、价格管理、绩效管理和队伍建设等内容。

（2）集中采购。企业可以对生产经营、工程建设、科研开发等所需物资实施统一对外采购。通用重要物资由企业总部采购部门牵头统一对外实施集团化采购，其他物资由各直属企业采购部门集中采购。

（3）统一储备。企业总部统一储备和各直属企业集中储备相结合的储备体制，通过电子商务系统和 ERP 系统实现储备资源共享。集团化采购物资由总部物资装备部牵头组织统一储备和统一配送，各直属企业对本单位所需物资实施集中储备和统一配送。

（4）统一结算。采购资金由企业总部和各直属企业采购部门统一使用，财务部门依据采购付款申请统一结算。

2. 实行采购环节职能分离

专业化分工，流程化操作，强化物资需求规律分析、供应市场研究、供应商关系管理、过程控制等专业化管理职能，分置供应商选择权、价格确定权、货款支付权等采购核心权力，建立采购业务流程之中、环节之间既相互配合，又相互制衡，具有系统自动纠偏功能的运行机制。

具体来讲，采购环节中主要的业务活动有确定物品及需求量、寻找合适的供应商和合适的价格、评估供应商及选择报价、与供应商签订合同、检验收到的物品、台账登记、核准付款等。各项业务活动都应有专人负责，审批人不能同时办理寻求供应商和索价业务；物品的采购人不能同时负责物品的验收工作；审核付款的人不能同时是付款人。通过职能分离可以把集中的权力分散开来，避免人为的采购风险，如贪污腐败。

（二）明确需求和规划供应

明确需求和规划供应是采购供应过程的起点。如果这一步没有做好，那么后面的所有步骤都将是有缺陷的，所以正确地走出第一步至关重要。在许多组织中普遍存在的问题是，采购供应职能在明确需求和规划供应的过程中未得到充分的重视，这将给企业带来严重的问题和不必要的成本，例如，不得不实施应急采购，无法应用较好的商业实践，导致效率低下，在对供应商的关系处理上出现问题等。

1. 明确需求阶段的风险

1）避免紧急采购

企业经常出现的问题是内部用户不到最后阶段不涉及采购供应部门。只有当需求变得很紧迫时，他们才首次意识到这一需求，向采购部门提出，从而变成紧急采购。而紧急采购将导致质量下降、成本增加、服务水平变差，也表明了企业管理混乱。

2）重视好的商业实践

在特定的已知产品的基础上书写限定性的说明将导致出现一些问题，例如，使用者仅仅熟悉给定的供应商的产品并以此作为说明的基础。这种做法阻碍了竞争并为供应商提供了额外的议价能力，因为他们知道购买者除了从他们这里购买别无选择。

在可以买到标准部件的时候，避免设计定制部件。很明显，定制部件比标准部件更昂贵。采购供应部门知道标准部件在哪些市场上可以买到，如果没有标准部件能够恰当地满足设计的要求，那么调整其他方面的设计以适应标准部件仍可具有较高的成本效率。

3）确认资源

对资源的确认将是困难的。若使用者并不十分清楚哪些供应市场是可以利用的，他们就无法或难以明确需求。例如，某一等级的材料可能只有有限的商业应用，因此这是一个非常有限的供应市场。

4）避免过分细化

目前产品功能有过分细化的趋势。使用者往往不管是否确实需要，不考虑成本因素，只是一味地细化产品功能以求得最佳产品。此时企业虽减少了失败的可能性，但是因购买更专业化的机器设备和投入较长的生产时间而加大了成本。事实上，采购人员在这里应扮演向导和"内部警察"的双重角色，以确保不将过高成本的产品纳入生产。

5）与供应商沟通畅通

当使用者不能完全确定他们需要什么的时候，可能出现另一个问题，即可能导致供应商不能了解到底需要什么。采购供应部门可以复审说明，但这可能产生延误。最糟糕的情况是，不恰当的说明使供应商交付的产品和服务不能满足实际需要。

2. 需求风险的控制

1）企业在明确需求的早期就要考虑采购供应问题

为了保证效果和效率，采购供应部门应当及时了解需求，以便恰当地规划和管理采购过程。例如，当出现对同种产品的多项需求时，采购供应部门可以将这些采购集中起来，以获得有吸引力的谈判价格，并确保这些需求纳入供应商的生产流程。如果要采购一种新产品，早期的通知将给予采购供应部门较充裕的时间，以调查潜在供应市场并在新产品首次需要之前让供应商做好安排。

2）为明确需求，需要在不同层次上保持互动

使用者可能在开始的时候就需要明确采购说明的某些方面，如采购的数量。而在最终确定其他方面之前需要有关供应商能力的信息。比如，在明确交货期之前就需要有供应商的介入。因此，制定采购说明往往是采购供应部门和供应商之间在各阶段反复互动的过程。采购的产品越复杂，相互作用就越大。

3）采购供应是一个跨职能的过程

采购说明所需要的信息往往是由大量的企业内部资源提供，每个职能部门扮演一个角色。例如，工程技术部门制定技术规格，而生产部门确定数量和交付要求。财务部门在必须承办采购的前提下，决定财务上的约束。采购供应部门决定将合同中需考虑的问题加入说明，并且要与所期望的供应商关系相一致。所以，准备采购说明往往需要一个跨职能团队的共同努力。

4）采购供应部门应贡献自己在市场方面的知识

采购供应部门应该利用其对供应市场上各种产品成本的了解做出决策，在说明的制定过程中发挥作用。采购管理人员通常都与供应商有密切的联系并参与对供应市场的监管，因此他们比使用者更了解当今供应市场的发展，知道什么样的选择是有价值的。所以，市场发展和选择方面的知识应当被吸收到制定说明的团队中。

5）为供应商的参与提供便利

采购供应部门还可以促使供应商介入说明的制定过程。在准备新的说明时，供应商拥有使用者在公司内部无法得到的经验和专有知识，这一点是非常重要的。供应商可能

会对某一设计问题提出一种新想法或提供一种新视角，这对提升企业的创造力和创新能力具有积极意义。他们还会提供改进质量、缩短周期、降低成本等方面的想法。让供应商了解公司需求的最好方式，是让他们在适当的时候介入说明的制定过程，这操作起来也很方便。

（三）加强合同管理

1. 规范合同签订流程

物品采购合同的订立，是买卖双方当事人在平等自愿的基础上，就合同的主要条款经过协商取得一致意见，最终建立起物品采购合同关系的法律行为。物品采购合同是物品采购关系的法律形式，对于确立、规范有效的物品采购活动，明确买方与卖方的权利义务关系，保护当事人的合法权益具有重大的意义。

建立好物品采购合同流程，首先需要掌握物品采购合同订立的原则、条款、方式、形式等法律规则和要求；其次要能够区分有效的、无效的、效力待定的、可撤销的物品采购合同，以便依法判断物品采购合同的效力；再次还应掌握物品采购合同履行中涉及的标的物权属转移和风险承担及物品采购合同的解除等有关问题；最后应掌握法律对于违反物品采购合同应承担何种法律责任方面的规定。

2. 建立健全合同审核和责任制度

加强内部管理主要是为了保证采购物品的质量、交付期限，并控制价格，防止违法违纪行为的发生。如果说审定供应商是控制供应风险的第一道防线，那么采购合同审定则是第二道防线。一旦疏忽，审核不严，合同盖章生效后损失就无法挽回。

为了切实把好这一关，必须建立健全合同审核和责任制度，形成相互监督、层层把关的制约机制。

（1）各层级审批权限的限制。

（2）经主管领导审查签字后的合同交由合同管理员审核并加盖合同专用章。

（3）主管领导对其所审查合同的可行性负责，合同管理员对其审核合同的合法性负责。

（4）合同管理员有权对不符合规定的合同拒绝加盖合同专用章。

3. 保障合同履行

合同一经签订，即具有法律效力。但由于种种原因，在合同的履行过程中仍会出现由不能准时交货或物品质量、数量等差错造成的损失，因此在合同的履行过程中仍要采取催交催运、验收和货款结算等保证措施。

（1）催交催运。在合同的执行过程中，催交人员要经常与供应商联系，对即将到期的合同要抓紧催交。催交一般采用函电方式，但对于一些重要物品，可派专人对供应厂家监制。

（2）验收。为保证采购物品的品种、数量、质量符合要求，仓储部门要检验收到物品的品种、数量，填写入库单；质检部门要检查物品的质量，并在入库单上签署意见。

（3）货款结算。财务部门必须凭生效的合同、书面验收证明、入库单、正规发票和领导签单才能办理支付。

（四）加强风险防范意识

采购人员是采购项目的责任人，要从提高职业素质、工作技能、加强职业道德约束等方面控制风险。

1. 建立健全采购岗位责任制

明确各个岗位职责，监督采购人员履行岗位职责和义务，遵守相关法律法规。加强内部控制管理，让风险意识和质量意识植根于每个员工的脑海中，贯彻落实到日常的每一项工作中。做好采购人员的选拔、聘用，培养和造就一批职业素养较高的采购人员，从人力资源上降低采购风险。

2. 加强职业道德约束

实施采购人员职业道德教育工程，通过多种形式的宣传教育，创造良好的工作氛围，让采购人员时刻意识到，高尚的职业操守是采购人员职业生存的基本原则。另外，创建浓厚而积极的企业文化，在潜移默化中提升采购人员职业道德情操，降低采购风险。

3. 实行采购人员定期轮岗制度

对采购工作各个岗位进行分析评估，制定量化考核指标，对采购人员的技能素质、心理素质和潜质等进行分析。建立内部劳动力市场，通过轮岗制度，实现采购人员和岗位的最佳配置。这既有利于发掘个人潜能、拓宽知识面，找到自己最适合的岗位，又有利于避免滋生腐败，进一步降低采购人员的采购风险。

4. 加强人员素质培训

企业应当建立正确的风险管理企业文化，并且通过定期的培训教育，提升员工对风险的认识，帮助员工形成风险防控的意识。同时，企业可以设计必要的采购人员技能培训课程，帮助企业员工在专业技能和知识上提升和进步，吸收同行业同部门的优秀实践做法，定期对采购人员的专业技能进行考核，整体提升采购部门的技术水平。

（五）风险分散

实施供应链管理，可采用供应商管理库存和联合管理库存的方法，将存货的风险分散到供应链上的其他节点企业。实施供应链管理分散供应风险，并不是简单地将风险转移到供应商头上，而是让供应链上的各节点企业共担风险。只要供应链中的各节点企业预期这种合作关系将长期持续下去，就会为长期共同利益的最大化而共担风险。

1. 与供应商共担风险

供应链是一个动态的战略联盟，各节点企业合作共赢的重要性日益凸显。而整个供应链上各个企业之间环环相扣，相互依赖，形成一个利益共享、风险共担的共同体。通过与供应商建立合作伙伴关系可以使企业获得更多来自供应商的支持与协调，共同发挥各自的核心竞争力消除或缓冲供应链上的各种风险，从而使企业所承担的采购风险分散到企业所在的供应链上。例如，供应链中"牛鞭效应"会对这条供应链造成极大的负面影响，也使得企业在采购过程中无法科学地明确市场需求，而承担巨大的库存风险、财务风险，甚至使各节点企业不再相互信任而导致该供应链瓦解。企业与上游供应商、下游分销商紧密合作、信息共享，打破批量订购，缩短订货提前期，恰好是解决"牛鞭效应"的方法，也是企业分散采购风险的有效办法。

2. 帮助供应商改进

与合适的供应商建立基于相互信任的合作伙伴关系是企业获得供应商核心竞争力的有效方式，是企业创造价值的先进理念。当供应商不能完全发挥自身潜力，不能更为高效地提供企业所需产品或服务时，企业可以采取一系列支持活动来帮助供应商提升绩效，这些活动可能包括分享技术，为供应商改进绩效提供激励，鼓励供应商之间相互竞争，提供资金及员工直接参与供应商的一些活动，如培训等。

帮助供应商改进一般包括以下流程。

（1）明确企业需要开发的采购关键项物品。供应商的改进是针对采购关键项物品而进行的，由于这些关键项物品对企业十分重要，所以企业对其供应商的短期及长期绩效考核需要十分重视。

（2）开发多家供应商。对于同项关键物品，供应商可能不止一家，我们需要筛选出一家或少数几家刚好能够达到最低要求却不能提供较高水平绩效的供应商。

（3）与供应商管理团队协调。帮助供应商改进是在双方认为可以并乐意为此进行尝试的基础上，只有在一个积极的基调上，帮助供应商改进才能为企业带来效率的提升及效益的增加。

（4）组建跨职能开发团队。在与供应商管理层取得一致意见后，企业需要组建一支跨职能开发团队来开展改进活动，而团队的成员通常是来自工程、质量、采购、财务等多职能部门的人员。

（5）确定关键度量标准及成本分担机制。接下来要在可行性及潜在的项目投资回报两个方面对发展机会做出评估。双方参与人员需要确定这些改进机会是否现实。此外，采供双方还要就怎样划分或者说如何划分开发项目的成本及利益达成一致。

（6）监测项目状况，在适当的时候对战略做出调整。在启动一个项目之后需要不断对所取得的成效进行监测。更为重要的是，采供双方需要实时进行信息交流。

3. 开发新的供应商

目前世界许多大公司在供应商管理方面的理念都是减少供应商数量，使之维持在一个较低的水平。但需要清晰地认识到，减少供应商数量的同时也增加了许多风险因素，是否开发新的供应商需要根据企业的规模水平及供应商的能力、积极性进行综合分析。如果当前供应商的能力无法满足企业需求且无法再进行改进，企业需要开发新的供应商以规避供应商可能带来的质量、成本、交货期、产品创新等方面的风险。

（1）当现有的供应商无法进行改进以更高效、稳定地满足企业需求时，企业需要开发新的供应商以更安全、及时和经济地供应采购物品。

（2）尽管当前供应商在生产能力及服务态度方面都能很好地符合企业的日常需求，但为分散市场某一时期需求的大幅变动的风险及企业无法准确预测需求的风险，企业需要开发新的供应商以保证采购物品及时定量地供应。

（3）供应商可以在任何情况下保证企业所采购物品的正常供应，但企业出于新产品开发战略、技术更新及地区发展战略的需要，需要开发新的供应商以帮助获得在设计、技术及供应商所在地区的市场影响力方面的优势。

客观题

1. 简述风险、采购与供应风险的概念。
2. 简述采购与供应风险管理的影响因素。
3. 说明采购不确定性因素的类型与内容。
4. 说明风险识别原则。
5. 简述如何防范供应风险。

参考文献

[1] 周艳春. 供应链管理[M]. 2 版. 北京：经济科学出版社，2019.

[2] 张庆，陈洪转. 物流与供应链管理[M]. 北京：电子工业出版社，2020.

[3] 沈小静. 采购供应管理[M]. 北京：北京大学出版社，2016.

[4] 李志鹏，黄河，徐鸿雁. 采购招标机制与风险管理[M]. 北京：经济科学出版社，2020.

[5] 供应链管理专业协会，[美]罗伯特·弗兰克尔. 供应链管理典型案例：需求管理、采购管理、精益生产、网络设计与风险防范[M]. 罗小七，译. 北京：人民邮电出版社，2020.

[6] 吕志勇，杜鹃. 风险管理学[M]. 北京：经济科学出版社，2020.

[7] [加]P. 弗雷泽·约翰逊，[美]安娜·E. 弗林. 采购与供应管理[M]. 杜丽敬，译. 北京：机械工业出版社，2020.

案例讨论

第九章

采购与供应管理发展和变革

本章学习目标

1. 了解 CSR 采购与 JIT 采购的概念；
2. 了解中国电子商务的内容与特点；
3. 理解全球化采购、战略采购的内容；
4. 掌握绿色采购的定义和特征；
5. 掌握服务采购的概念与内容。

导入案例

华为供应链 CSR 管理

华为公司成立采购 CSR 委员会，由首席采购官担任主席，成员为主要采购主管和 CSR 专家。该委员会定期评审供应商 CSR 管理的策略、原则、标准、流程、方案和绩效，确保采购全流程和供应商生命周期管理。供应商 CSR 管理部负责制定和优化管理流程和标准，统筹全球供应商 CSR 管理。华为还成立了跨部门的供应商 CSR 工作组，由 CSR 首席专家负责，将 CSR 管理纳入主要采购职能和日常运作中，从供应商认证和选择、供应商日常管理、供应商绩效考核到供应商退出机制，确保供应商遵守 CSR 要求并持续改善。

华为将供应商 CSR 管理的标准、原则、策略和方案向全体采购人员传达并纳入部门绩效考核。2011 年，为 223 名重点采购岗位员工提供了供应商 CSR 管理专题培训。

供应商 CSR 要求

基于 EICC 电子行业行为准则、SA8000 社会责任国际标准和 ISO 26000 社会责任指南，考虑客户要求和行业特点，华为制定了对供应商的 CSR 要求，并将这些要求纳入供应商 CSR 协议，作为必签协议之一，要求所有供应商签署。华为要求供应商将全面 CSR 战略融入他们的核心运营及日常运作。供应商管理体系内容包括劳工标准、健康与安全、环境保护、商业道德、CSR 管理体系。

新供应商认证

华为对所有新引入的供应商进行全面的管理体系认证，包括 CSR 体系认证，认证评审合格后才能成为合格供应商。企业指派 CSR 专家进行现场审核，采用员工访谈、文件审核、现场检查和第三方信息检索等方式，评估供应商 CSR 管理水平，识别供应商可能存在的风险和改善机会。对审核结果进行评估，识别供应商的风险等级。对供应商进行分级管理，定期对高风险供应商进行现场审核，对中风险供应商进行抽样审核，推动供应商自我管理。对审核发现的问题，企业要求供应商制订改善计划，采取纠正和预防措施，持续跟进改善进度，形成闭环。

供应商绩效管理

华为将 CSR 纳入供应商绩效管理，根据审核结果和改善效果等因素，定期对供应商进行 CSR 绩效考核。工作组定期将 CSR 绩效考核结果向供应商高层传达，每季度与战略供应商进行绩效沟通，每半年与优选供应商进行绩效沟通，每年与合格供应商进行绩效沟通。

华为将供应商 CSR 绩效考核结果与商务挂钩，对 CSR 绩效好的供应商给予增加采购份额等激励，对于 CSR 绩效差的供应商将减少采购份额或限制业务，甚至可能终止业务。

第一节　采购与供应管理发展的新概念

一、CSR 采购

企业社会责任（Corporate social responsibility，CSR）是指企业在创造利润、对股东和员工承担法律责任的同时，还要承担对消费者、社区和环境的责任。过去，企业的社会责任对企业的唯一要求是提高利润；现在，企业社会责任要求企业在生产过程中关注人的价值，强调对环境、消费者和社会的贡献。企业社会责任是动态持续变化的多维体，其涉及外生压力与内源动力，趋向于从自愿走向强制，从加分项走向合规项（扣分项），乃至成为法律法规。例如，发达经济体的政府和跨国公司对发展中国家企业的供应链提出的要求，就往往同企业社会责任挂钩。

2001 年，国际标准化组织（International Organization for Standardization，ISO）着手进行社会责任国际标准的可行性研究和论证；2004 年 6 月，ISO 最终决定开发适用于包括政府在内的所有社会组织的"社会责任"国际标准化组织指南标准，编号为 ISO 26000，是在 ISO 9000 和 ISO 14000 之后制定的最新标准体系；2010 年 11 月 1 日，ISO 在瑞士日内瓦国际会议中心举办了社会责任指南标准（ISO 26000）的发布仪式，该标准正式发布。2012 年，国家标准委以 ISO 26000 为蓝本，正式启动社会责任系列国家标准制定程序，为企业履行社会责任提供统一的指导；2015 年 6 月，国家质量监督检验检疫总局（现为国家市场监督管理总局）和国家标准化管理委员会联合发布了社会责任系列国家标准，系列标准包括《社会责任指南》《社会责任报告编写指南》《社会责任绩效分类指引》。

CSR 采购，是指将采购商的 CSR 标准范围扩大适用于供应商的活动。CSR 采购关注供应商的环保措施、是否遵守法律法规、劳动者人权以及安全卫生等，关注组织治理、人权、劳工实践、环境、公平运营、消费者问题、社区参与和发展，促进安全、便捷、高效、绿色、经济的现代综合采购体系建立。企业承担社会责任能够展示企业实力，增强市场信心，吸引顾客与投资，促进科技创新与可持续发展，是构成企业核心竞争力的重要组成部分。采购环节作为企业商业运作的源头，督促企业履行社会责任更为重要。

在经济全球化与区域经济一体化发展的大趋势下，企业采购考虑的主要因素不仅仅局限于成本，更要关注 CSR 采购的要求。企业采购在短期利润的压力下往往容易忽略社会责任，忽略企业利益相关者的利益，这会削弱企业的竞争力，限制企业的可持续发展。企业要认识到，采购已经从低成本延伸到以价值链为导向，社会责任已成为企业的战略任务和目标，成为影响企业竞争力的重要方面。为促进企业可持续发展，企业往往会在利润之外重点关注原材料及产成品是否绿色环保。从无铅元器件，到禁止使用的物质，再到电子垃圾的回收利用等，高科技企业的一系列环保规定指导了可持续发展，未来对于碳排放也可能提出新的要求。除了关注环保领域，行业龙头企业的 CSR 采购还会关注公平贸易、道德就业、预防腐败等方面的要求，从而推动了各行业的进步。这些企业对于 CSR 采购的要求无疑提高了企业自身的竞争力，从而能达到领先竞争对手的目的，同时也激发了消费者的高期望，迫使市场环境对供应商提出相应要求，从而改善供应商关系和品牌形象。虽然 CSR 采购对供应商提出了更多要求，但是企业社会责任协作往往能够改善供应商关系，促进供应链上下游企业共同进步。

高科技行业的供应链非常复杂，一些制造商的供应商数量甚至数以千计，因此审核供应商的企业社会责任是否合规费时又费钱。CSR 采购需要有效的绩效评估体系和可行的协作策略，行业龙头企业往往会与供应商协作，为供应商制定明确的目标，通过灵活的执行策略和信息化协同工具增强供应商的能力，最大限度减少选择成本。这些行业龙头企业会对主要供应商进行现场检查，供应商可利用工具来自动收集与企业社会责任目标相关的数据，帮助企业扩大审计工作的规模。

有效的供应商协作采购策略包括：

（1）供应链数字化。建立高效、敏捷和以客户为中心的采购流程，改善计划、执行、物流可视化和智能仓储等环节。

（2）设定可持续性资格认证门槛。供应商需要满足可持续发展的要求，避免短期利润以长期牺牲环境为代价的决策。

（3）提升当地 CSR 实践的参与度。这将确保企业拥有更广泛的危机管理计划、应急准备，并能够在危急时刻维持运营。

（4）冲突行为筛选。在招募新的业务合作伙伴时，要对他们进行冲突行为筛选，辨别 CSR 采购行为和非 CSR 采购行为，督促合作伙伴与不符合可持续发展等社会目标的行为及企业保持一定的距离。

（5）提高透明度。这就要求企业通过开放供应链信息机制，将核心价值观深度融入采购决策体系，使社会责任实践自然转化为可量化的协作标准，从而在战略层面实现可持续发展目标。

二、JIT 采购

JIT（Just-in-time）采购也称准时化采购，是一种基于供应链管理的先进采购模式，是一种拉动式采购。JIT 采购是指企业只在需要的时候（既不提前，也不延迟），将企业需要的商品按照需要的数量和质量采购；其基本思想是在恰当的时间、恰当的地点，以恰当的质量、数量采购恰当的物品；其主要目标是减少生产浪费、提高企业的精益性、保证产品质量。产品的生产过程越复杂，对准时性要求越高，JIT 采购的应用效果越明显。JIT 采购不仅能减少生产浪费，同时也可以作为企业生产动力，真正实现零库存。为了适应 JIT 采购的要求，采购商一方面应向供应商提供恰当的有效需求计划；另一方面应与供应商建立长期的合作关系，强调供应商的参与职能，使供应商充分了解 JIT 采购的意义，使他们掌握 JIT 采购的技术和标准，以满足采购商的要求。

JIT 采购由 JIT 生产发展而来，JIT 采购在质量控制、供需关系、供应商数目、交货期管理等方面提出相应要求，供应商的选择（数量与关系）和质量控制是其核心内容。JIT 采购的特点主要表现在如下几个方面：

1. 单源供应

单源供应是指对制造商的某一种原材料或外购件，仅由一个供应商供货。实行单源供应的优点在于加强了制造商与供应商之间的相互依赖关系，有利于供需之间建立长期稳定的合作关系，提高质量可靠性；同时，供应商获得了内部规模效益和长期订货，有利于降低采购成本，便于供应商管理。当然，单源供应也存在一定风险，例如，供应商可能因为意外而中断供货，以及供应商缺乏竞争意识。因此，必须与供应商建立长期互利合作的新型伙伴关系。

2. 供应商的差异化选择标准

在准时化采购模式中，由于供应商和用户是长期的合作关系，供应商的合作能力将影响企业的长期经济利益，因此对供应商的要求就比较高。合格的供应商具有较好的技术、设备条件和较高的管理水平，可以保障采购的原材料和外购件的质量，保证准时按量供货。

在选择供应商时，需要对供应商进行综合的评估。评估标准包括产品质量、交货期、价格、应变能力、批量柔性、交货期与价格的均衡、价格与批量的均衡、地理位置等，其中质量因素比价格因素更重要。这种质量不单指产品的质量，还包括工作质量、交货质量、技术质量等多方面内容。高质量的供应商有利于建立长期的合作关系，简化采购流程，如订货、修改订单、点数统计、品质检验等，从而减少浪费。

3. 准时交货

JIT 采购的一个重要特点是要求交货准时，这是实施精细生产的前提条件。交货准时取决于供应商的生产与运输条件。就供应商来说，要保证准时交货，可从以下几个方面着手：一是不断改进企业的生产条件，提高生产的可靠性和稳定性，减少延迟交货或误点现象。二是作为准时化供应链管理的一部分，供应商应该采用准时化的生产管理模式，以提高生产过程的准时性。另外，为了提高交货准时性，运输问题不可忽视。在物流管理中，运输问题是一个很重要的问题，它决定了准时交货的可能性。特别是立足全球的供应链系统，运输过程漫长，而且可能要先后经过不同的运输工具，需要中转运输等。因此要进行有效的运输计划与管理，使运输过程准确无误。

4. 信息高度共享

JIT 采购要求供应与需求双方信息高度共享，保证供应与需求信息的准确性和实时性。由于战略合作关系，双方在生产计划、库存、质量等方面都可以及时进行交流，以便出现问题时能够及时处理。

5. 小批量采购

小批量采购是 JIT 采购的一个基本特征，JIT 采购和传统采购模式的一个重要不同之处在于，准时化生产需要减少生产批量，直至实现"一个流生产"，因此采购的物资也应采用小批量办法。当然，小批量采购自然增加运输次数和成本，对供应商来说，这是很为难的事情，因此供应商在国外等远距离的情形下，实施 JIT 采购的难度就很大。解决的办法可以采用混合运输、代理运输等方式，或尽量使供应商靠近用户等。

6. 从根源上保障采购质量

为了在零库存的情况下保障企业正常进行生产经营活动，采购物资的质量必须从根源抓起。也就是说，购买的原材料和外购件的质量保证，应由供应商负责，而不是企业的物资采购部门。JIT 采购就是要把质量责任返回到供应商，以从根源上保障采购质量。为此，供应商必须参与制造商的产品设计过程，制造商也应帮助供应商提高技术能力和管理水平。

为更好地实施 JIT 采购，可以采用以下方法：

1. 创建 JIT 采购班组

世界一流企业的专业采购人员有 3 个职责：寻找货源、商定价格、发展与供应商的协作关系并不断改进。因此专业化的高素质采购队伍对实施 JIT 采购至关重要。为此，首先应成立两个班组：一个是专门处理供应商事务的班组，该班组的任务是认定和评估供应商的信誉、能力，或与供应商谈判签订 JIT 供货合同、向供应商发放免检签证等，同时要负责供应商的培训与教育。另一个班组专门负责消除采购过程中的浪费。这些班组人员对 JIT 采购的方法应有充分的了解和认识，必要时要进行培训。如果这些人员本身对 JIT 采购的认识和了解都不彻底，就不可能指望供应商的合作了。

2. 制订计划，确保 JIT 采购策略有计划、有步骤地实施

要制定采购策略，以及改进当前的采购方式的措施，如减少供应商的数量、正确评价供应商、向供应商发放许可证等。在这个过程中，要与供应商一起商定 JIT 采购的目标和有关措施，保持经常性的信息沟通。

3. 精选供应商，建立伙伴关系

选择供应商应从这几个方面考虑：产品质量、供货情况、应变能力、地理位置、企业规模、财务状况、技术能力、价格、可替代性等。

4. 试点生产

从某种产品或某条生产线试点开始，进行零部件或原材料的准时化供应试点。在试点过程中，取得企业各个部门的支持是很重要的，特别是生产部门的支持。通过试点，总结经验，为正式实施 JIT 采购奠定基础。

5. 做好供应商的培训，确定共同目标

JIT 采购是供需双方共同的业务活动，单靠采购部门的努力是无法出色完成的，需要供应商的配合。只有供应商也对 JIT 采购的策略和运作方法有了认识和理解，企业才能获得供应商的支持和配合，因此需要对供应商进行教育培训。通过培训，大家取得一致的目标，相互之间就能够很好地协调采购的准时化工作。

6. 向供应商颁发产品免检合格证书

JIT 采购与传统采购方式的不同之处在于买方不需要对采购产品进行较多的检验手续，要做到这一点，供应商必须提供百分之百的合格产品。当其达到这一要求时，即给其发放免检证书。

7. 实现配合准时化生产的交货方式

JIT 采购的最终目标是实现企业的生产准时化，为此，要实现从预测的交货方式向准时化的交货方式转变。

8. 继续改进，扩大成果

JIT 采购是一个不断完善和改进的过程，需要在实施过程中不断总结经验教训，从降低运输成本、提高交货的准确性和产品质量、降低供应商库存等各个方面进行改进，不断提高 JIT 采购的运作绩效。

供应链环境下采购模式是并行的，如图 9-1 所示。当采购部门产生了一个订单时，供应商即开始着手物资的准备工作；与此同时，采购部门编制详细的采购计划，制造部门也开始进行生产准备；当采购部门把详细的订单提供给供应商时，供应商就能很快地将物资在较短时间内交给制造商；当制造商需求发生改变时，制造订单又驱动采购订单发生改变。

这种快速的改变过程，如果没有准时化的采购方法，供应链的节点企业是很难适应这种多变的市场需求的，因此 JIT 采购增加了供应链的柔性和敏捷性。JIT 采购体现了供

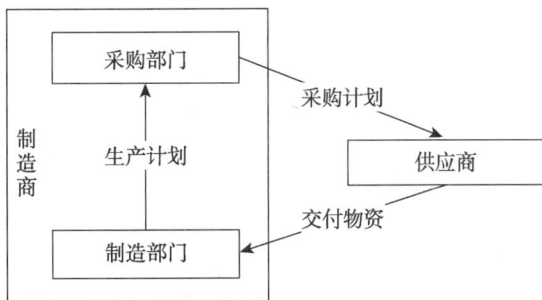

图 9-1 并行的 JIT 采购模式

应链管理的协调性、同步性和集成性。供应链管理需要 JIT 采购来保证供应链的整体同步化运作，JIT 采购对供应链管理思想的贯彻实施有着重要的意义。

三、采购共享服务与采购外包

（一）采购共享服务

采购共享服务是指将集团企业中的采购功能集中于采购专业公司或总公司的采购部门，并提供采购服务的形式。集团企业通过建设企业采购共享服务中心，利用共享服务的管理理念，借助智能化、互联网和云计算等技术，逐步帮助采购人员从操作性工作中解放出来，优化采购管理流程、降低采购成本，实现采购部门整体价值的提升和企业采购管理模式的迭代升级，提高企业风控效率并提供全面的解决方案。

采购共享服务有以下特点：

（1）采购权集中：集团总公司往往统一供方管理、内控管理、信息管理、财务结算及数据分析。

（2）采购权下放：各分子公司可以自助商品选购、自助商品验收、自助商品评价。

（3）全面自动化：招标/合同自动化（智能招标、智能评标并自动生成合同），订单/交付自动化（自动完成下单、跟踪在线交付情况并可自动补货）、结算/支付自动化（自动对账、自动三单匹配并对发票自动验真、自动进行税务抵扣）。

采购共享服务的运用形式因企业而异：有将全世界的采购功能集中到一处的企业，也有将一个国家的采购功能集中到一处的企业，还有将直接材料、间接材料都作为共享服务的企业，以及将共同采购的间接材料作为共享服务的企业。

（二）采购外包

采购外包是指企业在关注自身核心竞争力的同时，将全部或部分采购业务外包给供应商，采购人员可以通过对供应市场进行分析，辅助管理人员进行决策。企业实施采购外包主要是为了降低成本、提升服务水平、合理利用外部资源以及减少采购风险，提高核心竞争力。

采购外包的特点包括：

（1）降低成本。研究表明，通过采购外包的模式可以使采购流程标准化并有效地控制员工的数量，从而使企业的运作成本平均降低 25%，有时特定采购项目的采购成本降幅可达 30%。

（2）提升服务水平。企业内部的采购部往往被认为官僚主义严重，采购活动所用的时间往往超过预期。而良好的采购外包合同，不仅包括采购本身，还包括一系列针对服务提供商服务水平的评估和报告，以确保服务外包商的利益。因而对多数企业尤其是大企业而言，采用采购外包能够提升内部客户的满意度并提高采购效益。

（3）合理利用外部资源，减少采购风险。企业本身的采购资源以及能力有限，通过资源外向配置，与外部供应商合作，将部分或大部分采购业务外包给合作的供应商，与其共同分担风险，有利于企业更好地适应外部环境。

（4）降低成本。通过减少内部流通环节和流动资金占用，减少交易费用和时间，提高资金周转率，降低物料管理费用，可以降低采购成本。采购外包能在一定程度上缩减采购团队成员数量，提高团队管理的有效性和采购活动的高效性，降低企业运营管理成本。

（5）提高核心竞争力。对实行采购外包的企业来说，将企业现有核心采购能力和外包供应商核心能力进行整合，将资源集中于自身核心采购业务的同时，利用其他企业的资源来弥补自身的不足，可以增加竞争优势、提高核心竞争力。

对采购需求方来说，企业需要转变传统的管理理念和管理模式，接受新的商业模式和商业思维，加强对新方式的了解，将采购提高到战略高度，充分评估和衡量实施间接采购的可行性，提高管理的灵活性和柔性，进而提高企业对市场的快速反应能力。对间接采购服务商来说，提高自身在采购领域的专业性和资源整合能力，将业务范围向采购的上下游延伸，从供应商开发、评估和选择向采购执行、库存管理、产品装配、物流服务甚至是产品设计、客户服务等领域延伸，为客户创造更大的附加值。

第二节　互联网时代下的采购与供应管理

一、中国特色电子商务

互联网的广泛应用，推动数字产业化、产业数字化高度融合，电子商务已经成为推动经济社会发展、改变人们生产生活的重要驱动力。由于社会背景、文化差异、科技发展以及经济发展道路的不同，我国的电子商务独具特色。

电子商务对经济的影响包括以下内容：

（1）电子商务改变经济重心。在传统经济运行和经营方式中，制造生产和售卖过程占有很大的比重，经济危机也经常冲击制造生产和售卖环节，但是新的经济模式出现之后，制造生产成本和售卖成本大大降低，这改变了经济运行各环节的比重，令经济运行的重点向设计和消费转移。

（2）电子商务为经济增长注入活力。依托高新技术能最大限度地降低交易成本，提高市场效率，使资源利用更加充分，刺激消费者消费，增加投资机会和就业岗位，促进经济增长。

（3）加速产业结构优化。电子商务产业背后是一整套产业链，而科学技术是第一生产力，其中互联网、大数据、云计算、在线支付等高新技术的应用最为重要，是推动产业渠道优化升级的制胜法宝。电子商务的发展不仅促进了科学技术的进步，而且刺激了第三产业的发展，为加快经济转型提供了更好的契机。

（4）促进金融产业更新换代。随着电子商务的不断发展，必将需要良好的电子金融支付功能的保障，而发展良好的电子商务业务也为增加金融业务提供了保障，两者是相互促进的关系。因此，当电子商务不断发展的时候，金融体系必将不断推动自身体系加快更新换代速度，以适应社会的需要。目前，很多国家的金融业都已经可以提供完善的网上交易以及电子支付手段。

进入 21 世纪，中国成为世界第二大经济体，不仅经济总量提升，经济质量也大有改进。目前，中国电子商务发展最快、市场规模最大、物流运输体系建设最完善，领先全球。中国发达的电子商务为中国经济带来了很多优势，比如扩展了商品贸易的活动范围、实现了商品低成本跨地域流动、提高了经济运行的效率等。中国特色电子商务发展迅速，原因在于中国的电子商务发展环境优越：政策方面得到政府的大力支持；科技方面拥有成熟的科技研发条件；社会方面拥有最大的人口总量，市场潜力足够大；经济方面中国经济增长速度居世界前列。

中国电子商务的发展具有以下特点：

（1）在线销售企业比例不断攀升，数字消费用户规模持续扩张。企业的参与程度不断提升，越来越多的零售商选择在网络进行销售活动。中国的第三方交易平台众多，各种电子商务企业抓住移动客户端不受时间、网络环境限制的优势，纷纷将电子交易平台从电脑端下沉到手机客户端。

（2）法律法规不断完善，设立互联网法院。1999 年《合同法》施行，为电子商务业务的开展提供了法律保障，此后中国的电子商务相关法律法规不断完善。2019 年《电子商务法》颁布，这是一部综合性法律，涵盖了电子商务交易的各个组成部分，涉及消费者权益保护、知识产权的保护和合同的订立与履行等内容。2017 年 8 月 18 日，全国首家互联网法院——杭州互联网法院正式成立，之后在北京、广州增设互联网法院，强化了互联网空间秩序的规范治理。政府通过对更多新型互联网案件进行公正审理、公正裁判，引导和规范网络行为，强化对网络虚拟财产、知识产权、企业商业秘密、公民个人信息的保护力度，推动构建网络空间安全保障体系，强化网络空间综合治理能力，全面提升重要数据资源和个人信息安全保护能力，打造公平诚信、用户放心的网络环境，为电子商务健康发展奠定基础。

（3）物流体系与支付环境建设完备。近几年来，中国快递行业取得突飞猛进的发展，不仅整个行业的快递货量和收入总额快速提升，中国快递业规模以上企业的数量也在不断增长，为电子商务企业提供了良好的物流支持。同时，电子支付环境在中国已经比较成熟，信息流速快，引领了世界电子支付的潮流。中国电子支付的总体发展甚至在某些方面已经赶超西方发达国家，成为全世界电子支付发展的最活跃地区。

中国特色电子商务在现代化经济体系建设中起到重要作用。电子商务实现跨越式发展，网络消费成为拉动经济增长的新引擎；电子商务助力消费升级、驱动品牌创新，跨境电商成为拉动贸易增长的新路径；政府正大力培育和孵化中小微电商企业，促进新技术应用和传统产业转型升级、带动创业就业、促进消费升级。

二、电子采购的应用

电子采购是由采购方发起的一种采购行为，是一种不见面的网上交易，如网上招标、网上竞标、网上谈判等。电子采购是企业实现电子商务的一个重要环节，它将原来通过实体纸张进行的公示、投标、开标等环节转换为利用互联网的电子数据进行。电子采购开始于企业间生产资料的采购，现在则推广到服务及事务用品等的采购领域。

电子采购是一项全新的互联网技术，它是具有划时代意义的重大技术突破。当前世界经济一体化正在推进，如果想要降低企业成本，电子采购成为一种必然的选择。每个企业应根据自身的特点和所处的市场环境，通过选取一种合适的采购模式，建立一套符合自身特点的采购系统，在此基础上加强与供应商之间的交流。通过电子采购方式，企业可以有效实现企业内部和其他系统之间的信息共享。

电子采购并不一定适用于所有的企业。组织、管理和控制相对较容易的行业更适合电子采购。而对于一些比如电子制造、石油化工等领域，因为它们会涉及复杂和大量的文件，因此不太适合用电子采购方式来进行。企业需要根据自身的特点和采购方式来决定是否使用电子采购。

电子采购不仅有采购业主还有供应服务商，二者共同参与才可以形成完整的采购流程。没有足够的供应商，整个市场就无法形成竞争关系，无法形成竞价采购氛围，也就不会涉及整个供应链的管理。在电子采购中，参与竞标的供应商需要在电子目录上花费大量的精力，不仅要投资购买新的软件和硬件，还要在使用、维护与更新换代等其他方面投入大量的成本，从而增加成本。

线上的采购成本同样会受到多方面的因素影响，比如投资、消耗、市场等因素。电子采购平台的前期投资和维护成本与网络费用十分昂贵，没有合理的运营会直接影响平台经济效益，并且平台的使用频率以及供应商参与的积极性等问题都可以影响经济效益。所以企业在电子采购平台的使用上还是要结合自身的特点做决策，这样企业才能够最大限度地发挥采购平台对自身效益最大化的作用。在互联网技术飞速发展的今天，电子采购成为一种新型的采购模式，它凭借着高效率、低成本等特点被大量企业所采用。

三、全球化采购

进入 21 世纪以来，经济全球化进程明显加快，企业的运营也出现了国际化趋势。在以商品、资本、服务、劳动和信息跨国界流动为主要内容的经济全球化中，企业正在以前所未有的规模和速度发展。国际贸易和跨国公司的扩张推动了全球化采购的发展，先进的信息通信技术和交通的发展，使得企业在全球范围内获取资源的渠道更加畅通、成本更加低廉，使企业在更广泛的地域内配置资源成为可能。

全球化采购也称国际采购，是指利用全球的资源，在全世界范围内寻找供应商，寻找质量最好、价格合理的产品或服务。广义的全球化采购是指在供应链理念的指导下，利用先进的技术和手段，提出合理的采购要求，制定恰当的采购方案，在全球范围内建立生产与运营链，采购性价比最高的产品，以保证企业的生产经营活动正常开展；同时，通过采购规范化操作，有效地对采购过程中的绩效进行衡量、监督，从而确保在服务水平不降低的情况下，实现采购总成本最低。经济的全球化，使企业在一个快速变化的世界和新经济秩序中生存与发展，采购行为已成为企业的重大战略之一。

由于经济的全球化以及跨国集团的兴起，围绕一家核心企业的一种或多种产品，形成了上游与下游企业的战略联盟。上游与下游企业涉及供应商、生产商与分销商，它们可能在国内，也可能在国外。在这些企业之间，商流、物流、信息流、资金流一体化运作。而这种供应链的理念与运作模式，使采购成了供应链系统工程中不可分割的一部分，采购商和供应商之间不再是单纯的买卖关系，而是一种战略伙伴关系。

全球化采购体系要发挥降费增效的作用，必须保证其在运作和管理过程中的协调以及与外部环境的协调。另外，企业要成功地开展全球化采购活动，需要制定良好的全球化采购程序或方法。具体包括：①识别全球配置资源的机会；②组建或雇用一支全球采购团队；③提出全球策略；④建立要求和规范（Request for proposal，RFP）；⑤向供应商发布 RFP；⑥评估报价或标书或采购建议；⑦与供应商谈判；⑧签订合同；⑨合同履行及供应商管理。

全球化采购体系的杠杆效应主要表现在它对整个企业管理的影响上：一个设计合理的全球化采购体系可以为后续的企业管理工作提供一个良好的支点。例如，在全球化采购体系中应用电子采购系统，由于其统一的商业信息系统可以为企业准确、及时地捕捉到每次的采购信息，从而为企业提供关键的总成本数据，使得企业能够分析复杂的购买模型，做出正确的战略资源选择，制定建立在广泛信息基础上的决策方案，并在采购、折扣需求、供应商伙伴关系等方面做出合理的决策。另外，电子采购系统可以获得更多关于供应商业绩、服从度、可供比较的购买策略和供应商选择效用等可靠信息，这种强有力的报告决策支持工具有助于采购专家仔细审视其采购模型，综合考虑超额成本和与关税、出口税相关的成本节约。

目前，跨国公司的采购管理有如下几个特点：①企业采购管理模式的转换，从为库存而采购转变为为订单而采购，减少库存，加快流转速度；②从对采购商品的管理转变为对供应商的管理，建立战略联盟，形成供应链管理；③从传统的采购方式转变为现代采购方式，遵循公平、公开、公正原则，降低采购成本；④采购管理从企业的一般问题提升为提高企业应变力与竞争力的战略问题；⑤优化企业管理资源，实行流程再造，设立统一的采购部门，配备专业的采购总监。采购已超越单纯的买卖，成为企业建立战略联盟、提升供应链竞争能力的战略活动。

第三节　供应链环境下的采购管理

采购是企业的基本职能，供应链管理是在市场条件下经济形势日益变化、采购理论和实践不断发展的基础上逐步形成的。当今时代，由于市场竞争的加剧，企业越来越重视供应链管理，希望从整体供应链绩效的提升上获取竞争优势。采购管理是供应链管理中十分关键的环节。资料显示，制造业企业每年至少要用50%的营业收入来进行生产原料的采购，在中国的制造业企业中，各种原材料的采购成本达到了企业销售成本的70%。统计数据表明，对于大多数企业而言，降低采购总成本的1%对利润的贡献在8%以上，由此可见采购在企业生产经营中的重要性——采购管理是企业成本经营管理中最为核心的要素。企业利润的获得依赖于成本的降低，企业可以利用成本降低的优势，压低产品售价以进一步开拓市场，提升企业的竞争力，从而使得整个供应链的最终获利水平获得提高。

一、供应链环境下的采购特点

在供应链管理模式下，采购工作必须做到准时制，即供应商要按照买方所需物料的时间与数量进行供货，从而在适当的时间、地点，以适当的数量和质量提供买方所需的物料。其中，对供应商的选择和质量控制是关键。

采购方式是订单驱动，用户需求驱动制造订单，制造订单驱动采购订单，采购订单再驱动供应商。这就使供产销过程一体化，采购管理由被动（库存驱动）变为主动（订单驱动），真正做到了对用户需求的准时响应，从而使采购、库存成本得到大幅度的降低，加快了流动资金周转的速度。供应链环境下的采购有以下特点：

1. 从为库存而采购到为订单而采购的转变

传统采购模式中的采购就是为了补充库存，采购部门的人员缺乏主动性，采购部门制订的采购计划难以适应制造需求的变化。

供应链管理下的采购活动是以订单驱动的，用户需求驱动制造订单，制造订单进而驱动采购订单，再由采购订单驱动供应商。运用这种订单驱动模式使供应链系统能准时响应用户的需求，体现了准时化思想，进而能达到降低库存成本、提高物流速度和库存周转率的目的。

2. 从采购管理向外部资源管理转变

准时化思想的出现对企业的物流管理来说是一个严峻的挑战，需要企业对传统的单纯为库存而采购的管理模式做出改变，建立新的供需合作模式，进而提高采购的柔性和市场响应能力，增强与供应商的联系。要实现有效的外部资源管理，制造商的采购活动应从以下几个方面着手进行改进：

（1）和供应商建立一种长期的、互惠互利的合作关系。

（2）通过提供信息反馈和教育培训支持，促进供应商改善质量。

（3）参与供应商的产品设计和产品质量控制过程。

（4）协调供应商的计划。

（5）建立一种新的、不同层次的供应商网络。

3. 从一般买卖关系向战略合作伙伴关系转变

在传统的采购模式中，供应商与需求企业之间是一种简单的买卖关系，因此无法解决一些涉及全局性、战略性的供应链问题，而基于战略伙伴关系的采购方式为解决以下问题创造了条件。

二、战略采购

战略采购（Strategic sourcing）又称为双赢采购，是一种在合作关系与竞争关系之间寻求平衡的新型采购模式。战略采购是以最低总成本为核心进行的、基于数据分析、从制定品类策略到供应商发展的闭环，可以实现企业采购的长期目标。它与传统采购的区别是前者注重的要素是"总成本最低"，而后者注重的要素是"单一最低采购价格"。战略采购的好处在于能充分整合企业内外部优势资源，降低整体成本，提升企业内部管理水平，如图 9-2 所示。

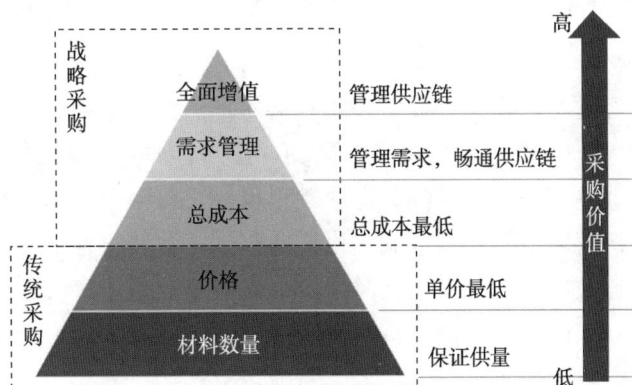

图 9-2　战略采购与传统采购

战略采购是一种系统性的、以数据分析为基础的采购方法，着眼于降低企业采购成本。它要求企业确切了解外部供应市场状态及内部需求，通过对供应商生产能力及市场条件的了解，战略性地将竞争引入供应机制和体系以降低采购费用。另外，战略采购通过协助企业更明确地了解内部需求模式，有效地控制需求。通过深入的价值分析，企业甚至能比供应商自己更清楚供应商的生产过程和成本结构。有了这种以数据分析为基础的方法，企业在供应商选择、谈判及关系维护管理方面能够获得很大的支持。同时，战略采购使企业重新定义如何与供应商交易、从根本上降低成本和提高供应商的价值贡献，从而确保成本降低。对很多企业而言，外部采购占企业平均费用的 60%～80%。所以，这部分的支出哪怕是微量减少，都将会给企业盈利带来相对重大的影响。

战略采购诞生于 20 世纪 80 年代的美国，后被迅速传到欧洲和世界其他各国。战略采购能够平衡企业内外部优势资源，降低整体成本，涵盖了整个采购流程，实现了从需求描述到付款的全流程。战略采购作为整合公司和供应商战略目标和经营活动的纽带，在实施时，要遵循以下几个原则。

1. 优化供应商数量

制造企业通常有太多供应商，双赢采购模式要缩减供应基地。供应基地缩减应该是某一产品供应商数量优化的必然结果，而不是主观目的。供应商数量优化，应从所有可供选择的供应商总体考察开始，然后逐步筛选。测试一个战略所确定的供应商数量是否最佳，可以检查每个供应商的作用。如果能证明减少某一类产品的供应商不能降低供应总成本，则表明供应基地规模很可能基本达到了合理化。

2. 发挥多功能团队作用

双赢采购战略的创建应当被看作组织能力的体现。有效的采购战略源自企业内跨职能的合作。多功能团队具有两个重要优势：①团队包含多项职能，能集思广益，提出更多有创意的解决方案；②多功能团队能进行系统化的采购。大多数企业的团队都没有足够的职能部门。一般企业采用多功能团队来开发采购战略，但许多重要的部门没有被包括进去。如果没有生产、设计等职能部门的支持，很多以协作为基础的机会就会被错过。

3. 跨地区和业务单位集中管理采购

高级管理人员经常会考虑，在制定采购战略时，怎样的集中程度是合适的？有些采购主管通常主张较大范围的集中管理，以确保取得最大化的谈判效果。但是，目前为止，只有极少数供应行业是真正全球性的，而谈判也仅仅是双赢采购的几个手段之一；大部分的管理活动，如改善供应链管理或利用供应商创新，都要求各个业务单位的参与。因此，选择集中控制或分散控制应根据商品而定。一般企业为了解决该问题，会建立一个商品分析计划系统，以确定一个商品适宜什么样的管理模式。

4. 实施严密的全球调研

很多采购战略的制定都是从现有供应商出发的，但要进一步开发有效的采购战略，需要树立全球观。进行全球调研的最重要的原因是能发现过去不知道的优势供应商；其次，全球调研可获得某个供应行业的世界级公司的业绩情况，作为该行业企业标杆。

5. 考察持有总成本

有效的采购战略并不是仅仅关注降低价格，而是要降低与供应过程有关的各种成本。大多数战略决策需要综合权衡，即权衡材料价格和其他与材料相关的费用。例如，从低成本的发展中国家采购，供应价格很低，但加上附加成本，如海运费、税费、存货运杂费等，可能没有任何节约，反而会增加总成本。考察持有总成本也为跨区域合作提供了机会。事实上，合作关系产生的利润常常来自某一方面成本的降低。例如，与有品质优良货源的供应商合作能减少检验费用，虽然对采购价格没有直接影响，但实质上降低了企业的内部质量成本。

6. 细分费用支出

细分费用支出的作用在于它能使企业明确重要的成本影响因素。例如，通过费用细分可能发现某些零配件比较容易预测需求，另外一些则存在积压的风险。可预测需求的商品应从低成本的全球供应商处采购，能节省支出；高风险商品应在本地采购。

7. 量化收益

采购战略追求材料采购过程中的价值最大化。但从实际操作来看，价值很难确定和测量，因此，战略团队应尽可能量化收益，以此进行价值的定性判定。供应商通常认为它们的响应能力会给客户创造很大的价值。尽管快速响应能力是有价值的，但还必须考虑到它的成本。因此，企业要尽可能地量化价值。例如，为客户降低的库存维护成本有多少、减少退货损失所带来的收益有多少等。这些分析虽然对供应商的价值不能进行充分估计，但在充分理解成本的基础上通过精确对比就能进行权衡。

每个企业可以根据实际情况，制定相应的战略采购流程。战略采购通常包括五个基本流程步骤：需求评估、产品组合与品类策略、供应评估、供应商选择与采购谈判、供应商管理与优化。

（1）需求评估，包括客户需求、产品计划、成本分析等。

（2）产品组合与品类策略，指按照总成本进行产品管理，进行总成本建模，组建实施战略采购的跨职能团队，团队成员包括采购、研发、质量、财务等。

（3）供应评估，指根据需求，对产业、行业、供应市场、潜在供应商等进行信息收集及分析。

（4）供应商选择与采购谈判，指基于企业自身发展需求与供应市场的把握，圈定初步供应商并制定相应的采购策略，谈判小组与供应商实施采购谈判，最终选定合作供应商。

（5）供应商管理与升华，指制订供应商管理与发展计划，通过KPI、分级管理、定期复盘、供应商辅导、供应商培养、高层互动等与供应商建立可持续发展关系，将关键供应商发展成战略合作伙伴，使供应商融入企业发展战略，构建具有竞争优势的供应链。

第四节　绿　色　采　购

不论是出于对企业自身可持续发展的考虑，还是为了履行企业社会责任，"绿色发展"无疑是新时代发展的主调。绿色发展是引领能源革命与经济转型的重要驱动力，也是经济高质量发展的突破口。通过引导、推动企业实施绿色采购，倒逼原材料、产品和服务的供应商不断提高环境管理水平，可以促进企业绿色生产，带动全社会绿色消费，逐步引导和推动形成绿色采购链，从而推进资源节约型、环境友好型社会建设，促进绿色流通和可持续发展。

近年来，在政府的大力推动下，以节能、节水、环保、低碳、循环可再生为目标的绿色采购理念得到广泛认同，政府甚至将"碳达峰""碳中和"纳入生态文明建设整体布局，全面推行绿色低碳循环经济。我国越来越多的企业积极践行绿色采购，在绿色生产和绿色消费之间架起一座座桥梁。

一、绿色采购的定义和特征

环境污染、环境破坏、能源枯竭是全球共同面临的可持续发展问题，因而各国都认识到绿色发展的紧迫性和必要性。在绿色发展的理念下，绿色采购成为世界各国政府关注的焦点。一个国家只有在经济增长的基础上实现了社会各方面的全面进步，才能真正体验和享有发展，持续促进经济生产与自然再生产的良性循环，实现经济效益、环境效益和社会效益的协调统一发展。

（一）绿色采购的定义

经济学、环境科学、生态学、管理学等各相关领域的学者已经致力于探索如何使人与自然和谐统一，都在寻求如何使经济发展和环境保护相协调，这为研究绿色采购管理奠定了理论基础。环境问题的存在和日益严重，使环境管理的相关研究发展起来。各国在进行环境管理、控制污染的同时，提出了"既满足当代人需求，又不危及后代人生存"的可持续发展理论；在企业层面，也提出了绿色采购管理的理念。环境管理包括宏观管理和微观管理，可持续发展理论主要是从社会和经济等宏观角度进行的探讨，而绿色采购管理理论主要是着眼于企业采购行为的微观管理。绿色采购的主要思想是，采购作为社会生产和再生产活动的源头和投入，不仅需要考虑经济效益，还需要从生态和环境方面进行管理，尽量减少采购活动对环境的负面作用。

绿色采购包括企业绿色采购、政府绿色采购和其他经济主体的绿色采购，虽然采购主体不同，但是有着共同的目标。绿色采购应当是一种有效率的采购，既充分考虑如何使采购对环境的负面影响最小，又能够在尽量控制成本的情况下满足采购者对产品和服务的要求。定义中的政府绿色采购只包括政府自身的环保型采购行为，而不包括政府的其他以促进绿色采购为目的的宏观调控手段。

绿色采购概念包含以下几个层面：

（1）低碳化。传统经济的生产发展建立在能耗基础上，随着经济的增长，能源消耗日趋严重。我们都知道化石能源是不可再生的，是有限的，当煤炭、石油这些常规能源消耗殆尽之后，人类的生存与发展将面临巨大的挑战。绿色采购要考虑低碳化，节能降耗，改善环境，促进人与自然和谐发展。

（2）重视减排。要想实现绿色发展，就离不开减排这个途径，只有重视减排，并切实减排，才能实现真正的绿色发展，为此绿色采购需要在重视节能的同时，也重视减排。

（3）体系化。绿色采购这个概念是一个体系化的概念，包含多个方面，不仅涉及绿色生产，还涉及产业链的规划与转型，此外，消费者的消费模式也是绿色采购体系的一部分。要推进政府绿色采购，必须对整个体系进行优化和改造。

（4）综合性。这里的综合性可以从两个维度进行理解，第一个维度是实现绿色采购的手段，需要有技术性、制度性和结构性等手段的支持。第二个维度是绿色采购的途径，绿色采购的途径不是单向的，而是双向的，也就是说，绿色采购不仅要从供给和生产方面开展，还要从需求、消费方面来进行。

（二）绿色采购的特征

绿色采购与传统采购相比，主要的不同在于"绿色"，"绿色"总是与"对人有益"或"对环境有益"联系在一起。所以，在可持续发展理念指导下，绿色采购应当着眼于采购行为与整个环境系统的协调。因此，绿色采购的特征具体表现如下：

1. 绿色采购会尽量减少对环境造成的影响

采购与供应活动可能会对环境造成一些负面影响。传统的治理方式是当采购活动对环境的影响形成以后，再采取各种补救和治理措施。绿色采购则是要预见可能的情况，进行源头治理。绿色采购进行源头治理的措施包括：在采购物资生产方面，通过选择绿色原料等方法，加强对采购物品的管理；倡导绿色包装，在保护采购商品物资的前提下，尽量减少包装，并采用绿色包装；由于运输车辆使用燃油，消耗了资源，造成了环境污染，加剧了城市交通阻塞，因此绿色采购倡导通过对货运网点及配送中心合理布局，增加运输工具满载率等方法降低货运成本，减少环境污染与资源消耗。

2. 绿色采购强调考察产品的全生命周期

绿色采购的目标要求在现有的采购体系中引入环境标准、评估方法和实施程序，以确保采购符合环境保护和节约资源要求的产品，鼓励采购商选择那些具有尽可能多的生命周期阶段的产品和服务。产品要从整个生命周期来考察，即在资源开发、生产、运输、销售、使用和废旧物品的处理处置等各个环节都最大限度地按照绿色目标的要求开展。在决定进行有利于环境的采购时，建议采购商在那些同类竞争性的产品和服务之中比较它们整个生命周期对环境影响的严重性，同时考虑它们的复合环境属性，诸如在生命周期每个阶段能源效率的增加、毒性的减少或对生态系统影响的减少等。也就是说，既不能采购制造环境不合格的企业生产的产品，也不能采购不符合环境保护要求的产品。

3. 绿色采购中成本观念的转变

绿色采购中采购主体关注的重点不再只是原材料的价格，而是那些与采购行为相关的总成本，即除了交货期、质量、库存等传统成本之外，还有环境成本的计算。绿色采购不仅仅局限于供应链内部资源的充分利用，还要充分考虑在供应过程中所选择的方案会对周围环境和人员产生何种影响、是否合理利用资源、是否节约能源、废弃物和排放物如何处理与回收、对环境影响如何做出评价等，是一种绿色的总成本观念。

4. 绿色采购同时关注公平和效率

传统采购比较注重经济效率，关注采购成本的压缩；而绿色采购同时关注效率与公平。绿色采购把企业和政府的采购过程纳入生态环境之中，接受生态环境对生产、交换和消费的约束，使之与自然系统协调、和谐。在从事采购活动时，在肯定采购活动要有一定效率的同时，也强调公平。不仅要做到代际公平，即当代人的采购活动不应当损害下一代人的利益，而且要做到代内公平，即同一代中一部分人的采购不应当损害另一部分人的利益。同时，绿色采购也应当是一种效率更高的采购。绿色采购倡导运用更加透明、公正的方式合理选择供应商和商品，利用现代网络技术全面提高采购的品质和效率。将传统的采购方式与信息、网络技术相结合，实现更多采购业务各环节的在线处理，大大提高采购业务的处理速度和准确度。供需双方建立完备的供应商库、商品信息库、交易资料库等，全面实现信息共享、资源共用。通过先进技术的应用，能最大限度降低采购管理成本，提高效率，也可以抑制采购中可能出现的腐败行为。

二、影响绿色采购实现的主要因素

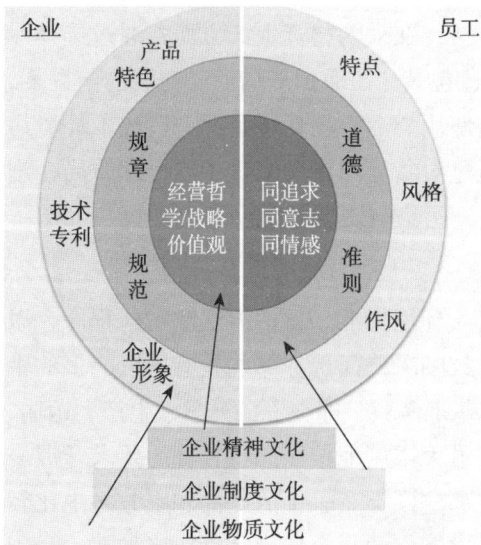

图 9-3　绿色企业文化体系

（一）内部影响因素

1. 企业家的环境伦理和决策支持

企业家环境伦理就是企业家的环境保护意识以及对环境和社会的责任感。企业家可以支配企业资产、占有资本、影响企业决策，因而不但对企业经营状况、企业发展等有决定性影响，而且对社会经济环境、生态环境都有着重大的影响。绿色企业文化（如图 9-3 所示）是企业及其员工在长期生产经营实践中逐渐形成的为员工所认可、具有企业特色、对企业成长产生极大影响、对节约能源资源和保护环境的所有看法和认识。

只有拥有优秀的员工团队、卓越的企业家

以及积极的绿色企业文化的企业才能健康、持续、稳定地发展。企业家们先进的经营理念和经营意识以及强烈的环境伦理意识是做出正确决策的前提和基础。只有在这些意识的领导之下，整个企业的发展才可持续，与时俱进，对社会和环境负责。

2. 企业组织结构和采购人员素质

绿色采购是把环境保护与企业日常经营融为一体的活动，合理设置组织机构和人员对采购成本和采购效果至关重要。企业组织结构应全周期控制采购效果，规范与完善管理体系，建立科学有效的组织结构。企业中的采购人员作为产品原料采购的直接控制者，在企业往往会接触到较大金额的交易，这就要求采购人员必须具备较高的职业素养，严格遵守职业道德规范，并将企业的利益放在第一位。同时，采购人员还必须具有较高的专业知识水平，了解预算管理以及有关招投标、商务谈判、合同法、工程和服务等方面的知识。企业采购人员的数量要根据采购工作实际需求确定，政府采购人员要遵循当前机构改革减员增效的精神，着眼于精简机构、压编工作人员、提高工作效率，最大限度地减少采购活动中人为造成的成本，由此达到节减财政支出和节省人力资源的目的。

3. 采购成本

采购成本是企业采购活动中需要考虑的一个极其重要的因素。有效控制采购成本可以抵御内外压力，保障企业长久稳定发展。企业一般通过低成本优势来降低产品价格，从而提高产品的市场竞争力并获得更多的利润。经济原因是实施绿色采购的最大障碍。绿色采购的潜在目标就是消除浪费。通过综合考虑总的持有成本，绿色采购成功的一大关键要素就是做好企业废弃物的回收再利用。但是，一般情况下环境管理成本都比较高，而回收就意味着不经济，因此多数企业都不愿意主动进行废弃物的回收再利用。除此之外，企业在实施绿色采购的过程中必然会增加人员、技术、设备等各方面的投资以及与供应商的沟通成本等，这样可能会导致企业总的采购成本上升。

（二）外部影响因素

1. 政府监管

政府可以通过强制或非强制性的制度安排来促使企业走可持续发展的道路。强制性的制度安排包括法律、规章条例，通过法律手段引导生产商、中间商与消费者不断使用绿色产品；非强制性的制度安排是指通过激励、宣传或教育等手段来提高企业的环境保护意识。另外，鼓励政府在进行政府采购的过程中，实行绿色化管理，争取做到绿色采购。

2. 供应商

采购工作者能否顺利完成采购工作与供应商有着重要的关系。为了更好地实施绿色采购，制造商应与供应商建立长期的战略合作伙伴关系，共同建立低污染、低风险及竞争力强的供应结构，同时大力提倡绿色创新，不断提升产品质量，从而保证形成一条低成本、高利润及高效运营的绿色供应链。

3. 销售商

制造商的客户通常是下游销售商，这些销售商一般直接与消费者联系，能够迅速地了解消费者的需求和把握市场发展方向。随着人们对生态环境、生活质量以及绿色消费的逐步关注，消费者对绿色产品的诉求越发强烈，传统的消费观念和消费模式正在发生历史性的变革。根据拉式供应链的原理，消费者的需求与营销理念决定了生产商的生产方式。当消费者对绿色产品有好感时，就应及时向销售商发出绿色诉求的信号，此时制造商就应生产出能够满足消费者需求的产品，从而刺激并鼓励制造商实施绿色采购和绿色生产等。制造企业应该在满足消费者日益增长的绿色产品诉求的同时，不断进行绿色技术创新和产品结构调整，以提高自身环保表现，从而实现企业经济利润和环境保护工作的"双赢"。

4. 同行企业

同行企业是指市场上同行业内形成学习模仿及竞争关系的制造企业群体。同业竞争者的采购行为对本企业的采购行为有着很大的影响。如果行业内绝大多数的企业都实施了绿色采购并进行了绿色产品的生产和销售，那么该企业就更有动力主动实施绿色采购，目的是不让本企业产品的市场份额减少，从而失去市场竞争力。

然而，现实中市场上的同行企业间除了学习关系还存在着竞争关系。同行之间的竞争会迫使供应链上各成员想方设法降低成本，提高产量来满足市场需求。倘若某企业单独进行环境管理，就需要投入大量资金购置污染处理设备，进行绿色技术创新，这些投入会使企业的成本在短期内大幅度增加，所以绝大部分企业都不愿意这么做。当政府未出台相关环境保护法规时，企业最理性的选择就是将各种污染物直接排放到大自然中，从而保证企业内部成本最小化。此时，环境作为一种公共资源，很容易形成"公共地悲剧"。企业过度消耗公共环境资源，增加了社会环境成本，造成了巨大的外部不经济性。由同行业者之间的竞争造成的市场不公平问题，严重限制了绿色采购行为在我国的普及实施。

5. 绿色技术的扩散和绿色产品的普及

绿色技术是指绿色生产技术、废弃物回收处理技术、废物再利用技术等。绿色技术的创新和扩散有利于同行业内的其他企业学习和模仿。绿色技术的扩散速度和绿色产品的普及速度越快，愿意实施绿色采购的企业数量就会越多，行业内绿色采购的实践水平也就越高，从而带动整个行业快速、可持续发展。

三、绿色采购的作用

（一）绿色采购改善企业环境表现的作用

绿色采购要求采购商实施绿色采购战略，以确保采购材料、商品的绿色化，还要确保供应链中与采购活动相关的各物流环节的绿色化。

1. 资源减量使用

绿色采购不仅包括传统采购的成本节约，还包括生态环境资源的节约。从提出绿色采购的原因上看，资源稀缺、人口激增使环境和生态面临巨大危机。所以，绿色采购要求企业提高自然资源的利用率，降低能源消耗。采购商可以与供应商建立长期合作关系，从采购产品的设计、材料选取阶段就与供应商进行沟通和合作，使产品尽量满足企业生产的需要。企业在生产过程中可以减少对原材料的浪费；供需的长期关系可以使管理成本大大降低。绿色采购中的绿色材料应当既能满足企业生产的要求，又能最大限度地减少废弃物的产出，同时可以尽可能地利用废弃物，这具有节能、净化功能，有利于维护人类身心健康；采用合理的运输方式，合理规划物流网点及配送中心，优化配送路线，提倡共同配送，提高往返载货率；有效降低采购活动对资源的消耗和对环境的污染，从而减少采购的经济成本和社会环境成本。

2. 对废弃物的回收和再利用

绿色采购中应尽量选用可回收再利用的材料、产品和包装，这也是减少采购对环境负面影响的方法，可以实现材料在获取、生产加工、使用和再利用过程中对环境的影响最小。绿色采购中采用的绿色包装要对生态环境和人体健康无害，能循环和再生利用。这包括节省资源和能源，减少、避免废弃物产生，易回收、再循环利用，可焚烧或降解等生态环境保护要求的内容。通过采购和使用绿色材料和商品，对废弃物进行再循环、再利用，可以节约资源和消除废弃物，有利于改善企业的环境表现。

（二）绿色采购改善企业经营表现的作用

绿色产品一般要比普通产品成本高，因而价格自然偏高。在采购过程中，如果没有明确采购环保产品的优惠措施，高价的环保产品会增加采购成本。另外，市场上环保产品的信息不足，采购人员寻找、鉴别环保产品非常困难，无形中增加了采购成本。这是很多企业缺乏绿色采购动力的原因，即采购商认为虽然可以通过绿色采购改善企业的环境表现，但在短期内要支付更高的采购成本。而事实上，从长期角度来看，绿色采购可以改善企业的经营表现，并提升企业的竞争力。

1. 增加企业的销售收入

随着大部分消费者环保意识的增强，出于对环境保护和自身安全健康的考虑，越来越多的消费者愿意购买绿色产品。市场上绿色产品的售价比同类的传统产品高。对于国家有相应规定的产品，拥有相关绿色认证的产品更是可以扩大销路、提高市场占有率。同时，在买方市场下，消费取向和消费行为对生产的方式和内容有决定性的影响。对环境友好型产品的消费选择可以向生产领域发出价格和需求的激励信号，刺激生产领域的清洁技术与工艺的研发与应用，以及环境友好产品和服务的生产。企业有了动力进行生产技术与工艺的改进，就能不断降低环境友好型产品的成本，最终会形成绿色消费与绿色生产之间的良性互动。

随着全球经济一体化的发展，一些传统的关税和非关税壁垒逐渐淡化，绿色壁垒逐渐兴起。经济越发达的国家，对环境保护越重视，对绿色产品的需求越多，对衣食住行的条件和安全要求也越严格。绿色采购要求从原材料采购到产品生产的整个生命周期均符合相关要求，不会因为供应商供应的原料或者产品不合格而导致本企业产品被他国拒之门外，使企业的产品能顺利通过国际检测，获得他国认可，打破进口国设立的绿色壁垒，从而获得更多的市场份额和销售额。

2. 减少企业治污成本

绿色采购要求采购可再循环、再利用的原材料和包装物，实现原材料和包装物的再循环、再利用，不仅可以节约资源，而且减少废弃物的排放。实施绿色采购要求在整个产品生命周期内做到对环境污染最小，选用绿色原材料、生产采用绿色工艺，可以削减甚至消除采购过程中的污染，减少固体废物和大气污染物排放量。

（三）政府绿色采购的作用

世界各国的政府采购在其国内生产总值（GDP）中所占比例很大，足以影响某些产品的市场份额和消费者取向。据统计，欧盟各国政府采购额每年约 1 万亿欧元，占其国内生产总值的 14%左右，若包括公用事业部门的采购，该比例将会更高；日本中央政府每年采购额达到 14 万亿日元。政府采购不仅是要完成公共物品的采购任务，也不仅是要节省政府财政资金，而是必须从社会公共大局出发，通过运用政府采购什么、采购多少、向谁采购、由谁采购、如何采购等政府政策性手段，实现一种全方位、系统的政府目标。政府绿色采购制度是发展循环经济、构筑绿色消费模式的重要措施和突破口。总之，政府绿色采购能激励绿色技术开发，降低绿色产品成本，倡导绿色消费观念，促进绿色产业形成，从而极大地保护环境，降低社会成本。同时，绿色产品的正外部性仅依靠市场的力量难以有效提供，还需要政府的干预，而政府绿色采购不失为一种有效的干预手段。政府绿色采购的作用主要体现在以下三个方面：

1. 政府绿色采购对供应商的作用

政府绿色采购行为会对相关供应商产生积极影响。供应商为了赢得政府这个市场上最大的客户，会积极采取措施增强其产品的绿色度，提高企业技术水平，节约资源能源，减少污染物排放，转变经营方式，使其产品和服务适应有关循环经济的标准和要求，提高产品质量和降低生产对环境和人的负面影响程度。

2. 政府绿色采购对同类产品采购商的作用

目前，很多企业仅仅是具有环保意识，但并无环保行动。很多企业在采购中是否实施绿色采购和对绿色产品的选择受经济利益的驱动。虽然少数企业已经实施了绿色采购，但尚未发展成为广大企业的主流采购行为，对市场的影响非常有限。政府绿色采购可以在一定程度上引导、拉动和培育循环经济市场，提升绿色产品消费量，提高绿色产品生产规模，刺激研发和应用循环经济专门技术，从而使绿色产品和服务的价格趋于合理，并激励其他的采购商采取环境友好的采购方式，使企业在采购中担负更多的社会责任。

3. 政府绿色采购对绿色产业、技术和消费市场的作用

政府绿色采购能够遵循生态原则，强化生态环保导向，促进具有环保意识的采购活动；可以培育绿色产业和技术，有利于形成可持续生产体系。政府绿色采购因其量大面广，又有比较规范的政府采购清单或者政府采购流程，有严格的供应商选拔机制，可以在很大程度上促进供应商绿色清洁技术的发展。当政府实施绿色采购，强制执行绿色标准时，如果企业产品达不到标准，就意味着失去政府采购市场。由于政府采购市场的份额和利润相当可观，企业绝不会轻易放弃，因此将面临巨大的技术开发压力，会被迫追加科研投入，开发新的绿色产品生产技术并应用于生产，生产出绿色产品。

政府绿色采购对普通消费者也有强烈的引导和示范作用，可以促进绿色消费市场的形成，提高公众的环保意识。由于政府绿色采购的示范和引导作用，在英国、日本等政府绿色采购实施较早的国家中，政府绿色采购对企业的积极作用已经显现。英国政府自1997年实施"自愿指导计划"以来，供应商态度有了很大改变，很多供应商已经完全了解并赞成绿色采购政策。绿色采购政策被很多企业所采用，并作为改变企业自身环保表现的动力，越来越多的企业采购商和供应商通过密切合作，达到绿色采购的目标。

2030 年前碳达峰行动方案（节选）

......

三、重点任务

将碳达峰贯穿于经济社会发展全过程和各方面，重点实施能源绿色低碳转型行动、节能降碳增效行动、工业领域碳达峰行动、城乡建设碳达峰行动、交通运输绿色低碳行动、循环经济助力降碳行动、绿色低碳科技创新行动、碳汇能力巩固提升行动、绿色低碳全民行动、各地区梯次有序碳达峰行动等"碳达峰十大行动"。

......

（三）工业领域碳达峰行动。

工业是产生碳排放的主要领域之一，对全国整体实现碳达峰具有重要影响。工业领域要加快绿色低碳转型和高质量发展，力争率先实现碳达峰。

1. 推动工业领域绿色低碳发展。优化产业结构，加快退出落后产能，大力发展战略性新兴产业，加快传统产业绿色低碳改造。促进工业能源消费低碳化，推动化石能源清洁高效利用，提高可再生能源应用比重，加强电力需求侧管理，提升工业电气化水平。深入实施绿色制造工程，大力推行绿色设计，完善绿色制造体系，建设绿色工厂和绿色工业园区。推进工业领域数字化、智能化、绿色化融合发展，加强重点行业和领域技术改造。

2. 推动钢铁行业碳达峰。深化钢铁行业供给侧结构性改革，严格执行产能置换，严禁新增产能，推进存量优化，淘汰落后产能。推进钢铁企业跨地区、跨所有制兼并重组，提高行业集中度。优化生产力布局，以京津冀及周边地区为重点，继续压减钢铁产能。

促进钢铁行业结构优化和清洁能源替代，大力推进非高炉炼铁技术示范，提升废钢资源回收利用水平，推行全废钢电炉工艺。推广先进适用技术，深挖节能降碳潜力，鼓励钢化联产，探索开展氢冶金、二氧化碳捕集利用一体化等试点示范，推动低品位余热供暖发展。

3. 推动有色金属行业碳达峰。巩固化解电解铝过剩产能成果，严格执行产能置换，严控新增产能。推进清洁能源替代，提高水电、风电、太阳能发电等应用比重。加快再生有色金属产业发展，完善废弃有色金属资源回收、分选和加工网络，提高再生有色金属产量。加快推广应用先进适用绿色低碳技术，提升有色金属生产过程余热回收水平，推动单位产品能耗持续下降。

4. 推动建材行业碳达峰。加强产能置换监管，加快低效产能退出，严禁新增水泥熟料、平板玻璃产能，引导建材行业向轻型化、集约化、制品化转型。推动水泥错峰生产常态化，合理缩短水泥熟料装置运转时间。因地制宜利用风能、太阳能等可再生能源，逐步提高电力、天然气应用比重。鼓励建材企业使用粉煤灰、工业废渣、尾矿渣等作为原料或水泥混合材。加快推进绿色建材产品认证和应用推广，加强新型胶凝材料、低碳混凝土、木竹建材等低碳建材产品研发应用。推广节能技术设备，开展能源管理体系建设，实现节能增效。

5. 推动石化化工行业碳达峰。优化产能规模和布局，加大落后产能淘汰力度，有效化解结构性过剩矛盾。严格项目准入，合理安排建设时序，严控新增炼油和传统煤化工生产能力，稳妥有序发展现代煤化工。引导企业转变用能方式，鼓励以电力、天然气等替代煤炭。调整原料结构，控制新增原料用煤，拓展富氢原料进口来源，推动石化化工原料轻质化。优化产品结构，促进石化化工与煤炭开采、冶金、建材、化纤等产业协同发展，加强炼厂干气、液化气等副产气体高效利用。鼓励企业节能升级改造，推动能量梯级利用、物料循环利用。到 2025 年，国内原油一次加工能力控制在 10 亿吨以内，主要产品产能利用率提升至 80% 以上。

6. 坚决遏制"两高"项目盲目发展。采取强有力措施，对"两高"项目实行清单管理、分类处置、动态监控。全面排查在建项目，对能效水平低于本行业能耗限额准入值的，按有关规定停工整改，推动能效水平应提尽提，力争全面达到国内乃至国际先进水平。科学评估拟建项目，对产能已饱和的行业，按照"减量替代"原则压减产能；对产能尚未饱和的行业，按照国家布局和审批备案等要求，对标国际先进水平提高准入门槛；对能耗量较大的新兴产业，支持引导企业应用绿色低碳技术，提高能效水平。深入挖潜存量项目，加快淘汰落后产能，通过改造升级挖掘节能减排潜力。强化常态化监管，坚决拿下不符合要求的"两高"项目。

……

（六）循环经济助力降碳行动。

抓住资源利用这个源头，大力发展循环经济，全面提高资源利用效率，充分发挥减少资源消耗和降碳的协同作用。

1. 推进产业园区循环化发展。以提升资源产出率和循环利用率为目标，优化园区空间布局，开展园区循环化改造。推动园区企业循环式生产、产业循环式组合，组织企业实施清洁生产改造，促进废物综合利用、能量梯级利用、水资源循环利用，推进工业余压余热、废气废液废渣资源化利用，积极推广集中供气供热。搭建基础设施和公共服务共享平台，加强园区物质流管理。到2030年，省级以上重点产业园区全部实施循环化改造。

2. 加强大宗固废综合利用。提高矿产资源综合开发利用水平和综合利用率，以煤矸石、粉煤灰、尾矿、共伴生矿、冶炼渣、工业副产石膏、建筑垃圾、农作物秸秆等大宗固废为重点，支持大掺量、规模化、高值化利用，鼓励应用于替代原生非金属矿、砂石等资源。在确保安全环保前提下，探索将磷石膏应用于土壤改良、井下充填、路基修筑等。推动建筑垃圾资源化利用，推广废弃路面材料原地再生利用。加快推进秸秆高值化利用，完善收储运体系，严格禁烧管控。加快大宗固废综合利用示范建设。到2025年，大宗固废年利用量达到40亿吨左右；到2030年，年利用量达到45亿吨左右。

3. 健全资源循环利用体系。完善废旧物资回收网络，推行"互联网+"回收模式，实现再生资源应收尽收。加强再生资源综合利用行业规范管理，促进产业集聚发展。高水平建设现代化"城市矿产"基地，推动再生资源规范化、规模化、清洁化利用。推进退役动力电池、光伏组件、风电机组叶片等新兴产业废物循环利用。促进汽车零部件、工程机械、文办设备等再制造产业高质量发展。加强资源再生产品和再制造产品推广应用。到2025年，废钢铁、废铜、废铝、废铅、废锌、废纸、废塑料、废橡胶、废玻璃9种主要再生资源循环利用量达到4.5亿吨，到2030年达到5.1亿吨。

4. 大力推进生活垃圾减量化、资源化。扎实推进生活垃圾分类，加快建立覆盖全社会的生活垃圾收运处置体系，全面实现分类投放、分类收集、分类运输、分类处理。加强塑料污染全链条治理，整治过度包装，推动生活垃圾源头减量。推进生活垃圾焚烧处理，降低填埋比例，探索适合我国厨余垃圾特性的资源化利用技术。推进污水资源化利用。到2025年，城市生活垃圾分类体系基本健全，生活垃圾资源化利用比例提升至60%左右。到2030年，城市生活垃圾分类实现全覆盖，生活垃圾资源化利用比例提升至65%。

……

资料来源：国务院. 2030年前碳达峰行动方案，2021-10-21.

第五节　服 务 采 购

一、服务采购的概念、特点和分类

（一）服务采购的概念

服务采购是指组织对除货物和工程以外的其他企业需求对象进行获取的过程。对"服务采购"一词，我国《政府采购法》按照国际惯例，没有进行准确界定，只是用了排除和归纳法。《政府采购品目分类表》将服务概括为印刷出版，专业咨询，工程监理，工程设计，信息技术的开发设计、维修、保险，租赁交通工具的维护保障，会议，培训，物业管理和其他服务等十一个大项，对它们获取的过程称为服务采购。

企业的服务采购是采购组织内部不能或不愿提供的服务或相关服务。通过招标、竞标，企业挑选最适合的供应商，要求其提供专业的、高效的、能够给企业带来利益的服务，并把从供应商那里采购的服务与企业的战略管理有效结合，从而有利于企业获取更专业的技术和人才，减轻业务负担，获得专家的意见，降低支出，进而增强企业的竞争力。

（二）服务采购的特点

与货物、工程采购相比，服务采购具有无形性、评审侧重质量而不是价格、无法存储性、易变性、不可分割性、不能再销售、采购流程复杂等属性。因此，服务采购呈现出不同的特点。美国礼来公司的副总裁和首席采购官戴维 M. 格林认为服务采购有以下六个特点：

（1）服务采购难以把握和控制。因为同样的服务经常在不同的地方或者被多个业务单位使用，或者有多个"业务"在不同程度上使用同一种类型的服务。要应对这个挑战，对服务采购进行分类诊断是关键。

（2）由于服务的无形性，确定其范围和要求更加困难。所以，需要一个规范的能够促进供应管理部门和内部客户之间协作和沟通的服务采购流程。

（3）对服务本身或服务供应商的评价更多是主观评价。所以，必须对供应商的服务范围和要求给出明确的描述。

（4）有些内部客户认为它们所需要的服务非常特殊，很难在市场上找到新的供应商。这时，供应管理部门就要利用自己所掌握的市场知识为内部客户提供增值服务，包括选择服务供应商，站在客户的立场上详细地说明服务的要求。

（5）有些服务要求会直接面向企业内部的其他部门，可能会绕过已经制定的采购流程。这时，供应管理部门就必须介入，并且最好有一个规范的采购流程。当然，也可以把采购职能与评价职能分开，这将有助于供应管理部门参与签约过程。

（6）有时企业会面临某种服务无法归类的情况。这时，采购委员会或供应商关系管理解决方案能够帮助企业将那些服务归类。为此，格林认为企业在与供应管理部门和内部客户协作和沟通时要规范采购流程，从而避免破坏企业的制度。

（三）服务采购的分类

对服务采购进行恰当的分类是对其实施一体化供应管理和优化采购资源配置的基本要求。服务和产品一样，可以用不同的方法来分类，包括策略的和非策略的，与生产相关的和与生产无关的，高、中、低风险的，高、中、低成本的，重复性的、非重复性的和一次性的等。服务分类的方法取决于企业的行业属性，并反过来决定服务分类管理的方法。

有效服务分类的关键是明确分类的原则及每一种类别的含义。例如，如果管理层认为把服务分为策略性的和非策略性的比较合适，那么确定这种分类的含义就非常重要。假如，有个企业使用这种方法把策略性采购确定为"任何超过 1 万美元的服务采购"。问题是有些超过 1 万美元的服务采购明显属于例行公事，而且并不需要策略性采购小组的技能和专业知识支持；而一些金额在 1 万美元以下的服务采购却显得更复杂，并需要策略采购小组的技能和专业知识支持。所以，对策略性的更有效的定义可能是"关键任务"，这意味着某种服务是企业实现其目标所必需的。通过清晰的服务分类和仔细的服务支出分类，供应管理人员就能够更好地配置资源（人力、技术、财力等）。

二、服务需求的特点和供应商选择

随着生产力水平由低向高发展，人类社会也从原始社会过渡到以农业经济为主的农业社会，再发展到以工业生产为主的工业社会，直到今天发展为以服务经济为主的社会。服务业在经济发展中发挥的作用越来越大，世界经济已进入服务经济时代。

1. 服务需求的特点

服务供应公司很少能接收到对其产品或服务的稳定需求。它们经营的项目具有生命周期短、繁荣和萧条交替出现的综合特征。支持计划中产品或材料的时效性很短，这也是整个服务行业的特点。

在项目的生命周期开始之前或在过程中，多次提供的服务可能会出现偏离主旨的现象。为了保护企业的利益，采购人员要考虑的问题是，通过谈判获得以最有利的条件增加数量的选择权，以及在某种情况下取消整个合同的选择权。

生命周期短暂的项目一个最突出的特点是，它们的用量不是根据过去的历史决定的，而是根据市场调查、计划和估算决定的，其准确性在某种程度上是以猜测为基础的。采购人员的工作变得更加困难了，因为他们被迫在"灰箱"中操作。

服务行业的材料需求与制造业的需求具有同样重要的地位。虽然这些项目所产生的财务影响可能不太显著，但是它们带来的结果却不容忽视。例如，服务行业中用到的重要项目，包括计算机、软件、网络路由器、销售终端和检测设备，还有一些单位成本低廉的项目，如规格适当的饮料杯、胶黏位置准确的信封、数量足够的垃圾袋，如果这些项目没有充足供应，可能会向客户传递错误的信息。一个采购人员在采购服务时，关键是要有能力区分需求不太稳定的项目。采购商必须利用所有可能的资料来管理这些项目，包括把重点放在库存和变动周期的计算上。

2. 供应商选择

供应商是整个供应链的"源头"，对供应商的选择和评价是供应链合作关系运行的基础。供应商在交货、产品质量、提前期、库存水平、产品设计等方面的表现都影响着制造商产品生产的成功与否。同时，供应商所提供产品的价格和质量也决定着最终消费品的价格和质量，从而决定了最终产品的市场竞争力、市场占有量和市场生存能力，并且对供应链各组成部分的核心竞争力产生一定的影响。尤其是随着经济全球化的发展，企业越来越多地集中力量于自身的核心业务，并从外部大量购买零部件，使其在某些专业技术领域更多地依赖供应商。科学地对服务质量进行评价与控制，积极地开发供应商伙伴关系，建立双赢的局面，已成为制造业企业提高竞争优势的关键。今天，产业竞争不再是企业与企业，或者说产品与产品之间的竞争，而是供应链与供应链之间的竞争。在此背景下，研究供应链环境下的供应商选择与评价具有战略意义。

供应商的选择首先要确定一套完整的评价指标体系，其次还要有一套科学的评价方法。供应商选择方法研究大致经历了三个阶段：定性研究阶段、定量研究阶段、定性与定量相结合的研究阶段。早期的供应商选择方法采用定性方法，这一类方法主要是根据以往的经验和与供应商的关系进行主观判断。后来，人们采用定量方法选择供应商。其实供应商选择是一个包含定性因素和定量因素的多目标评价问题，应结合采购企业的目标、评价选择的标准、供应商的状况等因素采用定性与定量相结合的方法，从而使供应商选择结果尽可能客观和公正。

三、服务采购的内容

现代企业的采购服务主要有三大类：物流服务、IT 服务和人力资源服务，还有许多企业采购一些服务类产品，如信息系统、人力资源、设备检修和维护、市场销售、财务、行政管理等。《2021 中国工业品数字化白皮书》提到，企业采购服务正向数字化方向发展，是产业数字化的重要场景。

政府采购服务与企业采购服务有一定区别。以我国为例，"政府采购服务"的范围包括"政府购买服务"（政府向社会公众提供的公共服务和政府履职所需辅助性服务）和"政府自身需要的服务"两部分。"政府购买服务"的范围仅限于政府向社会公众提供的公共服务和政府履职所需的辅助性服务；"政府自身需要的服务"，是指为保障单位正常运转，需要向社会力量采购的后勤保障性服务，具有自身性、内部性、固定性、延续性、周期性（以预算年度为期限）等特点。

客观题

1. 简述 CSR 采购、JIT 采购的概念。
2. 说明全球化采购的特点。
3. 简述绿色采购的主要影响因素。
4. 简述服务采购的概念与特点。
5. 说明企业服务采购与政府服务采购的内容。

参考文献

[1] 张盼，金亮，王秋莲. 供应链管理基础与前沿[M]. 北京：经济科学出版社，2020.

[2] 郁玉兵. 供应链质量与绿色管理：关系资本视角[M]. 杭州：浙江大学出版社，2020.

[3] 周艳春. 供应链管理[M]. 2 版. 北京：经济科学出版社，2019.

[4] 张庆，陈洪转. 物流与供应链管理[M]. 北京：电子工业出版社，2020.

[5] 柳荣. 采购与供应链管理[M]. 北京：人民邮电出版社，2018.

[6]　沈小静. 采购供应管理[M]. 北京：北京大学出版社，2016.

[7]　李志鹏，黄河，徐鸿雁. 采购招标机制与风险管理[M]. 北京：经济科学出版社，2020.

[8]　供应链管理专业协会，[美]罗伯特·弗兰克尔. 供应链管理典型案例：需求管理、采购管理、精益生产、网络设计与风险防范[M]. 罗小七，译. 北京：人民邮电出版社，2020.

[9]　陈剑慧，罗海胜，张亚. 对我国政府绿色采购的建议[J]. 中国政府采购，2020(12)：79-80.

[10]　段喆. 太原市政府绿色采购问题及对策研究[D]. 太原：山西农业大学，2019.

[11]　张璇，马志军，田东红，等. 企业绿色供应链管理实践的影响因素研究——基于元分析方法的探索[J]. 中国人口·资源与环境，2017，27(12)：183-195.

[12]　文学. 基于模糊软集合的企业服务采购决策模型研究[D]. 重庆：重庆大学，2016.

案例讨论

教师服务

感谢您选用清华大学出版社的教材！为了更好地服务教学，我们为授课教师提供本书的教学辅助资源，以及本学科重点教材信息。请您扫码获取。

≫ 教辅获取

本书教辅资源，授课教师扫码获取

≫ 样书赠送

物流与供应链管理类重点教材，教师扫码获取样书

清华大学出版社

E-mail: tupfuwu@163.com
电话：010-83470332 / 83470142
地址：北京市海淀区双清路学研大厦 B 座 509

网址：https://www.tup.com.cn/
传真：8610-83470107
邮编：100084